Alastair Bonnett

Das Zeitalter der Inseln

Alastair Bonnett

Das Zeitalter der Inseln

Von untergehenden Paradiesen und künstlichen Archipelen

Aus dem Englischen
von Andreas Wirthensohn

C.H.Beck

Die englische Originalausgabe erschien 2020 unter dem Titel
«The Age of Islands. In Search of New and Disappearing Islands»
bei Atlantic Books, London.

Alle Zeichnungen und Fotografien stammen vom Autor,
wenn nicht anders angegeben.

© Verlag C.H.Beck oHG, München 2021
www.chbeck.de
Umschlaggestaltung: Rothfos & Gabler, Hamburg
Umschlagabbildung: Eran Hakim, © Shutterstock
Satz: Fotosatz Amann, Memmingen
Druck und Bindung: CPI – Ebner & Spiegel, Ulm
Gedruckt auf säurefreiem und alterungsbeständigem Papier
Printed in Germany
ISBN 978 3 406 76702 9

myclimate

klimaneutral produziert
www.chbeck.de/nachhaltig

Inhalt

III. Zukünftig
205

Einleitung

Wir leben im Zeitalter der Inseln. Noch nie zuvor wurden in einer solchen Vielzahl und in solchen Dimensionen neue Inseln gebaut. Gleichzeitig verschwinden Inseln: Sie versinken in den ansteigenden Weltmeeren und zerfallen zu Archipelen. Was hier mit Inseln geschieht, ist eines der großen Dramen unserer Zeit, und es geschieht überall: Vom Südchinesischen Meer bis zum Atlantik erheben sich Inseln oder gehen unter. Es ist ein seltsamer Rhythmus, faszinierend und beängstigend, natürlich und unnatürlich zugleich. Er schreibt sich unseren Hoffnungen und Ängsten ein: Der Aufstieg und Fall von Inseln ist eine intime Sache, eine Sache der ganz persönlichen Empfindung, gleichzeitig aber auch ein planetarisches Spektakel. Ich möchte dieses neue Territorium erkunden und zu begreifen suchen, was es uns über unser Verhältnis – über unsere schwierige Liebesbeziehung – zu Inseln verrät.

Dies ist die Geschichte dieses Abenteuers. Es wird keine einfache Sache werden. Ich weiß das jetzt ziemlich sicher, denn ich schreibe diese Zeilen in Nuku'alofa, der sich langsam bewegenden, vom Wetter schwer mitgenommenen Hauptstadt des Königreichs Tonga, und ich fühle mich genauso müde wie all diese traurig dreinblickenden Hunde, die draußen auf der brütend heißen und menschenleeren Straße hocken. Heute morgen blies der Wind unerwartet heftig, und gut dreißig Kilometer vom Ufer entfernt geriet der Rumpf des unerwartet kleinen Motorboots, das ich – Wochen zuvor und Tausende Kilometer entfernt – für die Fahrt zu einer neu entstandenen und noch namenlosen Vulkaninsel gebucht hatte, in Übelkeit erregendes Gewoge und wummerte heftig durch jedes grüne Wellental. «Wir müssen umdrehen», brüllte der Kapitän; auf seinen bloßen Armen und seiner nackten Brust überzog Gischt die verblassenden Tätowierungen von Walen und Delfinen.

Und so hänge ich wieder fest, schreibe Freunden und der Familie WhatsApp-Nachrichten: «habe es nicht auf meine Insel geschafft». 18 000 Kilometer für nichts. Morgen wird ein Wirbelsturm diesen Flecken im Pazifik treffen, und ich gehe davon aus, dass ich diesen unmöglichen Tupfen dort draußen am Horizont niemals erreichen werde.

«Meine Insel». Was für eine eigenartige Vorstellung. Inseln gehen einem gleichsam unter die Haut; diese Splitter der Sehnsucht, diese entschlüpften Territorien, sie graben sich tief ins eigene Ich ein. Als der nahende Sturm seine ersten schweren Tropfen fallen lässt, genehmige ich mir zum Trost noch einen Schluck Whisky und durchforste, nicht zum ersten Mal, mein Gedächtnis danach, was diese lange und oftmals einsame Reise überhaupt in Gang gesetzt hat. Ich erinnere mich daran, wie meine siebzehn Jahre alte Tochter in der Küche stand, ein Toastbrot in der Hand, klug, selbstbewusst und unbeeindruckt: «Du bist total bescheuert», sagte sie mit eisiger Autorität; und fügte hinzu: «Du willst doch hier bloß deine Wechseljahre globalisieren.» Doch gleich darauf setzte sie ein strahlendes Lächeln auf: «Ich will mitkommen!» Andere waren weniger nachsichtig und kniffen die Augen argwöhnisch zusammen angesichts dieser bedauernswerten, aber noch namenlosen Form von postkolonialer Maßlosigkeit.

Doch ich verspüre nun einmal das drängende Gefühl, diesen verstreuten, noch nicht auf Karten erfassten Punkten der Veränderung hinterherjagen zu müssen. In den frühen Morgenstunden schrecke ich plötzlich aus dem Schlaf, besessen von irgendeinem abwegigen, schwer zu fassenden Detail, und komme erst wieder zur Ruhe, wenn ich eine Landkarte oder eine unleserliche Notiz auf einen Zettel gekritzelt habe. Ich glaube, ich muss mich ein wenig beruhigen und das Ganze langsam angehen; muss deutlich machen, warum der Aufstieg und Untergang von Inseln so wichtig ist.

Dafür gibt es keinen besseren Ausgangspunkt als das Südchinesische Meer. Im Norden und Westen stoßen seine warmen Gewässer an die Küsten Chinas und Vietnams; im Süden und Osten liegen Malaysia und die Philippinen. Es bildet eine der wichtigsten Handelsrouten auf der Welt – über die pro Jahr angeblich Waren im Wert von 5,3 Billionen US-Dollar unterwegs sind – und einen der zentralen Kampfplätze heutiger Geopolitik. Die einst ursprünglichen und unberührten Riffe und Inselchen, die dieses Meer überziehen, sind fürchterlich verstümmelt oder gnadenlos planiert und zubetoniert; gut ein Dutzend sind mit Unmengen an militärischer Feuerkraft vollgepackt und haben sich in kühne Vorposten eines neuen kalten Krieges verwandelt. China verbindet die Mehrzahl dieser Frankenstein-Inseln miteinander und übernimmt die Kontrolle über das gesamte Meer.

Satellitenbilder und Luftaufnahmen zeigen, wie die Riffe an lange schwarze Rohre angekoppelt werden, die sich durchs Wasser schlängeln; diese Rohre wiederum sind mit Schiffen verbunden, die den Meeresboden – Sand, Korallen, Krustentiere, einfach alles – zu Baumaterial zermahlen. Dieser Meeresbrei wird auf die Insel gepumpt. Später kommen dann die Betonmischer, die Rollfelder, Marinehäfen und Raketensilos. Eines der jüngsten Opfer ist das Johnson South Reef. Dieses entlegene Korallenriff wurde zur Beute eines befruchtenden Jägers. In einer ersten Phase wird das Riff aufgeschüttet. Später dann wird es zu einem Rechteck planiert – ein feindseliger Fremdkörper in einem warmen blauen Meer.

Die Tragödie der Spratly-Inseln beherrscht die Schlagzeilen in Ostasien seit Jahren. In den kommenden Jahrzehnten werden deutlich größere und friedlichere chinesische Inseln weltweite Beachtung finden. Nur ein paar Minuten von zahlreichen Küstenstädten entfernt werden spektakuläre neue Freizeit- und Unterhaltungsinseln entstehen. Wie die kunstvoll gestalteten neuen Inseln, die in den Golfstaaten errichtet werden, werden dies Orte eines sorglosen Konsumismus sein. Doch da dafür der Meeresgrund aufgegraben wird und ganze Reihen von extravagant gestalteten, vollklimatisierten Offshore-Hotels dorthin gepflanzt werden, sind diese gutgelaunten Shopping- und Urlaubsdestinationen zwangsläufig genauso umweltschädlich wie ihre militärischen Verwandten.

Unsere Macht, den Planeten zu verändern und umzugestalten, konzentriert sich zunehmend auf neue Inseln. Jede von ihnen verkündet lautstark: «Schau, wozu wir Menschen fähig sind!» Doch das Zeitalter der Inseln hat auch noch eine andere Facette. Während neue Inseln emporwachsen, gehen alte unter. Heute werden niedrig gelegene Nationen vom Gespenst des Verschwindens heimgesucht. Tausende von Inseln auf dieser Welt liegen nur ein paar Zentimeter über dem sie umgebenden Meer, und die meisten von ihnen schrumpfen von Jahr zu Jahr, von Monat zu Monat. Die Liste der Verschwundenen ist bereits lang. Das Tempo, mit dem Bagger und Ingenieure neue Inseln fabrizieren können, nimmt zu, aber auch die Geschwindigkeit, mit der natürliche Inseln verschlungen werden.

Als der damalige UN-Generalsekretär Ban Ki-moon zu einer weiteren Konferenz über den Klimawandel in die Hauptstadt der Salomonen-Inseln unterwegs war, schaute er aus dem Flugzeugfenster und sah, was auf den ersten Blick wie zwei Unterwasserriffe und, im Hintergrund, ein paar kleine Inseln erschien. Tatsächlich aber waren es die Überreste einer einzigen großen Insel, die fast vollständig vom Meer verschlungen wurde; übriggeblieben sind allein ihre höchsten Erhebungen. Gut ein Dutzend Inseln sind in diesem Teil der Salomonen auf die gleiche Weise verschwunden. Auf zahlreichen anderen musste die gesamte Bevölkerung der Küstenstädte ins Landesinnere umziehen. Inseln vermitteln heute ein Gefühl der Flüchtigkeit und der Ungewissheit: Es umgibt sie eine Atmosphäre des Zweifels. Ihre Geschichten halten unserem besorgniserregenden Zeitalter einen Spiegel vor.

Inseln verändern sich schnell, aber sie üben einen ganz ursprünglichen Reiz aus. Ich liebe Inseln. Sie bieten die Möglichkeit zu Neuem, zu Hoffnung. Angesichts des weißen, leblosen Haufens, den das Johnson South Reef bildet, mag das etwas weit hergeholt klingen. Doch noch der trostlosesten Insel haftet etwas Utopisches an. Das erste Bild von Utopia war eine Insel. Es ist bemerkenswert, wie sehr Thomas Morus in seiner Reisefantasie, der wir das Wort verdanken, einem Buch mit dem schlichten Titel *Utopia*, darauf beharrte, dass dieses Utopia eine Insel sein müsse. Morus berichtet, der Gründer dieses auf einzigartige Weise vollkommenen Reiches, König Utopus, habe eine Insel daraus gemacht. Ursprünglich sei es Teil des Festlands gewesen, erst Utopus habe «das Land zur Insel gemacht. Sobald er nämlich, kaum dort gelandet, Sieger geworden war, ließ er fünfzehn Meilen Landes auf der Seite, wo die Halbinsel mit dem Festland zusammenhing, ausstechen und führte so das Meer ringsherum.»* Nur so konnte ein makelloser und völlig neuer Ort entstehen. Utopia ist ein Raum im Abseits, ein Juwel im Meer, ein ferner Anblick, zu dem man unbedingt gelangen möchte.

Thomas Morus schreibt, die Insel habe «die Gestalt des zunehmenden Mondes. Zwischen dessen Hörnern bildet das Meer eine ungefähr 11 Meilen breite Bucht; diese gewaltige Wasserfläche, rings von Land umgeben und so vor Winden geschützt, mehr sta-

---

* Thomas Morus, *Utopia*, lat./dt., übersetzt von Gerhard Ritter, mit einem Nachwort von Eberhard Jäckel, Stuttgart, 2012, S. 125.

gnierend nach Art eines ungeheuren Sees als stürmisch bewegt, macht fast die ganze innere Ausbuchtung des Landes zu einem Hafen und trägt die Schiffe zum Nutzen der Bewohner nach allen Himmelsrichtungen.»[*] Man kann sich leicht vorstellen, wie es ist, in diesen großzügigen Hafen zu segeln. Das Wunderbare an Inseln ist unter anderem, dass sie sich mit Hilfe der Fantasie fassen lassen: Wir können sie uns vor unserem inneren Auge als Ganze vorstellen. Deswegen können wir sie uns im Geiste als vollendet ausmalen: vollständig und abgeschlossen.

Jeder, der zu neuen Inseln unterwegs ist, hat es mit Hoffnung zu tun. Nicht mit ängstlicher, rehäugiger Hoffnung, sondern mit unerhörter, fröhlicher, stürmischer, zuversichtlicher Hoffnung. Sie verbindet sich mit den sich schnell verändernden Inselpoldern der Niederlande ebenso wie mit den seltsamen Freizeitinseln der Golfstaaten und Chinas. Ungeachtet der Tatsache, dass die meisten neuen Inseln eine ökologische Katastrophe sind, ist es perverserweise immer noch unmöglich, sie von der Hoffnung abzutrennen. Insofern ist es fast unvermeidlich, dass ich den letzten Abschnitt dieses Buches *zukünftigen* Inseln widme, Orten, die in den nächsten Jahrzehnten oder so sichtbar werden.

***

Noch eine andere Erinnerung steigt in mir auf. Meine erste «neue» Insel. Ich habe sie vor ein paar Jahren besucht. Ich erinnere mich an sie wie an das Gesicht eines alten Freundes. Ich brauche diese Erinnerung, denn Regen und Sturm trommeln heftig aufs Dach. Lieber nicht darauf lauschen, wie die Palmen rauschen und im Wind tanzen, wie ihre Zweige sich biegen und gen Himmel peitschen. Viele Menschen auf Tonga verbringen die heu-

---

[*] Ebd., S. 123.

tige Nacht in dünnen Leinenzelten, die nach dem letzten Wirbelsturm von Hilfsorganisationen zur Verfügung gestellt wurden und jetzt oft im nassen Vorgarten stehen. Ich ziehe mich an einen glücklicheren Ort zurück.

Ein leichtes Klatschen der Ruder. Das Wasser ist warm und weich, fast wie Seide. So sollten alle Inselfahrten sein. Mit dem letzten Ruderzug schrammt das hübsche grüne Boot, das ich mir für einen Tag ausgeliehen habe, unter Wasser über einen Ring großer runder Steine. Ich springe aus dem Boot und mache mich eifrig auf Erkundungstour; ich presse ein gelbes metallenes Maßband durch das Geäst verschrumpelter Haselnusssträucher und über den grauen Kadaver eines verwesenden Schafes (wie zum Teufel ist das hierhergekommen?). Meine namenlose Insel ist neunzehneinhalb Meter lang und zehn Meter breit. Hoch oben durchschneiden schwere schwarze Stromleitungen die Weite des Sees: als habe man dunkle Bögen auf einen Sommerhimmel gemalt. Es ist ein windstiller Tag.

Die Insel ist eine von vielen im Loch Awe, einem fast vierzig Kilometer langen Süßwassersee im Westen Schottlands. Ich habe keine Ahnung, dass sie den Anfang von etwas markieren wird. Mein gelbes Maßband, das ich mit pseudoprofessionellem Aplomb zum Einsatz bringe, ist nichts weiter als ein schützender Talisman, der die Sinnlosigkeit einer Minipause am Wegesrand abwehren soll. Als ich mich am Westufer des Inselchens hinhocke, neben mir ein kleiner Strudel aus Plastikmüll – Imbissverpackungen und Angelschnüre haben sich ineinander verhakt –, frage ich mich irritiert: «Warum bin ich überhaupt hierhergekommen?» «Warum üben Inseln eine derartige Anziehungskraft auf mich aus?» Während ich auf all den Plastikmüll starre, tauchen schon bald weitere Fragen auf: «Was passiert da gerade mit Inseln?» «Warum bauen wir heute so viele von ihnen und warum verunstalten wir so viele weitere?»

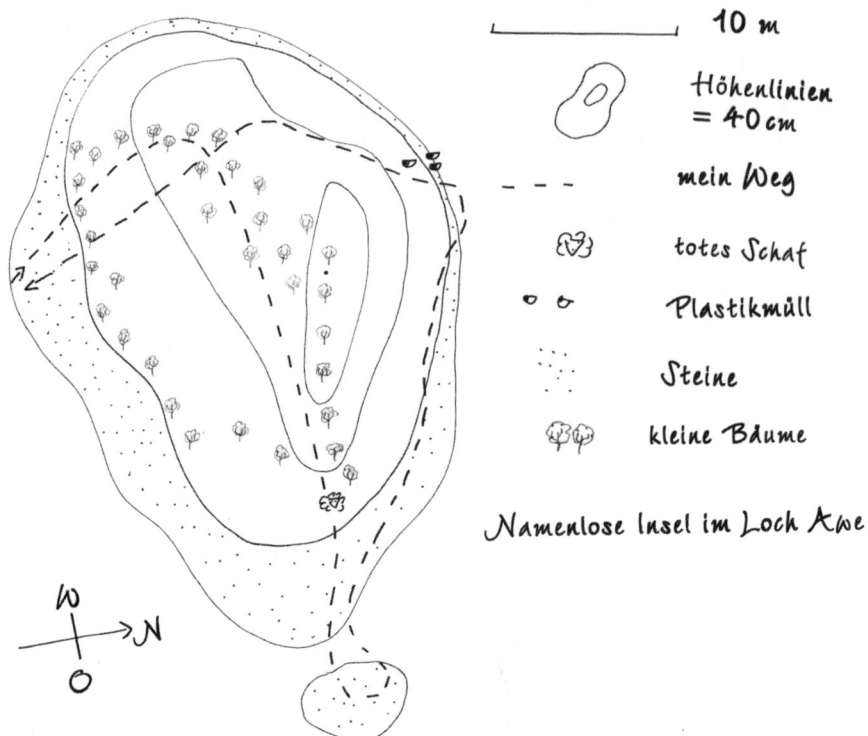

10 m

Höhenlinien
= 40 cm

mein Weg

totes Schaf

Plastikmüll

Steine

kleine Bäume

Namenlose Insel im Loch Awe

W → N

O

Diese Wolke aus Fragezeichen mag an einem so anonymen und friedlichen Ort fehl am Platz sein. Doch meine Insel birgt ein Geheimnis. Sie wurde von Menschen geschaffen – genau so wie fast all die anderen Inseln, die ich vom Ufer aus sehen kann. Die gut zwei Dutzend, die noch im Loch Awe sichtbar sind, wurden alle in ferner Vergangenheit – irgendwann vor 2600 bis vor 600 Jahren – künstlich angelegt. Damals nutzten die Menschen, weil sie ringsum von hohen Erhebungen umgeben waren, die Flüsse und Seen als Handelswege. Fast alles, was sie taten, hing vom Wasser ab, und der Inselbau ermöglichte es ihnen, an ihrer ökonomischen und politischen «Hauptstraße» zu leben. An den

Einleitung

seichten Stellen wurden Holzpflöcke in den Seegrund gerammt und große Steine draufgelegt. Anschließend wurden gemeinschaftlich genutzte Rundhäuser errichtet, dazu kleine Verschläge für Schweine und Ziegen. Diese alten künstlichen Inseln heißen Crannogs. Nur eine Handvoll davon wurde ausgegraben. In Schottland gibt es rund 350 Beispiele dafür; in Irland sind es um ein Vielfaches mehr, und in Dutzenden weiteren Ländern gibt es ähnliche alte Seeinseln. Es sind faszinierende Orte: irritierend und doch unmittelbar verständlich. Die Menschen besitzen, was Inseln angeht, eine unstillbare Neugier und den tiefsitzenden Wunsch, sie zu formen und zu erschaffen.

Nach diesem Ausflug auf den Loch Awe kehrte ich nach Newcastle zurück, in meine Heimatstadt ganz im Norden Englands, wo ich seit dreißig Jahren lebe, und versuchte meine Gefühle in eine wie auch immer geartete Ordnung zu bringen.

Ich begann herumzukritzeln, alle Arten von Inselformen, wie ich das als kleiner Junge gemacht hatte: dicke und verschnörkelte Inseln, Inseln mit hübsch geschwungenen Einbuchtungen, Inseln mit Dörfern und Inseln mit Bergen, Inseln mit Höhlen und einem Schatz darin. Ich führte zudem eine Liste der neuesten und sich am rasantesten verändernden Inseln auf der Welt, natürlichen wie nicht natürlichen. Von diesen Inseln erfuhr ich in Gesprächen bei der Arbeit am Geography Department der Universität Newcastle (hier hörte ich zum ersten Mal davon, dass der Hauptteil von Svalbard in der hohen Arktis aus zwei Inseln bestand, wie sich nach dem Abschmelzen des Eisschilds gezeigt hatte) und aus den Nachrichten (neueste Bilder von den aufgeschütteten und militarisierten Spratlys im Südchinesischen Meer und ein bedrohlich wirkender neuer Vulkan, der sich aus dem Meer nördlich von Tonga erhebt). Unterstützung bekam ich auch von den Lesern meiner Bücher über die seltsamsten und allerseltsamsten Orte der Welt. Ob ich denn von den neuen künstlichen Inseln in Korea gehört hätte; ob ich denn etwas über die «Müllinseln» wisse; über Inseln, die vergiftet seien, die explodierten, die unbewohnbar oder von riesigen Krabben übersät seien …?

So viele Inseln. Ich bin nicht sicher, ob es wirklich hilfreich war, dass ich auf ein Exemplar des *Island Studies Reader* stieß und dort erfahren musste, dass es auf unserem Planeten Hunderte Millionen von Inseln gibt. Wie sich herausstellte, umfasst diese Zahl 8,8 Millionen Inselchen (mit einer Fläche zwischen zehn Quadratmetern und zehn Quadratkilometern) und 627 Millionen Felsen (mit einer Fläche zwischen 0,1 und 100 Quadratmetern). Ich frage mich, wer die alle gezählt hat. Das Ganze klingt eher nach einer groben Schätzung. Ich war trotzdem überwältigt – beunruhigt von der fraktalen Unendlichkeit von Inseln und dem rasanten Tempo der Veränderung.

Weil ich Klarheit in meinen Kopf bringen wollte, verbrachte ich meine Abende fortan nicht mehr mit Google Earth (das oft um Jahre hinterherhinkt, wenn es um neue und verschwindende Inseln geht) oder mit meinen E-Mails (*ping*: «Ich hab' das in der BBC News App gesehen und dachte, das könnte Sie interessieren: ‹Die Insel, die alle sechs Monate das Land wechselt›»). Ich suchte nach Ideen, an denen ich mich festmachen konnte. Dabei kam ich immer wieder auf eine Vorstellung zurück, die sich als seetüchtig erwiesen hat und mir nach wie vor Orientierung gibt, nämlich der janusköpfige Charakter moderner Inseln: Sie sind beängstigend und zugleich betörend; sie bieten Sicherheit, aber auch Verwundbarkeit. Hier sind ein paar meiner durchdachteren Kritzeleien, die ich gleich nach meiner Rückkehr vom Loch Awe zu Papier gebracht habe.

Inseln = Krise: Das Drama um so viele Probleme – Klimawandel, Artenverlust und Aussterben, Überbevölkerung, Nationalismus und Umweltverschmutzung – wird auf den Inseln mit besonderer Intensität ausgetragen. Das Verschwinden einer Insel verursacht echte Trauer, ein reales Gefühl des Verlusts, wie es bei gewöhnlichen Überschwemmungen nicht vorkommt. Wenn eine Insel weg ist, dann ist es, als sei eine komplette Sache, eine ganze Nation ausgelöscht worden. Inseln sind oft kleine Orte, aber sie haben großen Einfluss. Neue zu erobern oder zu erschaffen ist eine große Sache. Länder sind gierig nach ihnen, nicht zuletzt deshalb, weil sie ein Gebiet von zweihundert Seemeilen rings um die Gestade jeder einzelnen Insel für sich beanspruchen können. Inseln ermöglichen es, nationale Macht rigoros nach außen zu tragen. Wer nach Orten sucht, die intensiv von militärischer Feuerkraft besetzt sind oder zu Nichts zerbombt wurden, für den sind Inseln das Richtige

Inseln = Freiheit und Angst. Sie scheinen wie geschaffen für Experimente und einen Neuanfang: vielleicht deshalb ein Kribbeln, wenn das Boot ans Ufer stößt, die Möglichkeit, dass dies eine neue Welt ist, in der die Dinge endlich in Ordnung gebracht werden können. Das 21. Jahrhundert wirft Geld und Ideen auf die Inseln. Die Reichen mögen sie, weil sie Sicherheit und Status bieten. Doch in einer Zeit des sich rasch beschleunigenden Meeresspiegelanstiegs und der zunehmenden Stürme sind Inseln verwundbar. Sie sind die ersten Orte, die verlassen werden. Der Traum wird zum Albtraum und die Insel zum Gefängnis. Inseln werden oft als Deponie für das Unerwünschte genutzt. Sie locken uns an, aber sie können leicht und rasch zu Orten des Schreckens werden.

Die Fenster wackeln jetzt gewaltig und die Steckdosen in den Wänden haben soeben Funken gesprüht. «Keine Chance, diese Woche hier wegzukommen», hatte mich mein Kapitän aus Tonga schon vorgewarnt. Während der Sturm heranzieht, kauere ich mich immer mehr zusammen, versuche, klein zu werden. Meine

Notizen über Inseln wirken plötzlich wie eine ganz dünne Suppe. Sie mögen richtig sein, aber sie fühlen sich nicht verwundbar genug an. Unsere Beziehung zu Inseln geht weit über politische und ökologische Schlagzeilen oder schlaue Paradoxa hinaus. Ich versuche es erneut; will noch weiter zurückgreifen in die Vergangenheit.

Ich stehe mit meinem Bruder und meiner Schwester in einem alten Wald – er heißt Wintry Wood – am Nordrand von Epping, dem Städtchen östlich von London, wo ich geboren wurde und aufwuchs. Ich habe meine hellroten Gummistiefel an; später wird einer von ihnen in einem nahegelegenen Sumpf versinken. Vor uns – vor Paul, Helen und mir, dem Jüngsten – liegt ein dunkler, stiller Weiher, der vor lauter Mücken kaum zu sehen ist, und in diesem Weiher gibt es eine Insel. Der Weiher und die Insel müssen sehr alt sein, aber sie sehen nicht natürlich aus: künstlich angelegt aus Gründen, die längst vergessen und für uns nicht von Interesse sind. Unsere ganze Aufmerksamkeit gilt der Insel: Sie ist unser Ziel. Sie ist vielleicht fünfzig Quadratmeter groß und dicht bewachsen mit Buchen und Silberbirken. Dünne Äste hängen wie Finger ins Wasser und bewegen sich, als würden sie Kinder herbeiwinken. Generationen sind der Einladung nachgekommen. Wir zwängen uns seitwärts ein besonders schlammiges Uferstück entlang, wo eine unebene Furt aus Stöcken entstanden ist, aus Ästen und Zweigen, ins Wasser geworfen von denen, die vor uns hier waren. Mindestens einer von uns wird mit Sicherheit stinkendes Wasser samt Blättern in den Stiefeln haben und durchnässt den Rückzug antreten müssen. Aber nicht dieses Mal, nicht in dieser Erinnerung. Ich muss unwillkürlich lächeln: Wir haben es alle geschafft, denn wir haben uns an den heiklen Stellen gegenseitig bei der Hand genommen.

Aber was machen wir jetzt, wo wir auf der Insel sind? Es gibt eine kleine Störung in meiner glücklichen Erinnerung. Die

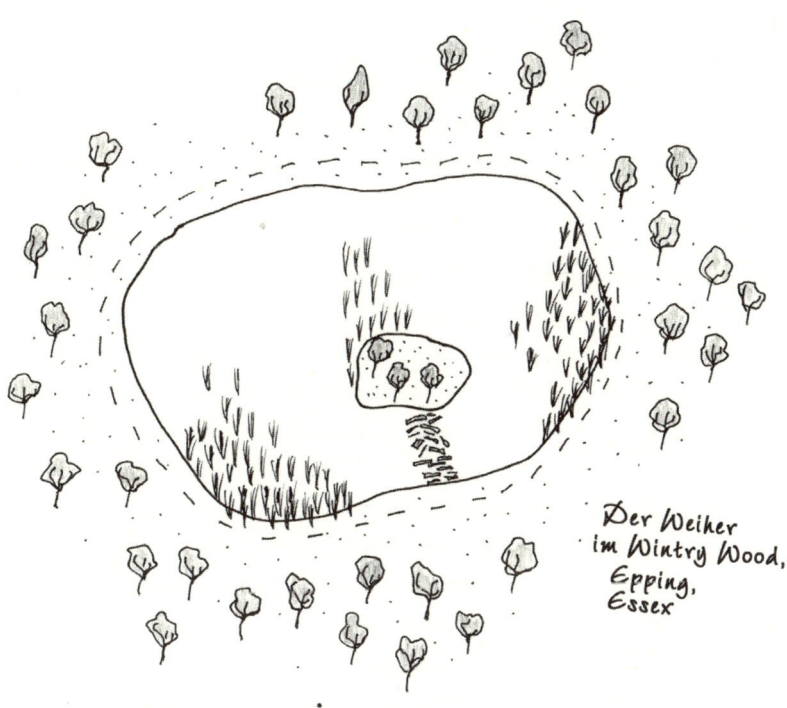

Der Weiher im Wintry Wood, Epping, Essex

triumphierenden drei stehen ziellos da; streifen stolz umher; gehen nirgendwohin. Die Insel sorgt für Euphorie und Rastlosigkeit; schon bald staksen wir wieder zurück aufs Festland, in dem sicheren Gefühl, etwas geschafft und zu erzählen zu haben.

Die Reise auf eine Insel ist etwas Bleibendes, sie ist fest in einem verankert aus Gründen, die schwer zu erklären sind. Ich glaube, ich wusste, dass ich wissenschaftlicher Geograph werden wollte, als ich auf ein Buch von Professor Yi-Fu Tuan mit den Titel *Topophilia* stieß und erkannte, wie tief dieses Mysterium reicht. Tuan wollte wissen, warum «bestimmte natürliche Umgebungen in den Menschheitsträumen von der idealen Welt eine so prominente Rolle spielten», und nannte ganz konkret:

«der Wald, das Meeresufer, das Tal und die Insel». Seine Liste verwies auf die natürlichen Vorzüge dieser Landschaften und nahm damit auf das Werk eines weiteren Denkers Bezug, der sich dafür interessierte, warum wir uns zu manchen Landschaften hingezogen fühlen und zu anderen nicht. Gemeint ist der 2015 verstorbene Dichter und Geograph Jay Appleton, der sich den Kopf darüber zerbrach, warum die Menschen hohe Berge und Inseln verlockend finden. Wir stolpern umher, so Appleton, und versuchen, unsere Gefühle in Bezug auf Landschaften genau zu bestimmen, wobei wir Wörter wie «Glück» und «Trauer» verwenden, obgleich wir wissen, dass sie nicht wirklich passen. Wir benutzen, so schrieb er, «eine Begrifflichkeit aus zweiter Hand, um eine Beziehung zu beschreiben, die wir nicht wirklich verstehen». Für Appleton geht diese Beziehung weit über die Sprache hinaus, denn sie wurzelt in atavistischen Instinkten von Furcht und Sicherheit. Er entwickelte seine «Prospect-refuge-Theorie», eine Theorie von Aussicht und Zuflucht, um auf diesem unsicheren Terrain für eine gewisse Ordnung zu sorgen. Menschen, so seine These, hätten «eine angeborene Sehnsucht nach Orten, wo sie Gefahren von einem sicheren Platz aus überblicken und einschätzen können».

Das klingt sinnvoll, und unsere Faszination für Inseln, insbesondere kleine, die wir ganz im Blick behalten können, lässt sich zumindest teilweise mit Hilfe von Appletons Theorie erklären. Eine weniger wissenschaftliche Erklärung für diesen Reiz findet sich in der Erzählung *Der Mann, der Inseln liebte* von D. H. Lawrence. Sie beruht auf einer wahren Geschichte, nämlich dem Insel-Hopping des Schriftstellers Compton Mackenzie, der in den 1920er Jahren eine Reihe immer kleinerer britischer Inseln pachtete oder kaufte und jeweils nur dort lebte (zunächst die Kanalinseln Herm und Jethou, dann die Shiant-Inseln, die zu den Äußeren Hebriden gehören). «Eine Insel», so schreibt Lawrence in dieser Erzählung, «ist ein Nest, das nur für ein Ei Raum hat, für ein einziges. Und dieses Ei ist der Inselbewohner selbst.»*

***

Für die Dauer einer langen, schlaflosen Nacht und den ganzen Vormittag über wütete Wirbelsturm Keni über Tonga. Am Nachmittag werfe ich wie alle anderen einen zaghaften Blick hinaus; es scheint jetzt alles sicher zu sein. Die Fenster beinahe jedes Gebäudes waren mit Brettern vernagelt, weshalb kaum Scherben auf den Straßen liegen. Nachdem ich zu meinem Mietwagen gelangt bin, komme ich schon bald an Schulen und Regierungsgebäuden vorbei, die von neuen Seen umgeben sind; Kinder vergnügen sich plantschend im warmen Wasser. Zwar bieten an einigen Küstenstreifen im Norden große weiße Felsen Schutz vor den Fluten, doch dieses Wasser ist direkt vom Himmel gekommen und steht jetzt überall in den glitzernden Straßen. Die Luft ist so feucht, dass ich mir ständig kleine Tropfen von der Brille wischen muss. Nach einer halbstündigen Fahrt erreiche ich den westlichsten Punkt der Insel. Eine Infotafel verkündet dort, der Holländer Abel Tasman habe hier 1643 Tonga «entdeckt». An diesem Nachmittag tummelt sich dort eine gutgelaunte und freundliche Gruppe junger Schwuler und Transgender. Sie tanzen rings um einen winzigen Lautsprecher und genießen die Rückkehr der Sonne. Ihre erste Frage ist die, die alle Bewohner Tongas Fremden stellen, und zwar immer auf die gleiche Weise, sehr zurückhaltend und mit einem unsicheren, schüchternen Lächeln: «Wie finden Sie Tonga?» Ich spüre, dass sie auf eine abwertende Bemerkung gefasst sind, dass sie damit rechnen, verletzt zu werden. Jedes Mal, wenn mir diese

---

* D. H. Lawrence, Der Mann, der Inseln liebte, übersetzt von Ursula Müller, in: *Inseln in der Weltliteratur*, München, 1993, S. 15.

Einleitung

Frage gestellt wird, erstarre ich förmlich. Ich kann ihnen nicht die Wahrheit sagen, denn sie würden mir nicht glauben. Die Wahrheit nämlich ist, dass ich es hier wunderschön finde, einzigartig, und es fühlt sich wie ein ungeheures Privileg an, hier sein zu dürfen. Wir lachen alle; ich murmele irgendwas vom Wetter, und ich vermute, sie glauben, meine Ansichten über Tonga lassen sich auf den schlichten Satz «es ist sehr nass hier» reduzieren.

Wochen später, Jahre später habe ich den dringenden Wunsch, dorthin zurückzukehren und das Ganze zu erklären, es richtigzustellen. Zumindest eines aber kann ich tun: ihnen und allen, die Inseln lieben, dieses Buch widmen.

I.

AUFSTEIGEND

Warum wir Inseln bauen

In einer etwas schummrigen Bar am Ufer des Loch Awe beugte sich ein großgewachsener, nach Bier stinkender Kerl zu mir herüber und erklärte in deutlich verlangsamtem Tonfall, die Crannogs – die alten Heimstätten, die auf den Seen in Irland und Schottland verstreut sind – seien die ersten derartigen Gebilde in der Menschheitsgeschichte. Ich nickte widerspruchlos. Es klang plausibel, und er starrte mich mit seinen geröteten Augen voller Überzeugung an. Sollte es mich je wieder hierher verschlagen, werde ich vielleicht den Mut haben, mich zu ihm hinüberzubeugen und ihn zu berichtigen. Die Wahrheit nämlich ist, dass sich künstliche Inseln überall auf der Welt finden und dass der Versuch, irgendeine als «erste» zu beanspruchen, in etwa so ist, als würde man die erste Feuerstelle oder die erste Hütte konkret verorten wollen. Künstliche Inseln – obwohl ein ziemlich stiefmütterlich behandeltes Thema – sind eben zu verbreitet, als dass man sie so einfach oder überhaupt sinnvoll auf einen einzigen Ursprung zurückführen könnte.

Wozu dienen sie? Arbeitet man sich durch die historischen Schichten des Inselbaus, so lassen sich die Hauptgründe, warum Menschen sie bauten, folgendermaßen kategorisieren: zu Verteidigungs- und Angriffszwecken; um neues Land für Häuser und Ackerbau zu gewinnen; als Orte der Ausgrenzung; als heilige Stätten; und schließlich – als eine Art Restkategorie von Inseln – für Leuchttürme, zum Schutz vor dem Meer und für den Tourismus. Sehen wir uns diese Kategorien genauer an, so erkennen wir

Kontinuitätslinien, die bis in unser modernes Zeitalter der Inseln reichen, aber auch Unterschiede, nicht nur, was Zahl und Größe der Inseln angeht, sondern auch mit Blick auf ihre Nutzung. Denn die Mehrzahl der neuen Inseln auf dieser Welt hat keine vormodernen Vorläufer – gemeint sind die Bohrinseln und Windkraftanlagen, die der Öl-, Gas- und Windenergiegewinnung dienen und die heute so viele Horizonte sprenkeln.

Verteidigung und Angriff

Im Südchinesischen Meer finden sich zahlreiche Riffe, die – zumeist von den Chinesen – planiert und befestigt werden, um dort Raketensilos, Marinehäfen und Flugzeugpisten zu errichten. Zwar ist die Geschichte neuer Inseln, die aus Zwist erwuchsen, lang, aber die ältesten von ihnen haben nichts mit Säbelrasseln zu tun. So baute das Fischervolk der Lau auf den Salomonen in einer geschützten Lagune rund achtzig Inseln, indem es über Jahrhunderte Jahr für Jahr hinauspaddelte und Korallenbrocken ins Wasser warf. Gedacht waren diese Inseln dazu, den Angriffen von Bauern auf dem Festland zu entkommen. Viele von ihnen sind noch heute bewohnt. Ihre Verteidigungsfunktion spielt zwar keine Rolle mehr, aber sie bieten nach wie vor Schutz vor wilden Tieren, vor allem aber vor Malariamücken. Eine ganz ähnliche Geschichte hört man auch am Titicacasee in Südamerika, wo die Uros, ebenfalls ein Volk von Fischern, weit vor der Küste ähnlich viele Inseln bauten, um vor aggressiven Nachbarn sicher zu sein. Im Gegensatz zu den festen Gebilden der Lau bestehen die Inseln der Uros aus Schilfrohr und Flößen. Das hat zum einen damit zu tun, dass man dort vor allem dieses Baumaterial zur Verfügung hatte, gleichzeitig konnte man die Inseln dadurch aber auch bewegen, wenn Gefahr drohte. Solche Reet-Inseln halten ungefähr dreißig Jahre und müssen ständig erneuert werden. Die Uros hielten diese wunderbar geflochtenen Konstruktionen über Jahrhunderte hinweg instand. Heute liegen sie deutlich näher am Ufer als früher und sind eine wichtige Touristenattraktion.

In früheren Zeiten waren künstliche Inseln, die Verteidigungszwecken dienten, ziemlich klein, sie wurden von Familien, nicht von Soldaten bewohnt und waren, wenn überhaupt, nur mit wenig Bewaffnung ausgestattet. In Europa begann der Bau robusterer und professionellerer künstlicher Inselfestungen so richtig erst im 17. Jahrhundert, und in den folgenden dreihundert Jahren wurden auf zahlreichen Riffen und Sandbänken imposante Steinfestungen errichtet, in der Regel zum Schutz wichtiger Häfen. Einige der größten Festungsinseln stammen aus der Zeit Ludwigs XIV., etwa das hufeisenförmige Fort Louvois. Die Fundamente für diese Festung wurden am 19. Juni 1691 in einer Schlickbank im Meer bei Rochefort versenkt. Bei Flut sieht die Anlage noch immer beeindruckend aus: eine Burg, die aus dem Wasser ragt. Tatsächlich wurde Louvois nur phasenweise und immer nur für kurze Zeit militärisch genutzt. Letztmals war das am 10. September 1944 der Fall, als das Fort von den sich zurückziehenden deutschen Truppen mit Granaten beschossen und kurzzeitig besetzt wurde.

Wie viele schwer befestigte und militärisch genutzte Inselchen war auch die Festung Louvois die längste Zeit ihrer Geschichte nicht aktiv. Diese Inseln dienten in erster Linie der Abschreckung: Sie wirken groß und wuchtig, auf dass Invasoren sich die Sache möglichst zweimal überlegen. Nachdem Zar Peter der Große Sankt Petersburg gegründet hatte, war er bestrebt, seine Schöpfung mittels einer Reihe eindrucksvoller Seefestungen zu verteidigen. Die erste Festungsanlage, die im Winter 1703 in seichtem Gewässer errichtet wurde, war Kronschlot. Die berühmteste Festung vor Sankt Petersburg ist Fort Alexander, eine riesige ovale Anlage, mit deren Bau 1838 begonnen wurde. Sie war groß genug, um tausend Soldaten und 103 Kanonenstellungen beherbergen zu können. Wie so viele andere spektakuläre Festungen vor der Küste war aber auch Fort Alexander schon bald überholt und militärisch nutzlos. Nachdem es zu einem Lagerplatz umfunktioniert worden war, erfuhr es 1897 eine Wiederbelebung, und zwar als Standort für das Forschungslabor der russischen Kommission für Seuchenbekämpfung. Zwanzig Jahre lang waren in dieser isolierten, steinernen Zitadelle verschiedene Tiere untergebracht, an denen man Seuchenexperimente durchführte, darunter sechzehn Pferde, aus deren Blut ein Impfserum gewonnen wurde.

Gut gebaute Seefestungen haben nur selten eine kurze Geschichte. Abgeschnitten von den Zerstörungsorgien, die das Festland heimsuchen, haben sie oft eine lange Lebensdauer und finden vielfältige Verwendung. Zahlreiche europäische Nationen wissen noch immer nicht so genau, was sie mit den militärischen Inseln vor ihren Küsten anstellen sollen. Viele von ihnen stammen aus der Zeit, als in Europa am eifrigsten Inseln gebaut wurden, nämlich als Reaktion auf die Bedrohung durch Napoleon und seine Erben. Napoleon selbst baute sich ebenfalls Inseln. Am bemerkenswertesten ist wohl Fort Boyard, ein karges Oval, das an einen riesigen Serviettenring erinnert, den man ins Meer geworfen hat; es wurde zwischen 1809 und 1857 errichtet. Viele Jahre lang lag es brach, doch in den 1990er Jahren begann das neue Leben der Festung Boyard als Schauplatz der französischen Variante des «Dschungelcamps», einer Art Escape Game mit Burg, das eine Reihe internationaler Nachahmer fand.

Auf der anderen Seite des Ärmelkanals sind die viktorianischen Seefestungen ähnlich faszinierend, und was die heutige Nutzung angeht, tut man sich dort gleichermaßen schwer. Mitunter werden sie zum Verkauf angeboten, so wie etwa «Number 1, the Thames», eine Adresse, die einen zur Grain Tower Battery führt. Dieses bizarre Sammelsurium aus Geschützstellungen des Zweiten Weltkriegs, das auf einer Militärinsel aus viktorianischer

Zeit errichtet wurde, steht auf einem der breitesten Abschnitte der Themsemündung. 2014 wurde es für 500 000 britische Pfund zum Verkauf angeboten. Das klingt fast nach einem Schnäppchen, wenn man bedenkt, dass Inseln üblicherweise zu den teuersten Immobilien gehören. Alte Seefestungen mögen zwar äußerlich einiges hermachen, doch ihr Erhalt verschlingt ungeheure Summen. Ein ähnliches Problem drückte den Preis für die Forts, die in den 1860er Jahren für die Verteidigung von Portsmouth gebaut wurden. Mit ihren mehr als vier Meter dicken Granitmauern und ihrer Panzerung verbanden sie schon kurz nach ihrer Entstehung Opulenz mit Obsoleszenz. Genau in dem Moment nämlich, da sie fertiggestellt wurden, hatte sich die Gefahr einer französischen Invasion, die sie abwehren sollten, verflüchtigt. Im Jahr 2009 wurden drei der Festungen für Umwandlungszwecke erworben; aus einer wurde ein Museum (Horse Sand Fort), zwei wurden zu Luxushotels (No Man's Fort und Spitbank Fort). Doch trotz immenser Investitionen standen zehn Jahre später alle drei wieder zum Verkauf. Einige Festungsinseln sind so groß und entlegen, dass die Möglichkeiten kommerzieller Nutzung begrenzt sind. So umfasst Fort Jefferson eine Fläche von 19 Hektar und liegt 109 Kilometer westlich von Key West in Florida. Dieser größte Ziegelbau auf dem amerikanischen Kontinent wurde 1847 errichtet. Nachdem er im Bürgerkrieg dazu genutzt worden war, die Konföderierten Staaten abzuwehren, fungierte er später kurzzeitig als Militärgefängnis und wurde 1906 aufgegeben. Heute ist er eine sehr abgelegene Touristenattraktion innerhalb des Dry-Tortugas-Nationalparks, eines der unzugänglichsten Nationalparks in Amerika. Viele Seefestungen aber taugen nicht einmal als skurrile Touristenziele, sie sind völlig aufgelassen und zerbröseln langsam unter der Last des Unkrauts. Das achteckige Fort Carroll ist ein solcher Ort. Es liegt im Patapsco River in Maryland. Errichtet wurde es in den 1840er Jahren zur Verteidigung Baltimores, 1958 wurde es von einer Familie gekauft und dann sich selbst überlassen. Heute ist es Felsenwildnis und Heimat Tausender nistender Meeresvögel.

Festungsinseln aus dem 19. Jahrhundert bestanden aus Steinen oder Ziegeln. Während des Ersten und Zweiten Weltkriegs setzten Militäringenieure verstärkt auf Metall, was eine Vielzahl an hoch aufragenden und schon bald rostenden Bauten zur Folge hatte. Am berühmtesten ist Sealand im Ärmelkanal, und zwar vor allem deshalb, weil der pensionierte Major «Paddy» Roy Bates die Plattform am 2. September 1967 erklomm und sie zu einem eigenständigen Land erklärte – eine Behauptung, die von seinen Nachfahren bis zum heutigen Tag aufrechterhalten wird. Sealand gehörte ursprünglich zu einer Kette von Seefestungen, die 1942/43 vor der englischen Küste errichtet wurden und wie Ölbohrinseln aussehen. Einige stehen wie Sealand auf zwei runden Stützpfeilern, während andere auf dünnen Stelzen aus dem Meer ragen, mit mehreren miteinander verbundenen Plattformen. Einigen von ihnen haben Salzwasser und stürmische See arg zugesetzt. Ein paar heruntergekommene Exemplare existieren noch und hatten ein interessantes Nachleben, beispielsweise das Shivering Sands Army Fort, das 1964 von dem exzentrischen Politiker Screaming Lord Sutch in einen Piratensender umgewandelt wurde.

Nach dem Zweiten Weltkrieg verlagerte sich der Inselbau in den Pazifik. Die USA begannen damit, Atolle für militärische Zwecke umzubauen. Johnston Island wurde von 18 auf 241 Hektar vergrößert, damit eine Landebahn Platz fand. Heute ist die Insel ein langgestrecktes, unnatürlich aussehendes Rechteck. Zu ihren besten Zeiten waren dort tausend Mann stationiert. In den 1960er Jahren wurde die Insel für Atomwaffentests genutzt, und sie besitzt eine zehn Hektar große Deponie für Giftmüll, darunter für Fässer mit Agent Orange aus dem Vietnamkrieg. Zusätzlich zu dieser Giftbrühe beherbergte die Insel auch noch eine Verbrennungs-

anlage für chemische Waffen, in der unter anderem das Nerven-
gas Sarin beseitigt wurde.

Neues Land für Häuser und Landwirtschaft

Im Altertum wurden künstliche Inseln am häufigsten in Form
einer kleinen bäuerlichen Siedlung errichtet. Beispiele dafür sind
die Crannogs oder auch die «Gehöfte» der Ma'dan, der Marsch-
Araber. Seit dem 4. vorchristlichen Jahrhundert errichteten diese
am Zusammenfluss von Euphrat und Tigris im Irak schwimmende
Inseln aus Schilf. Ihre Lebensform wurde fast gänzlich zerstört, als
der irakische Präsident Saddam Hussein die Sümpfe trockenlegen
ließ. Seit dem Sturz des Diktators versuchte man mit Nachdruck,
die Marschlandschaft wiederherzustellen, und kleine Gruppen
von Marsch-Arabern haben sich zur Rückkehr entschlossen und
ganz allmählich ihre frühere Lebensweise wiederaufgenommen.

In großer Zahl bieten solche Gehöft-Inseln vielen Menschen
Platz, doch für sich genommen sind sie klein und schlicht. Ein
vormodernes Gegenbeispiel ist die Inselstadt Tenochtitlan, die dort
stand, wo sich heute das moderne Mexiko City ausbreitet. Die
spanischen Invasoren trauten ihren Augen nicht, als sie diese
Stadt zum ersten Mal erblickten. Sie nannten Tenochtitlan «eine
sehr große Stadt, die wie Venedig im Wasser erbaut wurde». Bernal Díaz del Castillo berichtete 1576, wie sehr die Spanier staun-
ten angesichts der Größe und Schönheit von Tenochtitlan. «Von
dort aus sahen wir alle zum erstenmal die große Zahl der Städte
und Dörfer, die mitten in den See gebaut waren, und die noch
weitaus größere Zahl der Ortschaften an den Ufern, und schließlich die sehr gepflegte, kerzengerade Straße, die in die Stadt
Mexiko führte. Wir waren bass erstaunt über dieses Zauberreich,
das fast so unwirklich schien wie die Paläste in dem Ritterbuch des
Amadis. Hoch und stolz ragten die festgemauerten, steinernen

Türme, Tempel und Häuser mitten aus dem Wasser. Einige unserer Männer meinten, das seien alles nur Traumgesichte.»*

Tenochtitlan wurde von den Azteken im frühen 14. Jahrhundert erbaut und bot rund einer halben Million Menschen eine Heimat. Es war ein semi-künstliches Gebilde, das sich von einer natürlichen Insel aus über mehrere Inselchen ausbreitete und eine dreizehn Quadratkilometer große Fläche bildete, die von Kanälen und höhergelegenen Straßen mit einer Länge von zwanzig Kilometern durchzogen war. Der Historiker Gerardo Gutiérrez weiß zu berichten: «Wollte man sich durch die Stadt Tenochtitlan fortbewegen, bedurfte es einer Mischung aus Kanus und Zufußgehen durch ein komplexes Netz aus Straßen und Gassen, die über Hunderte von Brücken miteinander verbunden waren.» Tenochtitlan war nicht die erste der künstlichen, für landwirtschaftliche Zwecke genutzten Inseln der Azteken, der sogenannten Chinampas – einige haben bis heute in Mexiko-Stadt überdauert –, aber es machte aus dieser ländlichen, kleindimensionierten Praxis eine großstädtische. Diese Chinampas werden mitunter auch als «schwimmende Gärten» bezeichnet, auch wenn sie nicht wirklich auf dem Wasser treiben: Sie entstehen dadurch, dass man zunächst lange Holzpfähle in den Grund eines Sees rammt. An diesen Pfählen wird dann ein Flechtwerk aus Schilf befestigt und mit Material vom Seegrund aufgefüllt, bis eine Insel über die Wasseroberfläche ragt. In Tenochtitlan wurde die Landwirtschaft mit Hilfe der Chinampas urbanisiert: Hunderte rechteckiger Felder-Inseln, alle künstlich geschaffen, waren fein säuberlich in Reih und Glied angeordnet und in das Gewebe der Stadt eingebettet.

«Schwimmende Stadt» ist eines der vielen Etiketten, die man Venedig angeheftet hat; seine 118 Inseln sind durch ein Netz aus

---

* Bernal Díaz del Castillo, *Die Eroberung von Mexiko*, herausgegeben und bearbeitet von Georg A. Narciß, Frankfurt am Main, 1988, S. 199.

Kanälen und Brücken miteinander verwoben. Seit dem 5. Jahrhundert siedelten sich Menschen aus dem Norden, die vor Raubrittern flohen, in den Sümpfen der Region an. Spätere Generationen trieben Holzpfähle in den Schlick und errichteten darauf Pontons aus Holz sowie Holzhäuser. Aus diesen einfachen Anfängen entstand die Stadt Venedig, welche die Technik der semi-künstlichen Insel perfektionierte. Um zumindest eine Ahnung davon zu bekommen, mit welchen Mühen das verbunden war, sei hier nur darauf hingewiesen, dass 1631 allein für die Errichtung der Kirche Santa Maria della Salute 1 106 657 vier Meter lange Holzpfähle in den Meeresgrund gerammt werden mussten.

Bei modernen Projekten für Wohninseln wird immer wieder gern der Name Venedigs beschworen, als eine Art Lockmittel oder Zauberspruch. Das venezianische Planungsmodell der zahlreichen Kanäle und Häuser mit direktem Zugang zum Wasser wurde weltweit ausgerollt. Die Landgewinnung für solche Pläne erklärt, warum die Welt seit 1985 – und trotz steigenden Meeresspiegels – dem Meer mehr Land abgetrotzt als verloren hat: nach Berechnungen der niederländischen Forschungsgruppe Deltares immerhin ein Gebiet von der Größe Jamaikas. Das «Venedig Amerikas» ist Fort Lauderdale, vierzig Kilometer nördlich von Miami. Das einstige Landstädtchen wurde seit den 1910er Jahren von findigen Unternehmern umgewandelt, die erkannten, dass eine Maximierung der seeseitigen Lage von Neubauten deutlich mehr Verkäufe im oberen Preissegment ermöglichte. Es wurden Kanäle gebaut, dem Meer wurde Land abgewonnen und schon bald zogen Wohngegenden wie Las Olas Isles oder Seven Isles Käufer an, die bereit waren, für eine exklusive Adresse, die Privatsphäre, Sicherheit, Blick aufs Meer und raschen Zugang zum eigenen Boot bot, mehr als üblich hinzublättern. Zwar wurden diese neuen Wohnviertel in der Regel als Inseln beworben, doch handelte es sich dabei fast immer um «Finger-Inseln», um lange, schmale Halbinseln, die durch Straßen mit dem Festland verbunden waren. Solche «Finger-Inseln» breiteten sich überall an der Küste Floridas und später in den wohlhabenderen Küstenregionen dieser Welt aus.

Eine weitere stilbildende Inselgruppe in Florida liegt zwischen Miami und Miami Beach in Biscayne Bay: die sechs «Venetian Islands», in den 1920er und 1930er Jahren erbaut. Die durch einen Highway miteinander verbundenen Inseln tragen Namen, die an ihre italienischen Vorläufer erinnern sollen, etwa San Marco Island, San Marino Island, Di Lido Island, Rivo Alto Island oder Belle Isle. Sie waren der Beweis, dass sich nicht nur mit «Finger-Inseln» Geld verdienen ließ und dass auch echte Inseln cleveren Entwicklern erstklassige Renditen einbringen konnten.

Die «Verinselung» von Küstenstreifen ist zumeist eine Form der Suburbanisierung. Die neuen Insel-Vororte breiten sich dort aus, wo Wasser, Land und Geld zusammenfinden. Sie wachsen irgendwann zusammen und bilden Ballungsgebiete, eine ununterbrochene Aneinanderreihung von dicht bebauten Städtchen mit Meerblick, die sich an der Küste entlangziehen. An einigen Orten wie etwa an Australiens Gold Coast hat das dazu geführt, dass aus der natürlichen Strandlandschaft an der Küste eine lange Kette künstlicher Wohninseln wurde. Selbstverständlich gibt es dort eine klare Hackordnung: Die eigenständigen «echten» Inseln haben in der Regel höhere Immobilienwerte als die «Finger-Inseln». Teuerste Adresse an der Goldküste sind die Sovereign Islands. Diese Gated Community, die Sandbänken und Mangrovenwäldern abgewonnen wurde, umfasst sechs miteinander verbundene Inseln, und es gibt nur eine einzige Brücke zum Festland. Entstanden sind die Inseln dadurch, dass man 2,3 Millionen Kubikmeter Sand aus angrenzenden Wasserstraßen baggerte, ein Verfahren, mit dem Land gewonnen und gleichzeitig eine Fahrrinne freigeräumt wurde, die tief genug auch für die größten Luxusjachten ist. Viele der Häuser auf den Sovereign Islands sind wahre Paläste, weit genug weg von neugierigen Blicken, aber trotzdem imposant. Sie tragen Namen wie Palazzo di Venezia oder Château de Rêves (es ist berühmt dafür, dass seine Swimmingpools mit Kacheln aus 24-Karat-Gold ausgekleidet sind) und sind demonstrative Bekundungen von Reichtum, der nicht gestört werden möchte. Die bekanntesten Formen für eine derartige Erschließung finden sich heute in den Golfstaaten. Ich werde mich weiter unten eingehender mit den ausgefallensten Beispielen in Dubai befassen, und zwar mit dem bizarren Projekt namens The World.

Planungsexperten behaupten, wir würden uns bei der Errichtung von Ersatz-Inseln in einem fieberhaften Zustand der Hyperaktivität befinden. Mark Jackson und Veronica della Dora, zwei Geographen von der Universität Bristol, sind der Ansicht, dass das «weltweite Phänomen künstlicher Inseln zur bestimmenden imaginären und materiellen Form von Erschließungsprojekten im 21. Jahrhundert» geworden sei. Die beiden Wissenschaftler meinen, «sich urbanisierende Küstenstreifen» wollten sich «ornamentalisieren». Dieser Ausdruck ist insofern interessant, als er eine bewusste, gewollte Oberflächlichkeit impliziert; eine Unterwerfung unter ästhetische Gesten und Täuschungen. Aber abgeschnitten vom Festland zu leben ist mehr als nur ein hübscher Luxus. Es ist eine Form von *self-exclusion*, von Selbstausschluss oder Selbstabschließung. Inseln sind sichere Häfen: weit weg nicht nur vom Lärm, von Kriminalität und Menschenmassen, sondern auch vom Schmutz und von Krankheiten. Viele kleine Inseln schafften es, während der Corona-Pandemie covidfrei zu bleiben. Das Virus ist heute ein Grund mehr, warum Menschen sich auf ein abgeschottetes Territorium zurückziehen, das sich hinter einem Bollwerk aus Salzwasser verschanzt.

Warum wir Inseln bauen

Wie die Malediven sich eine Zukunft bauen

Sämtliche 1190 Inseln, aus denen die Malediven bestehen, werden bis zum Jahr 2100 untergegangen sein. Das zumindest sagt ein Bericht der Weltbank von 2010 voraus. Dagegen wehren sich die Malediven mit einer ganzen Flottille neuer Inseln, unter anderem einer Inselstadt, schwimmenden Inseln für Touristen und einer Insel, auf welcher der durch den Tourismus anfallende Müll entsorgt wird. Der Werbeslogan des Landes – «Maldives – Always Natural» – könnte irreführender kaum sein.

Kernstück des Abwehrkampfs ist Hulhumalé, die «Stadt der Jugend» und «Stadt der Hoffnung», die zwei Meter über dem Meeresspiegel auf einem Korallenriff errichtet wurde. Phase I ist jetzt fast abgeschlossen, 2013 lebten 30 000 Menschen dort. Das Ziel sind 60 000 Bewohner. Bei der Stadt handelt es sich um ein 188 Hektar großes Rechteck, das aus lauter Reihen anonymer Wohnblocks besteht. Die 240 Hektar in Phase II bieten größere, schickere Gebäude, in denen noch einmal 100 000 Menschen Unterkunft finden sollen. Insgesamt soll Hulhumalé zur sicheren Heimat für die Hälfte der Bevölkerung auf den Malediven werden. Wo der Rest hinsoll, ist noch nicht so ganz klar, auch wenn es an Plänen nicht mangelt; unter anderem ist eine massenhafte Umsiedlung nach Indien im Gespräch.

In der Zwischenzeit schlägt die Regierung, solange es noch geht, Kapital aus der «natürlichen» Schönheit der Malediven. 2016 verabschiedete sie ein Gesetz, das Ausländern erlaubt, Grundbesitz zu erwerben, sofern sie eine Milliarde US-Dollar investieren und 70 Prozent des von ihnen gekauften Grundes dem Meer abgewonnen wurden. Reiche Ausländer können sich auch eine Immobilie im Ocean Flower kaufen, 185 schwimmenden Villen, die von Dutch Docklands gebaut wurden und in Form einer maledivischen Blume angeordnet sind. Weitere Pläne von Dutch Docklands umfassen, sofern grünes Licht gegeben wird, Greenstar, ein sternförmiges schwimmendes Hotel, sowie einen schwimmenden 18-Loch-Golfplatz, der, so die Werbebroschüre, «zahlreiche Wasserhindernisse und Rundumblick aufs Meer» zu bieten hat.

An Wasserhindernissen und Meerblick mangelt es nicht auf den Malediven, auch wenn die Regierung alles dafür tut, das unbeschwerte Touristenimage des Inselparadieses nicht durch die nüchterne und wenig pittoreske Realität steigender Meeresspiegel zu beeinträchtigen. Ein gutes Stück entfernt von den schwimmenden Spielwiesen für Touristen wurde eine ganz andere Art von schwimmender Insel errichtet: Hier werden der Müll der Insel und ihre schmutzigsten Industrieanlagen (etwa für Zementverpackung und Methanabfüllung) versteckt. Diese Insel heißt Thilafushi. Einst war sie eine blaue Lagune, heute ist sie eine planierte Deponie, wo jeden Tag 300 Tonnen Müll anlanden.

Inseln der Exklusion

Inseln wurden seit jeher gern gebaut, um alles mögliche Unerwünschte dort zu deponieren. Venedig hat einen ganzen Archipel an Abfallhalden: San Lazzaro degli Armeni war ursprünglich als Leprakolonie entstanden, San Giorgio in Alga war für politische Gefangene gedacht gewesen, und San Servolo hatte das Irrenhaus der Stadt beherbergt. Es gab zudem eine Reihe von Seuchen-inseln, etwa Lazzaretto Vecchio und Poveglia, wo, so heißt es, so viele starben, dass der halbe Erdboden dort aus menschlichen Überresten besteht. Um Poveglia ranken sich noch immer gruse-lige Legenden. Als dort 1922 eine Nervenklinik eröffnet wurde, so erzählt man sich, wurde einer der Ärzte verrückt und begann Patienten zu quälen und umzubringen, bis diese rebellierten und ihn vom Glockenturm stürzten. Eine Geschichte aus jüngster Zeit besagt, 2016 hätten fünf amerikanische Touristen versucht, die Nacht auf Poveglia zu verbringen. Das ging nicht gut. Sobald es dunkel geworden war, sei ein schreckliches Wesen über sie herge-fallen. Eine Gruppe von Feuerwehrleuten, die zufällig vorbeikam, hörte schließlich ihre Schreie und rettete sie.

Manche Inseln der Exklusion waren auch Fenster zur Außen-welt. Dejima wurde 1634 in der Bucht von Nagasaki in Japan zu Schutzzwecken erbaut, aber auch als Ort, an dem man sich mit portugiesischen und später holländischen Kaufleuten treffen konnte. Befohlen wurde die Errichtung der fächerförmigen, 9000 Quadratmeter großen Insel vom örtlichen Shōgun, weil er befürchtete, die Präsenz von Europäern auf japanischem Boden werde die Ausbreitung des Christentums befördern. Das Leben auf der Insel wurde streng überwacht. Während der langen Beset-zung durch die Holländer wurden die rund zwanzig ausländischen Bewohner von mehr als fünfzig Torwachen, Nachtwächtern und anderen Offiziellen beaufsichtigt. Der letzte holländische «Aufse-her» verließ seinen Posten 1860, kurz bevor der japanische Kaiser damit begann, sein Land für die Außenwelt zu öffnen. Zwar ist die Insel heute ins übrige Nagasaki integriert, doch ein Wiederauf-bauprojekt hat einige alte Gebäude von Dejima restauriert, und 2017 wurde in Anwesenheit der königlichen Familien aus Japan und den Niederlanden ein Nachbau der alten Brücke zur Insel wiedereröffnet.

Ellis Island, das in der Upper New York Bay liegt, ist eine semikünstliche Insel, die durch Aufschüttungen von 1,3 auf mehr als 11 Hektar anwuchs, überwiegend mittels Aushubmaterial, das beim Bau der New Yorker U-Bahn anfiel. Sie fungierte als «Galgeninsel», als Fort, als Munitionsdepot und schließlich, ab 1892, als Sammelstelle für Immigranten, die in den darauffolgenden zweiundsechzig Jahren mehr als zwölf Millionen Einwanderer durchliefen. Da Reisende der ersten und der zweiten Klasse direkt aufs Festland durften, hatte man es auf Ellis Island vorwiegend mit Passagieren der dritten Klasse zu tun. Wem der Zutritt in die USA verweigert wurde (besonders häufig aus Krankheitsgründen), der hatte auf Ellis Island keine Möglichkeit, den Einwanderungsbehörden zu entschlüpfen, und konnte leichter wieder in seine Heimat zurückgeschickt werden.

Heilige Inseln

Eine Insel ist ein Raum für sich. Schon seit alters wurden Inseln gebaut, um heilige Stätten zu schaffen, die Ritualen und hohen Priestern vorbehalten waren. Heute geschieht das nicht mehr, aber trotzdem haftet allen Inseln, künstlichen wie natürlichen, etwas Außerweltliches und Außergewöhnliches an. Eines der entlegensten und interessantesten Beispiele ist Nan Madol, ein Komplex aus rund hundert künstlichen Inseln, die Ritualen von Priestern und Angehörigen der Elite vorbehalten sind und sich vor der Insel Pohnpei in den Föderierten Staaten von Mikronesien befinden. Dieses – wie sollte es anders sein? – als «Venedig der Südsee» titulierte Nan Madol wurde vom 8. Jahrhundert an erbaut, viele seiner Mauern und Gebäude aus Korallenbruchstücken haben sich bis heute erhalten und überziehen die Sandbänke mit einer überwucherten und zerbröckelnden Geometrie aus Ruinen. Angeblich von zwei Magiern erbaut, hatte Nan Madol eine doppelte Funktion: Es bot Wohnstätten für eine adelige Kaste und umfasste eine Zone von achtundfünfzig Inseln, die für Bestattungsrituale vorgesehen waren.

Die Toten spielen auf vielen heiligen Inseln eine wichtige Rolle, wie etwa im Falle der Isola Sacra, einer künstlichen Insel, die im 1. nachchristlichen Jahrhundert nördlich der Tibermündung errichtet wurde. Entstanden ist sie als Nebenprodukt eines Kanals, der als Verbindung zwischen dem Tiber und dem Portus Romae angelegt wurde, doch sie entwickelte schon bald eine ganz eigene Identität rund um ihre Nekropolen und Mausoleen. Die «Totenstadt» gibt es dort noch immer, doch mit der Totenruhe ist es längst vorbei: Heute ist die Isola Sacra Teil einer lärmgeplagten Gemeinde vor den Toren Roms im Schatten des Flughafens Fiumicino.

Schon der Bau einer heiligen Insel kann ein Akt der Verehrung sein. Dies hat wohl auch die Errichtung von Gospa od Škrpjela (Maria vom Felsen) in Montenegro beflügelt. Die Insel, die einen kleinen Leuchtturm und eine Kirche beherbergt, wurde von Generationen von Seeleuten erbaut, indem sie mit Steinen beladene Schiffe rings um einen Felsen versenkten, auf dem angeblich am 22. Juli 1452 die heilige Jungfrau mit dem Jesuskind erschienen war. An diesem Tag findet bis heute ein Fest statt: Ein Konvoi aus kleinen, miteinander verbundenen Booten, die mit Zweigen und Fahnen geschmückt sind, rudert hinüber, und dort werden dann am Sockel der Insel Steine ins Meer geworfen.

Heilige Inseln sind Orte von Sagen und Legenden. Mitunter gehören sie ins Reich des Mythos, wie Chemmis, die schwimmende Insel mit einem Tempel des Apollo, die der antike griechische Historiker Herodot beschreibt. Doch die Grenze zwischen Mythos und Wirklichkeit verschwamm häufig, insbesondere wenn legendäre heilige Inseln in einem Akt der Huldigung nachgebaut wurden. Das gilt zum Beispiel für die drei wichtigsten heiligen Inseln der chinesischen Mythologie: Penglai, Fangzhang und Yongzhou. Chinesische Kaiser ließen intensiv nach ihnen suchen, denn sie galten nicht nur als Rückzugsort der Götter, sondern beherbergten angeblich auch einen Unsterblichkeitstrank. Einige Suchexpeditionen kehrten zurück und berichteten, sie hätten die Inseln gesichtet. So hieß es im *Shiji*, den «Aufzeichnungen der Historiker»: «Die Tiere und Dinge auf den Inseln sind weiß. Die Paläste bestehen aus Gold und Silber.» Die Überzeugung, es gebe sie wirklich, war so groß, dass ein Kaiser eine «Kolonie von jungen Frauen und Männern» schickte, welche die Inseln in Besitz nehmen sollten. Doch man suchte nicht nur nach Penglai, Fangzhang und Yongzhou, sondern baute sie nach. Repliken der Inseln wurden in Seen in den Palastgärten zahlreicher Kaiser errichtet, darunter auch im kaiserlichen Garten in Peking im 12. Jahrhundert, direkt neben der Verbotenen Stadt. Diese Nachbildungen wurden fester Bestandteil eines gängigen Musters der Landschaftsgestaltung, nämlich «ein See, drei Berge», wobei die «Berge» die drei heiligen Inseln sind, auf denen jeweils ein wuchtiger Tempel thront. Die bekannteste der drei Inseln ist die «Märcheninsel» Penglai, und wer heute die chinesische Stadt Penglai besucht, findet dort eine Art Museumspark mit einem See und drei «Bergen». Zwar haben manche Besucher den Ort als «kitschig» empfunden, doch die historische Reise von der Legende über die antike Rekonstruktion bis zum modernen Themenpark ist ein eindrucksvolles Lehrstück darüber, wie dauerhaft heilige Inseln die Fantasie der Menschen beschäftigen. Eigenartig häufig auftretende Massenhalluzinationen vor der Küste von Penglai machen das unzweifelhaft deutlich. So brachte das chinesische Fernsehen 2006 folgende Meldung:

> Tausende Touristen und Einheimische erlebten vor der Küste Penglais eine Luftspiegelung von extremer Klarheit, die vier Stunden dauerte. ... Nebelschwaden, die vom Ufer aufstiegen, erzeugten das Bild einer Stadt mit modernen Wolkenkratzern,

breiten Straßen, auf denen reger Verkehr herrschte, und einer großen Menge von Menschen, die allesamt deutlich sichtbar waren. … Experten sprachen davon, in Penglai an der Spitze der Halbinsel Shangdong seien im Laufe der Geschichte viele solcher Erscheinungen dokumentiert, weshalb die Insel als Wohnort der Götter gilt.

Inseln für Leuchttürme, für den Küstenschutz und für den Tourismus

Antike Beispiele künstlicher Inseln, die für Leuchttürme und zum Küstenschutz verwendet wurden, sind rar. So wurde im 1. Jahrhundert unserer Zeitrechnung im Portus, dem Hafen Roms, eine künstliche Leuchtfeuerinsel errichtet. Ihr Fundament wurde angeblich dadurch gelegt, dass man das Schiff, das den ägyptischen Obelisken transportierte, der heute auf dem Petersplatz steht, mit Beton füllte und versenkte.

Ab dem 18. Jahrhundert gewann der Leuchtturmbau deutlich an Dynamik und wurde zusehends ambitionierter, was zum Bau zahlreicher semi-künstlicher Inseln führte. Ab dem 19. Jahrhundert zierten dann immer mehr vollkommen künstliche Inseln überall auf der Welt die Untiefen und Felsenriffe vor wichtigen Häfen. Es gibt Tausende solcher Leuchtturminseln, und im Notfall sind sie den Seeleuten noch immer von Nutzen, auch wenn die moderne GPS-Navigation viele von ihnen überflüssig gemacht hat. Leuchttürme werden heute nur noch selten gebaut; in Großbritannien wurde der letzte neue 1971 vor der Südküste in Betrieb genommen: Royal Sovereign Lighthouse steht auf einer Meeresplattform, die lediglich auf einem einzigen Pfeiler ruht.

Der Schutz vor Sturmfluten ist eine alte Kunst. Ein häufig genutztes Verfahren bestand darin, in gefährdeten Gebieten hohe

Erdaufschüttungen anzulegen. In Nordwesteuropa hießen diese vereinzelten Inseln Warft oder Terp, und in den Niederlanden, in Dänemark und Norddeutschland findet man als Überbleibsel davon noch kleine Hügel im Wasser. Mit Hilfe künstlicher Inseln Barrieren zwischen dem Festland und dem Meer zu schaffen ist ein weitgehend modernes Phänomen, und selbst heute ist dies selten die einzige Funktion dieser Inseln. So dienen die Polder in den Niederlanden zwar dem Küstenschutz, doch sie sorgen auch dafür, dass mehr Land für Menschen und Landwirtschaft zur Verfügung steht. Ähnlich wird das Flutschutzprojekt namens Port Land in Toronto, dessen Fertigstellung für 2023 geplant ist, auch eine neue Insel namens Villiers Island schaffen, auf der Platz für Häuser, Grünflächen und Gewerbe ist. Allerdings werden künstliche Barriere-Inseln, deren einzige Aufgabe der Küstenschutz ist, häufiger. In der Køgebucht in Dänemark wurde eine acht Kilometer lange und 300 Meter breite Insel, bepflanzt mit Dünengras, gebaut, um die Küste vor Fluten und Dünenerosion zu schützen.

Wie wichtig natürliche Barriere-Inseln sind, begreift man oft erst, wenn sie weggespült wurden. Sie wiederherzustellen hat an den Küsten weltweit Priorität. Eines der größten Vorhaben gab es im US-Bundesstaat Louisiana, der seit den 1930er Jahren fast 5000 Quadratkilometer Land ans Meer verloren hat. Der rasant erodierende Inselkomplex namens Bayou Lafourche wurde in einem Gemeinschaftsprojekt privater und staatlicher Organisationen (darunter eine mit dem vielsagenden Namen «Restore or Retreat») aufgefüllt und wiederhergestellt, um so zu verhindern, dass Tausende weitere Quadratkilometer untergehen.

Ein neues Phänomen sind künstliche Inseln, die für den Massentourismus oder für Vergnügen und Freizeit im großen Maßstab gebaut werden. Zwar gibt es durchaus ältere Beispiele solcher Vergnügungsinseln, aber sie waren den ganz Reichen vorbehalten und in der Regel klein und exzentrisch. Die im Palladio-Stil errichtete Villa Barbarigo in Valsanzibio, südlich von Padua, verfügt über eine «Kanincheninsel», wie sie angeblich auch schon in antiken römischen Gärten zu finden war. Solche «Kleintierinseln» waren ein interessanter Gesprächsstoff, boten aber auch eine gute Möglichkeit, Kaninchen, die als Delikatesse galten, an einem Ort zu halten, wo sie vor Füchsen sicher waren. Auf Adelssitzen wurden kleine Inseln zudem als Standort für Grabstätten und Monumente genutzt. So findet sich auf einer eigens dafür errichteten Seeinsel in Stowe – einem Landsitz und Park im Besitz des National Trust – ein Monument für William Congreve, einen Dichter und Dramatiker des 18. Jahrhunderts. Die herrlichste europäische Adelsinsel wurde zwischen 1788 und 1794 von Fürst Leopold III. Friedrich Franz von Anhalt-Dessau im Wörlitzer Park gebaut: die Insel Stein. Es handelt sich um eine Felseninsel mit Höhlen und Grotten sowie einem künstlichen Vulkan, der dank unterirdischer Feuerstätten echten Rauch und Dampf ausstieß. Die Insel Stein sollte im Miniaturformat der Landschaft rings um Neapel – mitsamt Vesuv – nachempfunden sein. Im Laufe der Zeit verfiel sie, wurde aber 2005 in restaurierter Form wiedereröffnet.

Im 20. Jahrhundert wurden «Vergnügungsinseln» zu wichtigen Bestandteilen von Weltausstellungen und Themenparks. Ein bekanntes Beispiel ist die Tom-Sawyer-Insel, die 1956 in Disneyland eröffnet wurde. Gleichnamige Inseln finden sich auch im Walt Disney World Resort und im Disneyland von Tokio. Im 21. Jahrhundert fallen solche Vergnügungsinseln noch ambitionierter aus und sind für ein breiteres Publikum zugänglich. Oftmals verbinden sie verschiedene Attraktionen miteinander – Konferenzzentrum, Hotel, Jachthafen, Themenpark und Wohnanlagen – und gleichen eher spektakulären Stadtvierteln für Vergnügungen und Shopping als den kleinen Inseln der Vergangenheit, die nur über eine einzige Attraktion verfügten. Wie wir in den Kapiteln über Chinas Phoenix Island und The World in Dubai sehen werden, sind diese Inseln so konzipiert, dass sie die verschiedensten Wünsche und Bedürfnisse erfüllen.

Es sind seltsame, paradoxe Reiseziele. Wie eigenartig sie sein können, zeigt beispielhaft Funtasy Island in Indonesien, der «größte Öko-Park der Welt». Gerade einmal 16 Kilometer südlich von Singapur gelegen, wirbt er um Touristen von dort, die, so das Versprechen, eine Mischung verschiedenster Themenparks sowie 328 Hektar «ursprünglicher Tropeninseln» und «unberührter Natur» genießen können. Vor allem aber geht es ums Spaßhaben, um Fun: «Es gibt viele speziell konzipierte Areale, die von früh bis spät Fun-Welten zu bieten haben.» Funtasy Island ist ganz offensichtlich hoch entwickelt *und* unberührt, ursprünglich *und* luxuriös. Die Erbauer der Insel haben die Natur nicht in Ruhe gelassen, sondern vielmehr Natur hinzugefügt. Sie haben Mangrovenbäume gepflanzt, Unterwasservorrichtungen geschaffen, die «kleine Fische und Delfine» anlocken, und «für jeden Besucher eine Koralle» angesiedelt. Die Bedeutung des «Ökologischen» im Falle von Funtasy Island zeugt von einem neuen Trend beim Inselbau. Die Menschen wollen Natur als «Anblick» oder «Erlebnis», und sie reisen lieber an Orte, wo sie in ökologischer Hinsicht ein gutes Gefühl haben. Die Ironie – dass ein einst ursprüngliches Riff zerstört und überbaut wurde, um Besucher in eine «unberührte» Natur zu locken – ist allerdings unübersehbar.

Künstliche Inseln sind eine Art Speerspitze all dessen, was am 21. Jahrhundert bizarr ist. Vielleicht kann die Tatsache, dass sie so viel «Fun» zu bieten haben, erklären, wie uns die Quadratur des Kreises gelingt. Doch zu Spaßzwecken erbaute Inseln müssen nicht unbedingt gnadenlos auf Konsum getrimmt oder riesengroß sein. So schwimmt im Hafen von Kopenhagen eine 25 Quadratmeter große hölzerne Plattform, aus deren Mitte ein schlanker Lindenbaum wächst. Alle dürfen diese Plattform nutzen, ob zum Grillen, zum Sternegucken oder für ein winterliches Bad, und sie ist erst der Anfang eines ganzen Archipels solch schwimmender Inseln aus Holz, die verschiedene Funktionen haben. Geplant sind eine Saunainsel, schwimmende Gärten, eine Muschelfarm und eine Taucherplattform. Im Vergleich zu Funtasy Island wirkt das wie wohltuender Balsam, wie eine Dosis Vernunft. Vielleicht können Vergnügungsinseln ja auch einfach schlichte Orte sein, die ganz unbeschwert auf dem Wasser ruhen.

Bohrplattformen und Turbinen

Viele moderne künstliche Inseln haben mehr oder weniger alte Vorläufer. Aber die Mehrheit hat keine solchen Ahnen. Dazu gehören vor allem die Plattformen, mit denen Energie gefördert wird. Es gibt sie in ganz unterschiedlichen Formen, und sie zeugen von bemerkenswerten Techniken des Inselbaus.

Wo genau die erste Offshore-Ölplattform installiert wurde, ist umstritten, aber vermutlich war es in den USA. Im Caddo Lake in Louisiana gab es 1911 eine, doch in Dokumenten aus dem Mercer County in Ohio sind schon zwanzig Jahre früher Ölförderanlagen weit draußen im Grand Lake St. Marys verzeichnet. Heute sind dort Riesen an der Arbeit. Von den Bohrplattformen, deren Standbeine auf den Meeresboden abgesenkt werden (den sogenannten Hubinseln), ist die bislang größte die Noble Lloyd Noble mit 214 Meter langen Beinen. Spar-Plattformen, bei denen die Bohrinsel wie eine Boje im Wasser treibt, werden in der Regel mit Hilfe von Ankern im Meeresboden festgehalten und sind für tiefere Gewässer gedacht. So traf die weltweit größte Spar-Plattform, die Aasta Hansteen, nach einer zweimonatigen Schiffsreise – gezogen vom größten Schwertransportschiff der Welt – aus der Werft in Südkorea 2018 in den norwegischen Gasfeldern ein. In Norwegen befindet sich auch Troll A, eine «Condeep»-Gasplattform, deren Grundstruktur aus verstärktem Beton besteht. Dieses höchste und schwerste menschengemachte Objekt, das je über die Erdoberfläche bewegt wurde, übertrifft mit seinen 472 Metern sogar das 381 Meter hohe Empire State Building in New York. 1996 wurden die Arbeitsplattform und das Unterteil mehr als zweihundert Kilometer nordwestlich von Bergen im Troll-Gasfeld in Stellung gebracht und dort mit computergesteuerten Motoren auf ihrer Position gehalten.

Ein weiterer Gigant ist Prelude FLNG, das aussieht wie ein überdimensionales rotes Schiff. Mit einer Länge von 488 Metern und einer Breite von 74 Metern ist die 600 000 Tonnen schwere Prelude FLNG die größte je gebaute Offshore-Anlage. Sie fördert und verflüssigt Gas und vereint damit Produktion und Verarbeitung in einer einzigen schwimmenden Anlage. Die Prelude, die sechsmal so viel Wasser verdrängt wie der größte Flugzeugträger, stach 2017 von Südkorea aus in See und nahm Kurs auf ihren Standort vor der Nordwestküste Australiens.

Im 20. Jahrhundert wurden noch größere und ambitioniertere Ölbohrinseln errichtet. Einige waren weit mehr als nur das, etwa die vier THUMS-Inseln (THUMS ist ein Anagramm für Texaco, Humble Oil, Union Oil, Mobil und Shell Oil Company) in der San Pedro Bay. Sie wurden 1965 gebaut, um Öl zu fördern, waren aber so konzipiert, dass die Belästigung durch Lärm und Anblick so gering wie möglich gehalten wurde. Für diese «ästhetische Entschärfung» baute man eine Scheinlandschaft. So gibt es einen Wasserfall und auffallend luxuriöse Gebäude, die nachts bunt angestrahlt sind, darunter eines namens The Condo, das wie ein Hotel aussieht – alles Fake-Bauten, um die Ölfördervorrichtungen zu verbergen.

In den seichten Gewässern des Persischen Golfs finden sich zahlreiche neue Inseln, auf denen Ölarbeiter und Ausrüstung untergebracht sind. 2010 wurden im Manifa-Ölfeld in Saudi-Arabien siebenundzwanzig Bohrinseln fertiggestellt, die durch einen

41 Kilometer langen Damm miteinander verbunden sind. Vier Jahre später wurden im Upper-Zakum-Ölfeld in Abu Dhabi vier Inseln installiert; auf einer von ihnen leben fünfhundert Beschäftigte.

Einige der innovativsten Inseln sind von Öl- und Gaskonzernen in der Arktis gebaut worden. In der kanadischen Beaufort-See gibt es ein gutes Dutzend sogenannte Sacrificial Beach Islands, die aus sanft ansteigenden zusammengeschobenen Strandablagerungen bestehen. Hinzu kommen zahlreiche Kiesinseln und verschiedene Senkkasteninseln, bei denen Beton- und Stahlteile im Meer versenkt werden. Es gibt überdies Schotter-Sprüh-Inseln, ein Hybrid aus Schotter- und Sprüheiskonstruktionen. Nirgendwo sonst auf der Welt findet man so viele neue Verfahren des Inselbaus. Viele dieser Inseln sind riesig. Endicott Island, das vier Kilometer vor der Küste Alaskas liegt, umfasst achtzehn Hektar und besteht aus zwei Kiesinseln, die durch einen Damm mit dem Ufer verbunden sind. Alle diese schweren Materialien ins Meer zu kippen ist jedoch teuer. Deutlich günstiger ist eine andere Technologie, nämlich Sprüheis. Sprüheisinseln kosten nur etwa halb so viel wie Schotterinseln und sind auch leicht wieder zu «entsorgen». Ein Beispiel ist die Insel Nipterk P-32, die ExxonMobil 1989 in der kanadischen Beaufort-See errichtete. Im dortigen Dauerfrostklima ist der Bau einer Sprüheisinsel ganz einfach, und er beginnt damit, dass man Wasser hoch in die Luft spritzt. Das Wasser gefriert, ehe es wieder den Boden erreicht, und häuft sich auf dem Meereseis an. In seichten Gewässern wird das Meereseis nach ein paar Tagen ununterbrochenen Sprühens auf den Meeresboden gedrückt. Die Sprühkanonen arbeiten weiter, bis sich knapp über der Wasseroberfläche eine rundliche Insel bildet. Nipterk war nach nur dreiundfünfzig Tagen fertig – eine bemerkenswerte Leistung – und schon bald tragfähig genug für einen Bohrturm sowie Betriebsanlagen und Wohnunterkünfte.

Offshore-Windkraftanlagen haben keine sichtbare Plattform, weshalb sie sich nur schwerlich als Inseln betrachten lassen. Im Vergleich zu Öl und Gas oder Windrädern an Land ist diese Form der Energiegewinnung nach wie vor teuer und wird noch nicht weltweit betrieben. Bislang ist sie weitgehend auf Nordwesteuropa beschränkt, wo folglich auch die meisten Anlagen errichtet werden. So wurde Ende 2018 mit Walney Extension vor der Nordwestküste Englands der weltgrößte Offshore-Windpark eröffnet, der den bisherigen Spitzenreiter, den London Array an der Ostküste, noch einmal deutlich übertrifft. Eigentlich sind die Windkraftanlagen nicht dazu gedacht, Menschen zu beherbergen, doch manchmal sitzen Ingenieure bei hoher See dort fest, weshalb viele zumindest mit einem Vorrat an Grundnahrungsmitteln und Schlafsäcken ausgestattet sind. Größere Offshore-Windparks verfügen auch über eigene Betriebs und Unterkunftsplattformen. Zudem gibt es auf größeren Anlagen auch ein Umspannwerk, wo die von den Windrädern erzeugte Energie gebündelt und zum Festland geschickt wird. Um diese Windkraftanlagen auf tiefere Gewässer ausdehnen zu können, werden inzwischen auch schwimmende Windparks entwickelt. Ein erster – Hywind Scotland – ging 2017 in Betrieb, 25 Kilometer vor der Küste von Aberdeenshire.

Künstliche Inseln: Errichtung und Zerstörung

Früher waren künstliche Inseln klein und wurden in gemächlichem Tempo gebaut, weshalb sie kaum Auswirkungen auf die Umwelt hatten. Heute, im Zeitalter der Inseln, sieht das ganz anders aus. Viele der neuen Wohn- und Freizeitinseln werben gerne mit ihrer ökologischen Nachhaltigkeit. Zumeist ist das jedoch bloßes Greenwashing – eine Fassade aus Ökogeschwätz, um die Gedankenlosen und Gleichgültigen zu überzeugen. In Wirklichkeit haben fast alle modernen künstlichen Inseln verheerende Folgen für die Umwelt.

Auf der ersten Insel, auf die wir uns im Folgenden begeben – Flevopolder –, deutet jedoch einiges darauf hin, dass vielleicht auch ein behutsameres und pfleglicheres Modell möglich ist. Diese hoffnungsvolle Botschaft muss man allerdings vor einem nüchternen Hintergrund betrachten. Das ökologische Problem hat nämlich vier zentrale Aspekte: erstens den kontinuierlichen Ressourcenbedarf, den man für den Unterhalt einer künstlichen Insel benötigt; zweitens die Nebenwirkungen auf andere Küsten (neue Inseln verändern die lokalen Ablagerungs- und Erosionsmuster und können zur Folge haben, dass Flüsse verlanden und Strände weggespült werden); drittens die Folgen der Ausbaggerungen für Meeresflora und -fauna; und schließlich den neuen internationalen Handel mit Sand. Denn Sand ist eine Schlüsselressource der modernen Welt: Man braucht ihn für die Fundamente von Inseln und man braucht ihn für die Betonherstellung, die sich seit 1950 mehr als verdreißigfacht hat. In gerade einmal drei Jahren, zwischen 2011 und 2013, verbaute China mehr Beton als die USA im gesamten 20. Jahrhundert. Dieser enorme Bedarf an Sand führt weltweit zur Zerstörung von Stränden, Dünen und Meeresböden.

Was passiert, wenn man den Meeresgrund ausbaggert oder absaugt? Zahlreiche Inseln werden auf Korallenriffen und an Orten errichtet, wo sich die Meeresökosysteme über Jahrtausende entwickelt haben. Diese Ökosysteme entstehen nicht mehr wieder. Neue Inseln erfordern üblicherweise eine großflächige Bebauung des Meeresgrunds. Dadurch entstehen oftmals Meeresarme und lagunenartige Gebilde, wo das Wasser träge, seicht, warm und salzig ist. Das mag mitunter hübsch aussehen, aber dieses Wasser ist sauerstoffarm und ermöglicht kaum Leben. Allzu oft sind künstliche Inseln deshalb tote Zonen. Sie wiederzubeleben erfordert harte Arbeit. Das sieht man beispielsweise am Kansai International Airport in Japan, der 1994 eröffnet wurde. Der Bau der Flughafeninsel zerstörte die üppig wachsenden Seegräser, die in der Region einst geerntet wurden. Sie wieder anzusiedeln ist teuer, und die Erfolgsaussichten sind ungewiss. Man hat jetzt sanfte Unterwasserhänge angelegt und Seetang angepflanzt, aber noch ist unklar, ob er sich halten wird.

Allmählich wacht die Welt auf und wird sich der Tatsache bewusst, dass Sand eine endliche Ressource ist. In einigen Regionen bedeckt Sand den Meeresgrund und die Strände, aber beileibe nicht überall, und geologisch gesehen bildet er eine sehr dünne Oberflächenschicht. Doch Inselbau und Landgewinnung erfordern Unmengen an Sand – und dieser enorme Bedarf hat einen internationalen Handel mit dem wertvollen Stoff entstehen lassen, bei dem er in ärmeren Ländern abgebaut und in die von einer rasanten Urbanisierung geprägten Küstenregionen Asiens verschifft wird. So kommen Sandkähne aus Indonesien, damit Singapur Neuland gewinnen kann. Zwei Dutzend Sandinseln in Indonesien sind schon abgebaggert, zweitausend weitere drohen zu verschwinden. Der Sandschmuggel ist oft illegal, aber er ist heute eben auch ein großangelegtes und lukratives Geschäft.

Flevopolder, Niederlande

Die größte künstliche Insel der Welt wird wieder zur Wildnis: Ein Ökoarchipel hat als Ableger eine Nordküste sprießen lassen, und der dortige Naturpark wird nun wieder so zurückgebaut, dass er ursprünglich und ungezähmt ist. Wer ein neues grünes

Kapitel in der Geschichte des Inselzeitalters erleben will, muss nach Flevopolder.

Mein erster Eindruck war das freilich nicht. Flevopolder ist ganz überwiegend ein akkurat gestutztes Gitternetz aus pfannkuchenplatten Anbaufeldern und ruhigen Wohnstraßen, und es ist riesig: Mit einer Fläche von 970 Quadratkilometern ist es sechzehnmal so groß wie Manhattan – auch das im Übrigen eine Insel, die zuerst von den Holländern besiedelt wurde. Doch bei einer Tasse Tee am Küchentisch von Ans und Bas wird mir rasch klar, warum sie aus Amsterdam dorthin gezogen sind. Die Morgensonne taucht die liebevoll von Hand gefertigten Details ihres wunderschönen, selbstgebauten Hauses in ein goldenes Licht, es flutet herein durch die großen Fenster, durch die man auf weite Wälder, Teiche und Gärten blickt.

Es geht nicht anders: Eine Woge der Eifersucht überkommt mich. Ein bisschen zu eilfertig unterbreche ich den freundlichen Gesprächsfluss und frage, ob sie denn keine Angst hätten, hier fünf Meter unter dem Meeresspiegel zu wohnen. Sie tauschen ein Lächeln aus, bevor sie ihrem beunruhigten Gast versichern, die Pumpstationen der Inseln würden Flevopolder sogar besser vor Überflutungen schützen als andere Orte in den Niederlanden. In England stünden die Chancen deutlich besser, irgendwann unter Wasser zu enden.

Flevopolder ist keine Landschaft, die unterzugehen droht, aber Schauplatz eines anderen Dramas. 1968 wurde sie für fertig erklärt, doch ihre Geschichte ist längst nicht vorbei. Heute befindet sie sich an vorderster Front in einer Schlacht, in der es darum geht, neu darüber nachzudenken, was «künstliches Land» bedeutet und wozu künstliche Inseln da sind. Das ist eine ziemlich aufregende Geschichte. Neben Wildpferden und wildem Vieh wird ökologische Artenvielfalt hierher «zurückgebracht». Das heißt, zurück an einen künstlich erzeugten Ort, an

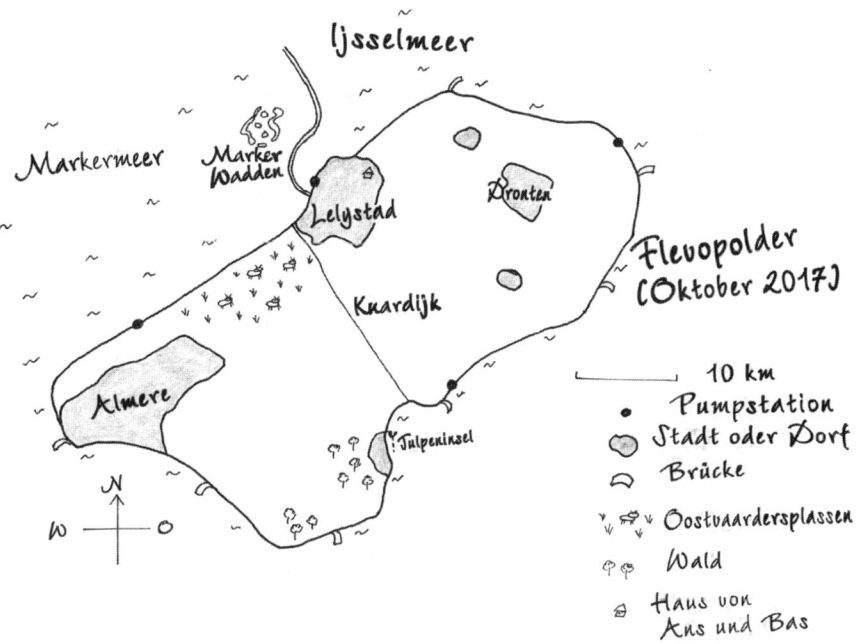

IJsselmeer

Markermeer · Marker Wadden · Lelystad · Dronten

Flevopolder
(Oktober 2017)

Knardijk

Almere · Julperinsel

N
W — O

10 km

• Pumpstation
◉ Stadt oder Dorf
◠ Brücke
ⱴ⚘ⱴ Oostvaardersplassen
♀♀ Wald
⌂ Haus von
Ans und Bas

einen Ort, der ursprünglich tief unter kabbeligem, kaltem Wasser lag.

Der Versuch, Flevopolder wieder in eine Wildnis zu verwandeln, ist ein Akt der Reue und der Nostalgie, zeugt aber auch von einigem Mut. Diese Landschaft wurde dem Meer abgerungen – gestaltet, beackert und besiedelt. Die Niederländer hätten sich einfach bequem zurücklehnen und zu diesem Ergebnis harter Arbeit beglückwünschen können. Stattdessen entzündet sich an den «künstlichen Inseln» eine ängstliche Debatte über Sinn und Möglichkeiten menschlicher Eingriffe. Heute wird Natur wieder hereingebeten – wie ein lange vermisster Freund, der nicht sogleich wiederzuerkennen ist. Es handelt sich um eine moderne Parabel für ein modernes Paradoxon. Denn Industrialisierung und Umweltschutz sind zwar widerstreitende, aber eng miteinander verzahnte Ideologien: Erstere macht Letzteren nötig, doch wie zan-

Flevopolder, Niederlande

kende Zwillinge lehnen sie den jeweils anderen ab. Auf Flevopolder ist es endlich zu einer Art Verständigung zwischen den beiden gekommen.

Fährt man zum ersten Mal vom «alten Land» (wie die Insulaner es nennen) über eine der unscheinbaren Brücken, wird nirgends ersichtlich, dass man damit einen der außergewöhnlichsten Orte auf dieser Welt betritt. Von Amsterdam sind es gerade einmal dreißig Minuten Fahrtzeit bis zum Flevopolder. Hat man die unvermeidlichen Autobahnen verlassen, überquert man einen ruhigen Fluss und gelangt in einen geometrisch angelegten Raum: Breite, gerade Straßen durchschneiden grüne Felder. Darüber liegt ein milchiger Himmel, und alles ist in schattenloser Präzision aufgereiht. Es herrscht eine verträumte Sanftheit, ein Mangel an Widerstand gegenüber der Landschaft. Selbst ihre eigene Künstlichkeit verflüchtigt sich; der Geist rebelliert gegen die verstörende Wirklichkeit, dass jeder Horizont hier Menschenwerk ist.

Mein kleiner blauer Mietwagen ist Richtung Nordosten unterwegs, und schon bald befinde ich mich inmitten der geräumigen Einfamilienhäuser am Stadtrand von Lelystad, das nach dem Schöpfer von Flevopolder, Cornelis Lely, benannt ist. Nachdem ich scharf nach links abgebogen bin, holpert mein Wagen über einen zugewachsenen Zufahrtsweg. Ich hoffe, das Zimmer zu finden, in dem ich mich einquartiert habe, in einem Gebäude, das von außen wie ein runder Wasserturm aussieht. Wie ich später merke, ist das nur eine Täuschung – eine von Ans' und Bas' Kreationen. Die beiden, die auf eine unprätentiöse Art bürgerlich sind und über einen trockenen Humor verfügen, sind ein wenig irritiert ob meiner Begeisterung für ihr Zuhause. Wie Bas mir erklärt, hat der Verkauf ihrer kleinen Wohnung in der Großstadt ihnen so viel eingebracht, dass sie sich hier einen ganzen Hektar Land kaufen konnten, denn «niemand wollte hier wohnen». Er hält inne, augenscheinlich unsicher, ob sich daran etwas geändert hat:

Warum wir Inseln bauen

«Wenn man hier so durch die Gegend fährt, ist es nicht wirklich aufregend.» Ihre beiden Kinder sind, sobald sie erwachsen waren, wieder zurück in die Stadt geflohen.

«Die ersten drei Wochen habe ich nur geheult», sagt Ans, als sie sich an die erste Zeit als junges Paar 1994 hier erinnert. Doch das Bedauern ist längst verschwunden, an seine Stelle ist ein Gefühl von Verheißung getreten. Voller Überzeugung erklärt sie mir: «Es gibt hier unendlich viele Möglichkeiten. Wenn man eine Idee hat, kann man sie hier mit ziemlicher Sicherheit umsetzen.»

Ich habe schon gemerkt, dass ich die «Möglichkeiten» in Flevoland nur wirklich verstehen kann, wenn ich mehr über seine Vergangenheit in Erfahrung bringe. Und so bin ich am nächsten Morgen einer der ersten Besucher im Museum Nieuw Land in Lelystad. Draußen vor dem Eingang bildet der Boden ein blaues Rechteck, das das Meer symbolisiert und aus dem sich ein großer weißer Kopf erhebt, darauf ein lebensgroßer Cornelis Lely, der die rechte Faust gen Himmel reckt. Während ich noch diese Hommage an das «Poldern» bewundere, rollt ein schwarzer Transporter auf das Meer. Eine Leiter wird aufgestellt und der ungerührte weiße Riese wird gründlich gereinigt.

Lelys Leistung in Form einer Skulptur darzustellen war offenbar nicht so einfach. Das Museum ist da schon eher nach meinem Geschmack: Es ist voller Karten von Poldern. Unwillkürlich fühle ich mich an meine frühesten Zeiten im Erdkundeunterricht erinnert. Die Polder waren nach dem Krieg ein zentraler Unterrichtsgegenstand in diesem Fach, zumindest in Großbritannien. Ein Running Gag unter meinen vorlauten Klassenkameraden war damals der im Singsang geleierte Refrain: «Are we going to do polders, Miss?» Meine Liebe zu Farbstiften musste noch eine geheime Leidenschaft bleiben. Wenn ich das «neue Land» der Niederlande in verschiedenen Farbtönen sorgfältig ausmalte – und die urbanen Gebiete sowie die landwirtschaftlichen Erzeugnisse

Flevopolder, Niederlande

eintrug –, fühlte sich das ein wenig wie Magie ein: etwas Riesiges auf so winzigem Raum herbeizuzaubern, dass es in ein Übungsheft passte. Mein Vater, der alles aufhebt, präsentierte mir jüngst sein eigenes Erdkunde-Übungsheft von 1945. Darin findet sich eine Karte mit der Beschriftung «Holland» und seinen «Polderfeldfrüchten: Weizen, Gerste, Roggen, Flachs, Zuckerrüben, Kartoffeln» sowie der «Zuiderzee (neu gewonnen)». Angehende Geographen zeichnen seit Generationen Polder und lernen, wie man sie definiert (neu gewonnenes und trockengelegtes niedrig gelegenes Gelände). Die für die Anlage von Poldern erforderliche Technologie ist nicht besonders kompliziert. Wichtig ist das langfristige Bemühen. Die Pumpen und Siele müssen instand gehalten werden; andernfalls steigt der Wasserspiegel, und man hat am Ende nichts weiter als eine riesige Badewanne.

Nach einer schweren Flutkatastrophe 1916, bei der einundfünfzig Menschen ums Leben kamen, wurde der Vorschlag von Cornelis Lely übernommen: die Zuiderzee (die riesige Meeresbucht, die einst das Herzstück der Niederlande aushöhlte) eindeichen und als Land zurückgewinnen. Man setzte nicht zuletzt deshalb auf diese Lösung, weil der Polderbau nichts Neues war. Die ältesten Beispiele in den Niederlanden stammen aus dem 14. Jahrhundert, und im ganzen Land gibt es schätzungsweise dreitausend Polder. Das alte niederländische Sprichwort «Gott hat die Welt geschaffen, aber die Holländer haben Holland geschaffen» hat nichts mit eitlem Hochmut zu tun. Die Entwässerung der Zuiderzee hob eine bekannte Technologie auf ein neues Niveau. Diese Polder sollten nicht nur neues Ackerland und Wohnraum schaffen, sondern auch als Schutzbarrieren fungieren, die eine Überflutung weiter Teile des Landes verhinderten. Nachdem quer über den oberen Teil der Zuiderzee ein Deich gebaut worden war, wurde der erste Polder, der Wieringermeerpolder, 1930 fertiggestellt. Als die Nazis sich 1945 zurückzogen, fluteten sie ihn vorsätzlich, doch er wurde schon bald darauf wieder zurückgewonnen. Anschließend kam der Noordoostpolder, der 1942 fertig war und die alten Fischerinseln Urk und Schokland verschlang. Ihre geisterhaften Ufer – gekrümmt und eigenwillig – sind inmitten der geometrischen Formen ringsum noch immer zu erkennen. Beide Polder wurden mit dem Festland verbunden. Die Tatsache, dass bestehende Flüsse direkt hindurchflossen, sorgte für die Gefahr von Absenkungen. Um dieses Problem zu beheben, wurde Flevopolder als Insel geschaffen. Sie wird in der Mitte durch einen Deich geteilt, den Knardijk, der dafür sorgen soll, dass die eine Hälfte sicher bleibt, wenn die andere überflutet ist. Doch es kam zu keiner neuen Flut. Wenn es um die Gewinnung neuen Landes geht, wissen die Niederländer genau, was sie tun.

Die Expertise niederländischer Ingenieure und Baumeister steht auch hinter anderen neuen Inseln, von Panama über die Vereinigten Arabischen Emirate bis zu den Malediven. Chinesische Firmen gehören heute ebenfalls zu den anerkannten Fachleuten auf diesem Gebiet und locken mit extrem günstigen Preisen, doch die Holländer sind nach wie vor die unumstrittenen Meister. Auch die Spezialdisziplin des Polderbaus – also die Gewinnung von Land unterhalb des Meeresspiegels – findet weltweit Anwendung. Zahlreiche Länder mit flutgefährdeten Küsten setzen darauf. Inzwischen finden sich Polder an den Küsten Großbritanniens, Deutschlands, Polens und jeder Menge fernerer Länder. So wurden in den 1960er Jahren im von Überflutung bedrohten Bangladesch 123 Polder errichtet, zumeist in Gestalt neuer Inseln. Ohne sie würden die regelmäßigen Überschwemmungen im Land noch viel schlimmer ausfallen. Die Niederlande und Bangladesch sind beide niedrig gelegene Länder, mit großen Flussdeltas und in vielerlei Hinsicht topographisch miteinander verwandt. Leider hat sich der Zustand der Polder in Bangladesch in den letzten zehn Jahren deutlich verschlechtert. Die Deiche bröckeln, und die neuen Inseln verwan-

Flevopolder, Niederlande

deln sich in mit Wasser gefüllte Ringe. Wasserbauingenieure in Bangladesch sprechen inzwischen davon, man müsse *mit* dem Wasser arbeiten: Statt es einfach draußen zu halten, sollten wir es kommen und gehen lassen. Dieser neue Ansatz setzt auch auf kontrollierte Flussüberschwemmungen, also einen gesteuerten Zu- und Abfluss des Flusswassers in den bzw. aus dem Polder.

Auch in Europa machen solche kontrollierten Überflutungen Schule. So sieht das Programm «Room for the River» (Raum für den Fluss) in den Niederlanden vor, dass Deiche abgesenkt und manche Polder wie der Overdiepse Polder (eine künstliche Insel in einem Fluss in der Nähe von Rotterdam) von Ackerland in Hochwasserüberläufe umgewandelt werden. Das neue Schlagwort lautet «mit dem Fluss gehen». Es handelt sich dabei um eine technische Lösung für eine praktische Herausforderung, spiegelt jedoch auch einen umfassenderen kulturellen Wandel wider. Die Niederländer wollen die Natur wiederhaben.

Pflichtschuldig beantworten Ans und Bas meine Polder-Fragen, aber das Thema, das sie wirklich umtreibt, ist die Unansehnlichkeit der unnatürlichen, modernen Welt. Die neuen Städte, darunter auch Lelystad, hätten sich als «furchtbar hässlich» erwiesen, sagt Bas. Allmählich dämmert mir, dass ihr wunderschönes Haus – «wir wollten ein Haus, das älter aussieht, als es ist, mit schönen alten Ziegeln» – seinerseits eine Insel ist, ein grüner Rückzugsort aus einer gnadenlos industrialisierten Welt.

Diese Ansicht und dieses Bestreben teilen viele. Ein paar Tage später höre ich erneut davon, als ich in einem ziemlich schäbigen Kellerraum sitze, der mit exzentrisch gefertigten Gegenständen vollgestopft ist. Sein Besitzer ist ein großgewachsener, hagerer Kerl namens Ruud, wieder einer dieser großherzigen Niederländer, die ein Zimmer zu vermieten haben, dieses Mal im mittelalterlichen Stadtzentrum von Haarlem. Sein Urteil über Flevopolder fällt vernichtend aus: «Das hat überhaupt keine Seele, da geht es nur ums

Geld», grummelt er, ehe er sich darüber beklagt, die Niederlande hätten gar keinen richtigen ländlichen Raum mehr, sie seien im Grunde eine einzige große Stadt. Er erzählt mir, dass er einmal den Chef seiner Firma in Lelystad besucht habe, einer Stadt, die er ganz schrecklich findet: «Er wollte mir all seine Sachen an diesem fürchterlichen Ort zeigen: ‹Ich habe hier das und das und das.›» Für Ruud war das zu viel, er floh schon bald aus der Welt der Wirtschaft in ein wilderes, weniger vorhersagbares Leben.

In jedem Land findet man unschwer Menschen, die sich über die Unansehnlichkeit moderner Planung Gedanken machen und entweder aus der daraus resultierenden Melancholie Kraft saugen oder aktiv nach etwas Besserem suchen. Heute sind die Niederländer auch führend bei der ökozentrierten Umgestaltung neuer Inseln.

Doch zurück nach Flevopolder. Dort ist es inzwischen Zeit geworden, das Nieuw-Land-Museum wieder zu verlassen, denn es füllt sich allmählich mit Mengen von aufgeregt schnatternden Schulkindern, die sich um all die Knöpfe drängen, die man dort drücken kann. Draußen hat es sich eingetrübt: Ein steter Regen klatscht gegen die Windschutzscheibe, während ich gen Norden fahre, und zwar auf der 30 Kilometer langen Deichstraße, welche die einstige Zuiderzee durchschneidet. Als ich etwa ein Viertel des Wegs geschafft habe und dort angelangt bin, wo ich eigentlich ein prächtiges Ökoinsel-Panorama erwartet habe, schüttet es wie aus Eimern. Zu meiner Rechten liegt das Ijsselmeer, links das Markermeer, zwei riesige Süßwasserseen. Lely hatte ursprünglich auch einen Polder für das Markermeer vorgesehen, doch sein Plan wurde 2003 endgültig begraben. Es wehte jetzt ein neuerer, grünerer Wind. Die Aussicht auf ein weiteres Jahrhundert, in dem Land ausschließlich für die menschliche Nutzung gewonnen würde, war unattraktiv geworden, insbesondere weil man inzwischen wusste, dass das Markermeer allmählich verlandete, seine

Flevopolder, Niederlande

Meerestiere verendeten und die Vogelwelt langsam verschwand. Nachdem ich mein Auto abgestellt habe, trotze ich dem kalten Nieselregen, und die neue Lösung für das Markermeer ist im Nebel gerade so zu erkennen. Sie ist unglaublich kühn. Als ich mir die Regentropfen von der Brille gewischt habe, kann ich die gewundenen schwarzen Linien der neuen Staumauern ausmachen. Sie schlängeln sich fast über den gesamten Horizont. Das ist der neue Öko-Archipel. Keine Übung in Geometrie, sondern ein verschlungenes Labyrinth, das man sich leicht als ein Gewirr von Inseln, kleinen Buchten und versteckten Orten vorstellen kann.

Der neue, 10 000 Hektar große Öko-Archipel, der im September 2018 offiziell eröffnet wurde, trägt den Namen Marker Wadden. Mit der Errichtung der ersten Insel wurde 2016 begonnen, sie entstand aus dem Schlick, der aus den verschlammten Bereichen des Sees gebaggert wurde, womit man den See vertiefte und säuberte und gleichzeitig einen natürlichen Lebensraum für die Tierwelt entstehen ließ. Wenn sie fertig sind, werden die Inseln von Schilf und niedrigen Dünen bedeckt und von Felsen als Wellenbrechern umgeben sein, damit das Ganze nicht weggespült wird. Ein kleiner Hafen wird es Naturliebhabern erlauben, Tagesausflüge zu unternehmen, aber mehr an menschlicher Präsenz soll es nicht geben. Das Endergebnis ist nicht bis ins Detail vorhersagbar; auch das gehört zum Konzept. Man plant hier schließlich mit der Natur, und deshalb wird die Natur ein Wörtchen mitzureden haben bei dem, was passiert und wie die Marker Wadden aussehen. Ruud Cuperus, der Projektmanager, zeigte sich gegenüber der Tageszeitung *Het Parool* erfreut darüber, dass sich in den Gewässern ringsum «nun wieder Heringe, Stinte, Glasaale und Sardellen tummeln», und geht von einer üppigeren Vogelwelt aus, zu der dann auch Exoten wie überwinternde Flamingos und Löffler gehören sollen. Er bekennt jedoch auch ganz offen, dass es

sich um eine Reise ins Unbekannte handelt: «Man kann an allen
möglichen Hebeln ziehen, doch was dabei herauskommt, lässt
sich nicht vorhersagen.»

Die Marker Wadden sind nicht der einzige grüne Archipel, an
dem gerade fleißig gebaut wird. Weitere entstehen im Markermeer und vor den anderen Küsten des Flevopolder, darunter auch
Inseln in Gestalt einer Tulpe. Inselbauer haben eine Schwäche, sie
geben den Gebilden gern Formen, die spektakuläre Luftaufnahmen erlauben. Überzeugender ist da der grüne Archipel, der zu
Beginn des Jahrhunderts in unmittelbarer Nähe von Amsterdam
erbaut wurde. Auf IJburg dreht sich alles um nachhaltigen
Lebensraum für Menschen; die ersten Bewohner dieses aus zehn
Inseln bestehenden Komplexes zogen 2002 hierher. Er ist so konzipiert, dass die CO_2-Emissionen so gering wie möglich ausfallen,
er verfügt über gemeinschaftlich genutzte Dachgärten sowie jede
Menge Parks und Bäume und erfreut sich großer Beliebtheit –
und das nicht nur, weil die Mieten hier sehr gemischt und vielfach
ausgesprochen günstig sind. Immer mehr Menschen wollen
neben und mit der Natur leben; die geraden Linien und effizient
genutzten Räume aus den Zeiten Lelys gelten nicht mehr als aufregend, sondern als wenig nachhaltig und langweilig. Die Haltung
der Niederländer zu Zweck und Konsequenzen von «neuem
Land» verändert sich gerade grundlegend.

Umstrittenstes Ergebnis dieses Einstellungswandels ist die Renaturierung von 56 Quadratkilometern im Norden des Flevopolder. Den Ausflug nach Oostvaardersplassen habe ich mir für meinen letzten Tag auf der Insel aufgespart, auch wenn ich weiß, dass
man dieses Erlebnis in Ruhe und ohne Hast genießen sollte. Immerhin handelt es sich um Europas bekanntestes Beispiel für eine
Renaturierung: Diese Landschaft ist nicht für menschliches Vergnügen gedacht – nicht einmal für das Vergnügen, Tiere zu beobachten –, sondern ein Ort, der sich selbst überlassen werden soll.

Flevopolder, Niederlande

Trotzdem gibt es ein Besucherzentrum mitsamt Café und Souvenirshop, von wo aus man auf zahlreichen Wegen loswandern kann. Ich entscheide mich für den Pfad in Richtung Meer, und unterwegs begleitet mich nur das Geräusch des Windes im Schilf. Die Gegend ist so flach und weit, dass sich Entfernungen nur schwer einschätzen lassen. Und man kann sich nicht wirklich vorstellen, dass diese leere Gegend einst für industrielle Zwecke gedacht war oder dass sie heute Schauplatz der Auseinandersetzungen ist zwischen denen, die glücklich über die vielfältigen Arten sind, die hier leben und sterben, und Tierrechtsaktivisten, die es als grausames und unnatürliches Experiment kritisieren, weil große Pflanzenfresser hier verhungern. Für manche hat die Vorstellung, dieser Ort sei «ursprünglich», etwas Künstliches und Anmaßendes an sich, deren unschuldige Opfer die hier gefangenen Tiere seien (bislang gibt es für sie noch keine grünen Korridore, auf denen sie hier wegkommen könnten). Die Pferde und Kühe, die Mitte der 1980er Jahre hierhergebracht wurden, wurden wegen ihrer archaischen Eigenschaften dafür ausgesucht. Die Heckrinder sind eine robuste Rasse, mit deren Zucht man in den 1920er Jahren begonnen hatte, weil sie den ausgestorbenen Auerochsen ähnelten, einer alten Wildrindrasse, die einst durch Europa und Asien streifte. Bei den Pferden handelt es sich um Konik-Ponys, die einer anderen ausgerotteten Art ähnlich sehen, nämlich dem eurasischen Wildpferd, deren letztes Exemplar 1909 starb. Zusammen mit dem Rotwild verbringen diese Tiere das ganze Jahr im Freien, und in warmen Jahren übersteigt ihre Zahl die natürlichen Futterreserven des Schutzgebiets. Weil es keine natürlichen Feinde gibt, haben Ranger die Aufgabe übernommen, einzelne Tiere zu erlegen. 2018 beschlossen lokale Politiker, die Zahl der großen Pflanzenfresser auf tausendfünfhundert zu begrenzen. Damit reagierten sie auf Proteste gegen die Renaturierung, die sich entzündeten, als Bilder von verhungernden Tieren in sozialen Medien die Runde machten. Einige der Protestierenden gingen sogar so weit, Oostvaardersplassen mit Auschwitz zu vergleichen. Protestgruppen begannen damit, Heuballen über den Zaun zu werfen, der das Reservat umgibt. Aktivisten wie der Verhaltensbiologe Patrick van Veen sind felsenfest davon überzeugt, dass es sich bei Oostvaardersplassen um ein «gescheitertes Experiment» handelt, getrieben von «Männlichkeitswahn und Täuschung».

Doch als ich weiterlaufe und der Pfad immer sumpfiger wird, kommt mir der Gedanke: Wenn Oostvaardersplassen ein gescheitertes Experiment ist, dann ist Flevopolder das in noch viel größerem Maße. Schließlich ist die Schaffung einer geometrischen Insel, auf der unproduktive Natur keinen Platz hat, eine ziemlich extreme Idee. Man kann beide Experimente nicht isoliert betrachten. Oostvaardersplassen ist Teil einer Bewegung weg von einem Denken, das Landschaft und den Planeten allein mit Blick auf die Menschen und ihre unmittelbaren Bedürfnisse betrachtet; das ist nicht so leicht, denn unsere Spezies definiert sich gerne als jenseits oder über der Natur stehend. Die Bindungen sind zerbrochen, und sie wieder zu kitten wird oft künstlich und unbeholfen wirken. Aber es ist genau das Richtige.

Nach ein paar Stunden beschaulichen Wanderns bin ich wieder bei meinem blauen Auto angelangt, bereit, über die Brücke zurück ins «alte Land» zu fahren. Ich komme an einer Gruppe Konik-Ponys vorbei, die friedlich auf einer wilden Wiese grasen. Sie müssen Besucher gewöhnt sein, denn sie lassen sich von mir nicht wirklich stören. In der Nähe parken zahlreiche Autos in einer Reihe, aus jedem Fenster lugt eine Kamera. Früher gab es auf Flevopolder nicht viel zu sehen, doch jetzt ist das anders. Wilde Tiere sind aufregend, lebendig und auf unangestrengte Art schön, wie es die Welt der Menschen eben gerade nicht ist. Wir fühlen uns unwiderstehlich und unvermeidlich zu ihnen hingezogen, zu einer winzigen Pflanze genauso wie zu einer summenden Biene. Unsere Liebe zu anderen Formen des Lebens ist ein

Selbsterhaltungsimpuls: Wenn wir die Natur wieder «zurück» ins Bild bringen, ist das nicht nur erfreulich; es ist unabdingbar für unser Überleben und unsere geistige Gesundheit.

The World, Dubai

Es regnete in Dubai, als ich den Libanon betrat. Später an diesem Tag priesen Journalisten das stürmische Wetter als Beleg für die Wirksamkeit intensiver Wolkenimpfung. Künstlicher Regen auf einer künstlichen Insel, und er fällt auf eine von nur zwei fertiggestellten Inseln der insgesamt dreihundert, die «The World» bilden. Die andere fertige findet sich in der Grönland-Gruppe, angeblich ein Geschenk des Herrschers von Dubai, Scheich Mohammed bin Raschid Al Maktoum, an den Formel-1-Fahrer Michael Schumacher.

Betrachtet man The World, das ein paar Kilometer vor der Küste des Stadtteils Jumeirah liegt, vom Flugzeugfenster aus, sieht es durchaus wie eine Weltkarte aus. Die Kontinente sind alle vorhanden, auch wenn die Sache oben, unten und rings um Australien nicht so ganz stimmt. Jeder Kontinent besteht aus rundlichen Sandinseln. Viele von ihnen sind bestimmten Ländern zugeordnet und befinden sich in etwa am richtigen Platz. So liegt beispielsweise Ägypten oberhalb des Sudans, der seinerseits an Eritrea und den Tschad grenzt. Einige der größten Länder wie Russland sind auf mehrere Inseln verteilt, die Städte oder Regionen repräsentieren; so gibt es eine Moskau-Insel sowie Inseln für Omsk und Sibirien.

Zu The World gelangt man nur per Boot, und auch zwischen

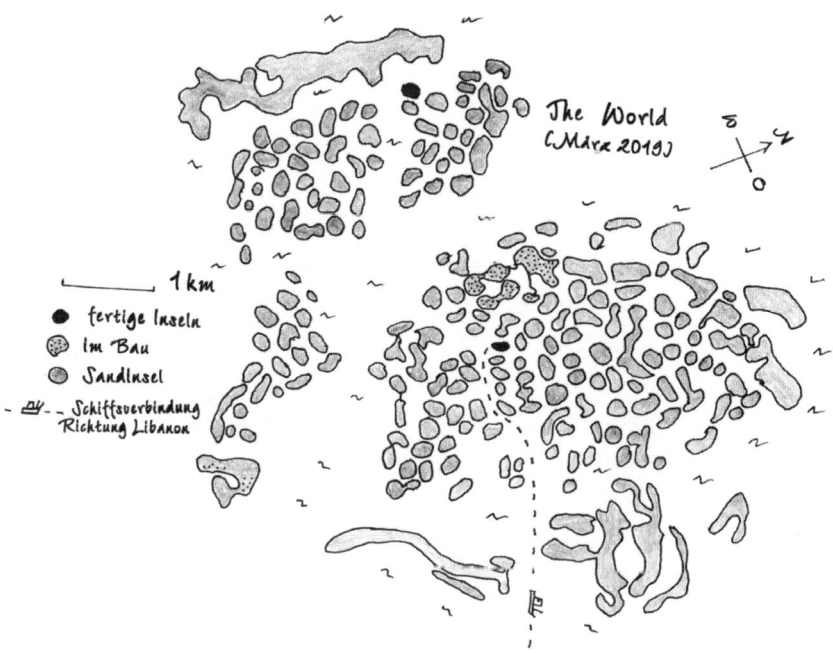

den Inseln gibt es bislang keine Brücken, obwohl viele der Kanäle dazwischen schmal und seicht sind. Wäre ich nicht schon ziemlich durchnässt gewesen, wäre ich möglicherweise versucht gewesen, nach Palästina hinüberzuwaten.

Die ursprüngliche Vision für The World, wie Scheich Mohammed sie 2003 präsentierte, war gewesen, dass die Inseln Spielplatz und einzigartiger Rückzugsort für die Superreichen werden sollten. Heute freilich sind nur ich und eine dreiköpfige Familie aus Glasgow mit einen Tagesticket unterwegs, das knapp 45 Euro kostet. Auf dem Pier des Libanon empfängt uns ein indischer Manager, der unerschütterlich lächelt, während sich das Wasser auf dem kleinen weißen Tablett sammelt, auf dem er uns vier Tassen mit Ananassaft serviert. Abgesehen von ihm und ein paar anderen Mitarbeitern sind wir die Einzigen hier.

The World, Dubai

Nakheel, die staatseigene Firma, die The World baut, ver-
schickte anfangs jeden Monat an fünfzig reiche und hochstehende
potenzielle Käufer Einladungen mit dem Angebot «Own the
World». Karl Lagerfeld hatte Pläne für eine «Modeinsel». Brad Pitt
und Angelina Jolie sollen angeblich für ihre Kinder Äthiopien gekauft haben. Die Gelegenheit für schöne Fotos und entsprechende
Selbstdarstellung war unwiderstehlich. So posierte Richard Bran-
son auf Großbritannien in einem Union-Jack-Anzug neben einer
englischen Telefonzelle. Die MNG Holdings aus der Türkei kaufte
die Türkei; Zhongzhou International aus China erwarb Shanghai.
Damals präsentierten die Marketingleute von Nakheel The World
als etwas, das Dubai *abgewandt* war. Sie vermuteten, die Superreichen wollten, wie andere Aristokraten, im Zentrum des Gesche-
hens sein, aber unsichtbar bleiben.

Unschwer findet man Kritiker, die einem erzählen, das ganze
Vorhaben sei Humbug. Und es ist ohne Zweifel unerhört. Aber
man muss sich nur umdrehen und auf die gewundenen, hochra-
genden Türme von Dubai blicken, um zu begreifen, dass solche
Dinge hier in schöner Regelmäßigkeit geschehen.

Die meisten Inseln von The World wurden 2008 Käufern
übereignet. Nakheel sonnte sich im Erfolg eines seiner weiteren
Projekte: der berühmtesten künstlichen Insel dieser Welt, nämlich
Palm Jumeirah. Die Wedel und der Stamm von Palm Jumeirah er-
strecken sich über fünf Kilometer, und zählt man die Touristen
mit, so beläuft sich die Bevölkerung dort auf rund fünfundsiebzig-
tausend Menschen. Diesen Erfolg zu wiederholen hat sich als
nicht ganz so leicht erwiesen. Unmittelbar nach der Fertigstellung
von The World kam es zum weltweiten Zusammenbruch der
Finanzmärkte. Der Crash brachte die Zeitpläne für den Bau von
The World und einer ganzen Reihe anderer Inseln, die Nakheel
plante, gehörig durcheinander. Eine weitere Riesenpalme, Palm
Deira, wurde deutlich eingedampft und zu den familienfreund-

lichen Resorts der Deira Inseln umgestaltet, die voll in Betrieb sind. Die Arbeit an der gigantischen Schwester von Jumeirah, Palm Jebel Ali, wurde nach der Landgewinnung eingestellt, und der Ring aus Inseln – in Gestalt eines von Scheich Mohammed verfassten arabischen Gedichts – geriet stillschweigend in Vergessenheit. Rückblickend betrachtet bekommen die geplanten Insel-Worte des Scheichs einen durchaus ironischen Subtext:

Nimm Weisheit nur von den Weisen,
nicht jeder, der ein Pferd reitet, ist ein Jockey.
Nur ein Mann mit Visionen schreibt auf Wasser,
große Männer sind großen Herausforderungen gewachsen.

Ein weiteres Opfer der Finanzkrise war The Universe, eine irre, kosmische Fantasie, die The World mit Inselbändern in Gestalt der Milchstraße und des Sonnensystems umgeben hätte.

The World fand seinen Retter möglicherweise in Josef Kleindienst. Der Österreicher, einstmals Polizist und Mitglied der rechtspopulistischen FPÖ, ist heute einer der großen Immobilienentwickler in Dubai. Als ich am Westufer des Libanon ankomme und auf die leere Küstenlinie dessen blicke, was nach Auskunft eines anderen indischen Mitarbeiters Syrien darstellt, zieren die Skyline zahlreiche Kräne, die das «Heart of Europe» der Kleindienst Group zusammenfügen. (Der junge Mitarbeiter zeigte sich zudem verärgert darüber, dass die Insel Indien kleiner war als die Insel Pakistan: «Das ist doch völlig falsch.») Sechs Gebiete sind gerade im Bau – Schweden, Deutschland, das europäische Festland, die Schweiz, die herzförmige «Flitterwochen-Insel» St. Petersburg und das schwimmende Venedig – und sollen zusammen ein Resort der Luxusklasse bilden. Die goldenen Kuppeln der Strandhäuser Schwedens und die modernistischen Villen Deutschlands sind fast fertig. Zusätzlich wird es schwimmende dreistöckige «Seahorse Villas» geben, die in-

The World, Dubai

dividuell gestaltet sind und über Unterwasserfenster verfügen. Ein paar davon sind bereits fertiggestellt.

Die Zielgruppe für The World ist inzwischen breiter geworden. Die Menge der in die Höhe wachsenden Wohnblocks zeigt, dass diskret lebende Exhibitionisten mit dicken Brieftaschen nicht mehr der Hauptmarkt sind; hier handelt es sich nicht um abgeschlossene Domizile für Superreiche, sondern um Hotels, Appartements und Geschäfte. Das Heart of Europe soll einmal bis zu sechzehntausend Menschen beherbergen, und das Werbeblabla verspricht «europäischen Einzelhandel gepaart mit Konzepten für Essen und Trinken» sowie bloßen Schnickschnack wie etwa eine «brandneue Technik der Klimakontrolle, die schmale gepflasterte Gassen und pittoreske Plätze in ein sagenhaftes Winterwunderland verwandelt». Auch diese eigenartige Vision gilt es in den zugehörigen Kontext zu stellen: Die Mall of the Emirates in Dubai bietet bereits eine riesige Skipiste mit echtem Schnee, und ihre vielen überdimensionierten «Shopping-Erlebnisse» überbieten sich gegenseitig mit spektakulären Effekten.

Sowohl Dubai als auch Josef Kleindienst haben ihre Erfolge einer Mischung aus gesellschaftlichem Konservatismus und enormem Ehrgeiz zu verdanken. Ein fruchtbares Terrain für Hyperkonsumismus und künstliche Inseln. Ökologische, politische und sozialstaatliche Bedenken, die solche Pläne in Europa zu Fall bringen würden, finden dabei so gut wie keine Beachtung. Trotz einer lautstark verkündeten Hinwendung zu erneuerbaren Energien – insbesondere der Solarenergie – frisst die Schaffung klimatisierter, kaufrauschorientierter Lebensstile in der Wüste jede Menge Ressourcen. Die Vereinigten Arabischen Emirate, zu denen Dubai gehört, werden von einem patriarchalen Feudalwesen regiert, und ihre glitzernden Türme und Schnellstraßen werden von einer Unterschicht aus südasiatischen Menschen gebaut, die in unglaublicher Hitze schuften. Ein örtlicher Bauingenieur erklärte mir, eigentlich dürften Arbeiter bei mehr als 50 Grad Celsius nicht mehr draußen tätig sein, «aber seltsamerweise bleibt das Thermometer immer bei 49,8 oder 49,9 Grad hängen», meinte er grinsend, «Sie wissen schon. Das ist natürlich nicht in Ordnung, aber es passiert.»

Die ökologischen Kosten von Dubais neuen Inseln resultieren überwiegend aus den enormen Mengen an Material und Energie, die es braucht, um sie als Hotspots vollklimatisierter Mobilität und Einkaufsmöglichkeiten für die Betuchten zu bauen und zu unterhalten. Trotzdem gibt es nicht nur schlechte Nachrichten: Was Meeresflora und -fauna angeht, könnten die Inseln durchaus positive Wirkung haben. Zusammen mit den schützenden Riffen, von denen sie umgeben sind, bieten sie Lebensraum für Korallen, Fische und andere Meereslebewesen, die ansonsten in den seichten, sandigen Gewässern des Persischen Golfs keine Heimat finden würden. Wie sich gezeigt hat, begünstigen künstliche Riffe – die aus allem Möglichen gemacht sein können, von Felsbrocken bis zu versenkten Zügen – in vielen Teilen der Welt die Artenvielfalt, und so ist das auch in diesem Fall. Das kühnste Riff von Nakheel umschlingt die nördlichen Ausläufer von The World. Mehr als tausend korallenbedeckte Felsbrocken, die an einem Hafen weiter oben an der Küste bedroht waren, wurden unter Wasser 14 Kilometer weit geschleppt. Fast alle Korallen haben überlebt, weshalb sich dieser Teil des Riffs heute zu einer Attraktion für Taucher entwickelt hat.

Ich mache mich auf den Weg vorbei an der verlassenen Strandmöblierung des Libanon. Gelegentlich kehrt ein Angestellter am Strand ein paar nasse Blätter auf oder blickt aus dem Fenster eines leeren Restaurants. Als der Regen heftiger wird, flüchte auch ich mich nach drinnen und bin der einzige Gast. Der kenianische Kellner bringt mir ein Sandwich und Chips an den Tisch und erzählt von seinen Plänen. Er arbeitet zwölf Stunden am Tag und

The World, Dubai

schickt Geld nach Hause, um dort einen kleinen Supermarkt zu eröffnen. Die Idee ist, dass seine Frau den Laden führt und er eine Geflügelfarm kauft. Das ist sein Traum, und der sollte, so glaubt er, in drei Jahren möglich sein. Der Manager und die Strandfeger haben Ähnliches im Sinn. Für mich wirkt der Libanon wie ein Schauplatz aus einem Beckett-Stück – voller Stille, Ennui und Leere. Ich habe allerdings den Verdacht, dass das mehr über mich aussagt als über die Insel: Ich kann es mir leisten, meiner Langeweile zu frönen. Viele der Menschen dagegen, die in und an diesen Resorts arbeiten und hier ihr Geld verdienen, haben keine Zeit für solche Gefühle; zumal sie sich keineswegs als Opfer sehen, sondern als ehrliche Malocher oder sogar als künftige Unternehmer.

Angesichts von dreihundert spielzeuggroßen Königreichen, die an die reichsten Menschen dieser Welt verschachert werden, überrascht es nicht, dass im Umfeld von The World alle möglichen Geschichten kursieren (von denen viele wahr sind): Ein anderes Projekt, das nicht umgesetzt wurde, war etwa der Plan der Opulence Holdings für Somalia; man wollte dieser Insel die Gestalt eines Seepferdchens geben und Luxushäuser dort bauen, bei denen die Bewohner von ihren Terrassen aus Golfbälle ins Meer schlagen konnten. Der Besitzer von Irland, John O'Dolan, plante dort eine Replik des Giant's Causeway, nahm sich jedoch das Leben, als seine Schulden ins Unermessliche wuchsen. Der Käufer von Großbritannien landete wegen Scheckbetrug im Gefängnis. Viele Besitzer wie Baron Jean van Gysel, der belgische Hotelier, der Griechenland erworben hat, warten noch auf den richtigen Zeitpunkt. Als er Griechenland kaufte, kündigte van Gysel an, als Erstes werde er ein Metallband um die Insel legen, um sie vor Erosion zu schützen. Soweit ich weiß, kam es nicht dazu, aber es wirft die Frage auf, wie andere Besitzer ihre Inseln schützen wollen. Oder wie sie sie mit Wasser und Energie versorgen und den

Müll entsorgen wollen. Zunächst hieß es, Trinkwasser und elektrischer Strom würden vom Festland aus bereitgestellt. Doch bislang waren die Besitzer auf ihre eigenen Einrichtungen angewiesen – was konkret bedeutet: auf Dieselgeneratoren und den Transport mittels Schiff.

Trotz dieser Herausforderungen lockt The World noch immer Investoren an. Zwei großangelegte Projekte haben inzwischen grünes Licht bekommen: ein Resort namens OQYANA auf den vierzehn Inseln, die Australien und Neuseeland bilden, und ein Feriendorf mit niedrigen Bauten auf zwanzig Inseln in der Nordamerika-Gruppe. Zu den Investoren gehörte in jüngerer Zeit auch die Hollywoodschauspielerin Lindsay Lohan, die sich ihre eigene Insel entwarf und ihr den Namen «Lohan Island» gab. Gegenüber *Emirates Woman* sagte sie, auf der Insel werde es «ein Luxushotel, ein Restaurant auf Michelin-Niveau, einen idyllischen Pool direkt am Meer und jede Menge Freizeitaktivitäten» geben. Lohan bekannte auch, dass sie den Libanon gekauft habe und plane, ihn zu einem «Luxus-Getaway» aufzumotzen. Von dort, wo ich stehe, sieht es bereits wie ein «Luxus-Getaway» aus, wenn auch ein ziemlich feuchtes. Doch der «Luxus» ist ein rastloses Tier, ständig schlemmend und doch nie zufrieden.

Es erscheint unvermeidlich, dass die Luxusskyline von Dubai The World kolonialisieren und die Inseln immer wieder neu formen wird. Auf der anderen Seite des Libanon sieht man die jungfräulichen Gebiete von Palästina, Jordanien und Saudi-Arabien und jenseits davon die geballten Kräfte der Zukunft, darunter die schemenhaft bleibende Spitze des höchsten Gebäudes der Welt, des Burj Khalifa.

Nach ein paar Stunden auf dem Libanon nehmen wir alle, auch das Personal, das Boot zurück nach Dubai. Ich möchte wissen, wie es ist, wirklich auf einer von Dubais Inseln zu wohnen, und habe mir zu diesem Zweck ein Zimmer auf «The Palm» ge-

The World, Dubai

mietet, und zwar im Haus von Reena und Ryan, einem jungen Expat-Paar. Reena zeigt auf die Läden entlang der belebten Straße, die das Rückgrat der Palm bildet, und meint scherzhaft, ich sollte vielleicht lieber ein Taxi nehmen. Als ich später auf einem ziemlich kaputten und nur noch rudimentär vorhandenen Gehsteig dahinstolpere, wird mir klar, dass das kein Witz war. Reena und Ryan haben eine drei Jahre alte Tochter, ein fröhliches Plappermäulchen, das einen Großteil der elterlichen Energie beansprucht. Die Kleine verbringt einen Großteil des Tages im Wohnzimmer mit Blick auf das helle, schimmernde Wasser und die niedrigen Häuser, die die Palm-Blätter prägen. Sie pendelt unablässig hin und her zwischen einem großen Fernseher, auf dem ständig Zeichentrickfilme laufen, und einem weiteren Bildschirm mit Lernspielen. Beide Eltern machen sich ein wenig Sorgen um sie: Sie ist hier drin eingesperrt, dabei sollte sie doch draußen spielen und herumrennen. Aber da ist es deutlich zu heiß, und außer auf ein paar akkurat gepflegte Grünstreifen kann sie nirgends hin. «Ich habe das Gefühl, dass sie etwas verpasst, was für mich selbstverständlich war», meint Ryan. «Wir tun, was wir können; aber das ist etwas, das mir großes Kopfzerbrechen bereitet.»

Doch sie haben nicht vor umzuziehen. Die Vorteile würden die Nachteile letztlich überwiegen. Und dabei geht es nicht nur um das Geld, das sie hier verdienen und auf das sie keine Einkommensteuer zahlen müssen, sondern auch um die Tatsache, dass Dubai sicher ist und effizient funktioniert. Es gibt kaum Kriminalität, auf den Straßen liegt so gut wie kein Müll herum. Ryan und Reena schließen nicht einmal ihre Haustür ab. Sie sind viel herumgekommen in ihrem bisherigen Leben, sie waren in zahlreichen Ländern, darunter auch in Großbritannien und den USA, und haben keine Lust auf das, was sie dort erlebten: Unsicherheit, Ineffizienz und Dreck. Die Ironie daran ist, dass Dubai zwar bewusst um Reiche wirbt, Menschen mit großem Vermögen aber überall, wo sie leben, isoliert sind: Sie brauchen Dubai nicht. Es sind gewöhnliche Leute wie Ryan und Reena, die die Härten angstbesetzter, vernachlässigter Orte aushalten müssen, und es sind deshalb vor allem sie, die dieses moderne Wunderland in der Wüste zu schätzen wissen.

Dubai ist Spott und Verachtung gewöhnt. Selbst der *Rough Guide to Dubai* äußert sich herablassend über The Palm. «Leider völlig versaut mit dicht an dicht stehenden Legoland-Villen, die sich auf den Palmwedeln meerseitig aneinanderreihen». Ein Journalist des *Guardian*, der zu Besuch war, berichtet von «Aneinanderreihungen geschmackloser Protzbauten, die sich gegenüberstehen, dazwischen nur schmale stehende Gewässer». Ich habe den Verdacht, solcherlei Äußerungen entspringen gewissen Ressentiments. Ob man sie mag oder nicht: Die Architektur hier – einschließlich der Villen – ist oftmals Maßarbeit und nicht selten durchaus gewagt. Einstmals arme Länder wie die Vereinigten Arabischen Emirate oder China sind eben längst nicht mehr arm. Sie bestimmen das Bild einer modernen Stadt. Kritikern im Westen, die glaubten, sie hätten eine Art Besitzanspruch auf die Moderne, dämmert allmählich, dass sie inzwischen außen vor sind.

Nicht zuletzt aus Neid auf den Erfolg Dubais haben inzwischen auch andere Golfstaaten ihre eigenen künstlichen Freizeit- und Wohninseln geschaffen. Die «Pearl» in Katar ist fast fertig; die dortigen Entwickler versprechen ein Zuhause für sechstausend Menschen und eine «warmherzige, einladende Gemeinschaft, deren Bewohner nach einem urbanen und pulsierenden Lebensstil suchen». In Bahrain gibt es die Wohnareale von Durrat Al Bahrain, die aussehen wie im Meer treibende Blütenblätter, sowie die Northern City und die Amwaj-Inseln. Kuwaits Green Island war bei der Eröffnung 1988 wegweisend, auch wenn die Insel heute gern übersehen wird – vor allem aber steht ein Komplex aus fingerförmi-

The World, Dubai

gen Inseln namens Sabah Al Ahmad Sea City kurz vor der Fertigstellung, der schon jetzt als Venedig der Wüste gilt.

Wie lange werden diese Inseln Bestand haben? Im Falle von Nakheels HQ I hieß es, die Palm-Inseln seien so gebaut, dass sie einem prognostizierten Meeresspiegelanstieg von einem halben Meter standhalten und dass sie vier Meter über dem Wasser liegen. Die erstgenannte Zahl dürfte konservativ geschätzt sein, denn die meisten Wissenschaftler sagen einen größeren Anstieg voraus. Und soweit ich beobachten konnte, liegen die Inseln von The World keineswegs vier Meter über dem Meer. Da überdies 85 Prozent der Bevölkerung in den Vereinigten Arabischen Emiraten in gefährdeten Küstenregionen leben, lässt sich die Bedrohung der Inseln durch den Meeresspiegelanstieg nicht trennen von der möglichen Überflutung des urbanen Küstenstreifens, an den sie angeschlossen sind. Eine weitere Sorge ist die Temperatur. Prognosen gehen davon aus, dass es in den Golfstaaten im Zuge des Klimawandels noch wärmer wird. Es ist schon jetzt den Großteil des Jahres zu heiß, um sich unbedenklich im Freien aufhalten zu können, und so stellt sich die berechtigte Frage, ob Dubai in fünfzig oder hundert Jahren noch bewohnbar sein wird.

Delegationen aus der ganzen Welt sind in die Büroräume von Nakheel gekommen, um sich das Projekt anzuschauen und abzuschauen. «Jede Menge Regierungen schicken ihre Leute hierher, um von uns zu lernen», erklärte man mir dort, «aus China, Südkorea und inzwischen auch aus Afrika. Viele Menschen wollen nachmachen, was wir geschaffen haben.» So wird etwa das chinesische Phoenix Island auch als «orientalisches Dubai» bezeichnet. Die Achse des Inselbaus verschiebt sich ostwärts; doch wie wir im nächsten Kapitel sehen werden, geht es dabei in vielen Fällen nicht um Freizeit und Vergnügen, sondern um handfestere moderne Bedürfnisse.

Chek Lap Kok, Flughafeninsel, Hongkong

Wenn moderne Planer einen Ort vernichtet haben, schmücken sie ihre Neuschöpfung gerne mit Straßennamen und Hinweisschildern, die auf süßliche Weise an das erinnern, was hier einmal war. In «Oak Tree Grove» im englischen Leeds gibt es weder Eichen noch ein Wäldchen; «Green Acres» ist ein Mosaik aus Asphalt und Ziegelsteinen. Ich muss an diese perverse Praxis denken, als ich auf ein leuchtend weißes Schild stoße, das eine «Panoramastraße» ankündigt. Ringsum sind lärmende Straßen, hohe Stacheldrahtzäune sowie die geometrischen Ansammlungen von Flugzeughangars und Flughafenterminals. Ich befinde mich am Beginn eines Tagesausflugs zu einer künstlichen Insel, die für den Hong Kong International Airport errichtet wurde. Sie heißt Chek Lap Kok und ist mit ihren 1248 Hektar fast doppelt so groß wie Gibraltar.

Das Mündungsdelta des Perlflusses ist übersät mit bergigen Inseln. An einigen der sanfteren Hänge drängen sich Wolkenkratzer und rangeln um jeden Quadratzentimeter Boden, andere hingegen sind von unberührtem subtropischen Wald bedeckt. Hongkong hat beides. Die Beziehung dieses herrlich schwindelerregenden und eigentümlichen Stadtstaats zu Festlandchina ist zunehmend von Unbehagen und Spannungen geprägt. 1989, ein paar Tage nach dem Massaker an den Demonstranten auf dem Platz des Himmlischen Friedens in Peking, die mehr Demokratie forderten, schlug David Wilson, der britische Gouverneur von Hongkong, das damals noch immer britische Kronkolonie war, den Bau eines neuen Flughafens vor. Der neue Plan galt weithin als Versuch, die Zuversicht der Hongkonger zu stärken, die Angst vor einer Zukunft unter chinesischer Herrschaft hatten. Dieser Eindruck verstärkte sich noch, als Wilson ein paar Wochen später den Entwurf zu einer Bill of Rights verkündete. Die Chinesen ihrerseits waren verärgert ob der Eigenmächtigkeit Großbritanniens, mit der es eine Rechnung stellte, die China nicht bezahlen wollte. Staatspräsident Jiang Zemin reagierte wütend: «Sie laden die Gäste ein und ich soll die Rechnung bezahlen!»

Bedenkt man seine Größe, so wurde Chek Lap Kok bemerkenswert schnell gebaut: Begonnen wurde der Flughafen 1992, seinen Betrieb nahm er im Juli 1998 auf. Er entstand dadurch, dass man vier bereits bestehende natürliche Inseln planierte, erweiterte und miteinander verband. An diesem Unterfangen war ein beträchtlicher Teil der kommerziellen Baggerflotte dieser Welt beteiligt. Sie holte Sand vom Meeresgrund nach oben und versprühte ihn in weitem Bogen, bis eine glatte und ebene Plattform entstand. Gleichzeitig wurden 34 Kilometer Straßen, Tunnel und Brücken gebaut, dazu eine Schnellzugstrecke. Insgesamt bewegten die Baufirmen 238 Millionen Kubikmeter Material, was in etwa einem kleinen Berg entspricht.

Die neue Insel zerstörte 50 Hektar Mangroven und führte zur massenhaften Umsiedlung von Menschen und auch von bedrohter Fauna. Das frühere Chek Lap Kok hatte eine Größe von rund drei Quadratkilometern, es war eine alte, hügelige Insel, einst beliebter Schlupfwinkel von Piraten. Die Briganten waren schon lange weg, übriggeblieben waren Ansiedlungen von Bergleuten und Fischern, ein Qing-Tempel und ein der Meeresgöttin gewidmeter Schrein. Für den Neubau wurden die Dorfbewohner in anonyme Wohnblocks auf einer Nachbarinsel umgesiedelt, die den Namen Chek Lap Kok New Village trägt; auch ein ganzer Tempel wurde dort wiederaufgebaut. Die menschliche Population nahm diesen Marschbefehl mit unterwürfiger Geduld hin. Mehr Aufregung hingegen verursachte der scheue und geheimnisvolle Romer's Laubfrosch. Dieses fingernagelgroße, wenig ansehnliche

Amphibium, das 1952 entdeckt wurde, gibt es nur in Hongkong, und sein ungewisses Schicksal ließ es rasch zu einer Ikone der dortigen Tierwelt werden. Und so wurden 230 Exemplare – also etwa ein halber Eimer voll – von der Insel weggebracht und fanden anderswo einen sicheren Ort. Angeblich harren noch ein paar dieser Laubfrösche an den wenigen feuchten Flecken ihrer ursprünglichen Heimat aus. Sollte dem tatsächlich so sein, so sind sie die wohl ungewöhnlichsten Bewohner eines der kostspieligsten Flughafenprojekte der Welt.

Für Insel-Spotter ist Chek Lap Kok das großartige Beispiel einer «Infrastrukturinsel», einer Offshore-Plattform für Aktivitäten, die viel zu umweltverschmutzend, laut, hässlich und gefährlich sind, als dass sie anderswo geduldet würden. Führend war in dieser Hinsicht Japan. Es hat fünf Offshore-Flughäfen, darunter den Kansai International Airport. Fertiggestellt 1994 und fünf Kilometer vor der Küste gelegen, war Kansai die weltweit erste vollkommen künstliche Flughafeninsel. Dieser Inseltyp verfügt in der Regel über einen Penumbra, einen Schattenkranz aus leer bleibendem Land, das eine Barriere zwischen ihr und der gewöhnlichen Welt bildet. Im Falle von Chek Lap Kok wurde diese leere Zone als «lärmempfindliches Gebiet» ausgewiesen – wo der Krach der Flugzeuge jedes erträgliche Maß weit überschreitet.

In diesem verschatteten Randbezirk unternehme ich meinen nachmittäglichen Streifzug. Erleichtert stelle ich fest, dass sich ein paar Meter vom «Panoramastraßen»-Schild entfernt ein Wegweiser für Wanderer findet. Er verlockt mich mit unwahrscheinlich klingenden Versprechungen und weist mir den Weg zu einem «Panoramahügel», einem «alten Brennofen» und einem «historischen Garten». Die erbarmungslose Mittagssonne brennt mir auf die Haut, und diese nostalgischen Ziele scheinen plötzlich weniger attraktiv als der kühle, tiefe Schatten unter der Brücke

Chek Lap Kok, Flughafeninsel, Hongkong

zwischen Hongkong und Macau, die an der einen Seite auf fetten Betonpfeilern über Chek Lap Kok hinwegführt.

Am Tag meines Besuchs, im April 2018, ist die längste Meeresbrücke der Welt noch nicht fertig, ganz still, ein schlummernder Koloss. Sie verbindet mit einer Länge von 55 Kilometern zwei Ministaaten Chinas und vertäut sie mit dem Mutterland. Mitten in der Brücke gibt es zwei bemerkenswerte künstliche Inseln. Sie ähneln schnittigen Ozeandampfern und verlegen die Straße in einen 6,7 Kilometer langen Tunnel, wodurch die ungehinderte Passage für Containerschiffe möglich wird, die das Perlfluss-Delta umfahren.

Chek Lap Kok und die Brücke nach Macau sind Megaprojekte von heroischen Dimensionen und internationaler Bedeutung. Doch als ich im Schatten der Brücke eine Rast einlege, mache ich mir unwillkürlich Gedanken darüber, wohin sich Hongkong entwickelt und welches Verlustgefühl mit dieser Veränderung einhergeht. Vielleicht sind das aber auch nur meine Probleme. Meine Begeisterung für Orte, an die niemand will, der halbwegs bei Verstand ist, fühlt sich manchmal beunruhigend masochistisch an. Der «Wanderweg», den mir der Wegweiser versprochen hat, ist mit Bauschutt übersät. Bisher ist mir noch keine Menschenseele begegnet. Für wen sind all diese Hinweisschilder gedacht? Zurück in der erbarmungslosen Hitze finde ich auf einer verbeulten Informationstafel eine Antwort. Auf Englisch und Chinesisch erzählt sie etwas über den «Airport Trail» und wurde vermutlich für Schulkinder aufgestellt, die von ihren Lehrern hierhergeschleppt werden. «Was ist der Zweck des Wanderwegs?» steht dort. Irgendwo in einem erhitzten Winkel meines Gehirns reime ich mir eine Antwort zusammen, auf die mit Sicherheit auch ein paar der Kinder kamen: «jegliche Hoffnung fahren zu lassen».

Diese Erinnerung an Bildungspflichten weckt eine viel unmittelbarere Sorge in mir. Ich bin hier in Hongkong im Rahmen einer Exkursion mit neunundzwanzig Geographiestudenten – oder sind es achtundzwanzig? –, die über Vorstellungen von Nationalität forschen. Zum Glück wird die Exkursion von Michael geleitet, dem jungen Dozenten, der voller Begeisterung und Wissen steckt, mit einem großzügigen Lächeln, das noch das heimwehgeplagteste Herz erwärmen kann. Er steht sogar morgens vor allen anderen auf, um körbeweise frisches Obst als Ergänzung für das Frühstück der Studenten zu kaufen. Wie sich schon bald zeigt, muss ich gar nichts anderes tun, als neben Michael zu stehen, nicht alle Früchte aufzuessen und gelegentlich zu wiederholen, was er gerade gesagt hat. Als stillschweigendes Eingeständnis, dass dies für mich weder fordernd noch erforderlich ist, schlägt Michael vor, ich solle mir doch den Nachmittag freinehmen und meiner privaten Passion für Inseln frönen.

Insgesamt jedoch war diese Exkursion eine intensive Erfahrung, vor allem wenn ich an all die Begegnungen denke, die dadurch möglich waren. Wir sprachen mit Vertretern der Demokratiebewegung und begaben uns in hochgradig aufgeladene Räume. Ein Jahr später sollten die Proteste dann auf den Straßen eskalieren und weltweite Aufmerksamkeit finden; doch als wir vor Ort waren, hatte man den Eindruck, als sei jede offene Opposition erfolgreich unterdrückt und am Verschwinden. An unserem ersten Tag etwa wies Michael uns an, wir sollten uns auf einem schrägen Platz unterhalb der Zentrale der Hongkong & Shanghai Banking Corporation (HSBC) im Kreis hinsetzen. Es handelte sich dabei um einen der Hauptorte der Sit-ins und Zeltstädte im Rahmen der Occupy-Central-Bewegung, die wir irrtümlicherweise für den Höhepunkt der Proteste hielten. 2014 mündete sie in die «Regenschirm-Revolution», bei der hunderttausend Demonstranten auf die Straße gingen. Michael wusste genau, dass der Anblick Dutzender Menschen, die sich an diesem bedeutsamen Ort hinsetzten, sofort die Sicherheitskräfte auf den Plan rufen würde. Er wusste auch, dass sie nicht allzu zimperlich sein würden. Und wie erwar-

Chek Lap Kok, Flughafeninsel, Hongkong

tet tauchten sie auf. Nach zwanzig Sekunden manifestierte sich Chinas eiserne Faust in Gestalt einer etwas korpulenten, kleingewachsenen und sehr freundlichen Wachfrau, die gemächlich herbeischlenderte und uns wissen ließ, Hinsetzen sei hier nicht erlaubt. Diese Konfrontation mit dem Totalitarismus sorgte bei den Studenten für einige Aufregung, und ich sonnte mich im Glanze von Michaels Chuzpe. Spätere Begegnungen waren vielsagender: etwa mit Aktivisten, die verstohlen und leise mit uns sprachen, weil sie nicht belauscht werden wollten: «Gibt es hier irgendwo Überwachungskameras?» Ein älterer Mann sagte mir ganz offen, Hongkong werde «mit Sicherheit verschwinden». Jüngere Aktivisten – einer von ihnen hatte neunundfünfzig Nächte bei den HSBC-Occupy-Protesten ausgeharrt – sprachen unumwunden davon, wie Hongkong gerade politisch und kulturell ausgelöscht werde und die letzten Reste von Demokratie verschwänden («Für uns ist es ziemlich hoffnungslos.»). Wir erfuhren aber auch von anderen Sorgen, die wir weniger erwartet hatten: vom Eindringen einer fremden, ungehobelten chinesischen Kultur («Die sind so rüde und drängen sich immer vor») und von der Bedrohung des Kantonesischen, der regionalen Variante des Chinesischen, die immer mehr dem Mandarin weicht («Es ist nicht richtig, dass der zehnjährige Junge in der Nachbarschaft eine andere Sprache spricht.»). Diese kulturellen Befürchtungen verbinden sich mit einem allgemeineren Gefühl des Verlusts: der Pressefreiheit, von Hongkongs eigenem Rechtssystem und von echter Autonomie. 2019 setzte eine neue Protestwelle ein, deren anschließende Niederschlagung die schlimmsten Befürchtungen unserer Gesprächspartner wahr werden ließ. Am 30. Juni 2020 wurde von Peking ein neues nationales Sicherheitsgesetz erlassen, was zur Folge hat, dass Widerspruch in Hongkong jetzt genauso gefährlich ist wie auf dem chinesischen Festland.

Auf meinem Spaziergang verbinden sich die Punkte allmäh-

Warum wir Inseln bauen

lich. Chek Lap Kok und die riesige Brücke nach Macau bilden das Epizentrum von Chinas Zukunftsplänen: Auch hier wird etwas Besonderes und Kleines von wuchtigen Kräften überrollt. Auch hier stoße ich auf verzweifelte Versuche, sich an den Resten der Vergangenheit festzuhalten, während sich ringsum der Boden verschiebt.

Mein Weg führt mich wie versprochen zu einer kleinen archäologischen Stätte und zu einem Grasflecken, der mir als «historischer Garten» angekündigt wird. Ich geselle mich zu einer Gruppe von fünf weiblichen Flughafenangestellten, die jeweils einen hellen Sonnenschirm dabeihaben. Eine von ihnen erzählt mir, sie seien aus dem von hohen Zäunen umgrenzten Flughafenbereich hierhergefahren, um die Blumen zu berühren und daran zu riechen. Beim «alten Brennofen» finden sich jede Menge Informationstafeln, die detailliert darüber Auskunft geben, wie «der Flughafen den Hügel an der Südspitze der Insel Chek Lap Kok bewahrt hat», wo neben «neolithischen Überresten» und «Keramik aus der Tang- und der Song-Dynastie» Brennöfen ausgegraben wurden, die «der Yuan-Dynastie (1271–1368) zugeschrieben werden». Als Juwel dieses historischen Gartens erweist sich ein zwei Meter großer, vielzahniger «Bohrkopf» eines alten «Bohr-Saugbaggers». Schön blau angemalt und gesäumt von Akazien mit scharlachroten Blüten hockt er da, fett wie ein bösartiger Buddha. Vor diesem Objekt der Verehrung posieren die lächelnden Frauen für Fotos.

Für einen Moment ist alles gut, und ich stelle mir vor, zwischen dem Alten und dem Neuen, zwischen Yin und Yang herrsche eine Art Gleichgewicht. Doch das Traumgebilde platzt schon bald. Dieser Insel wachsen ständig neue Glieder, und die weite Bucht, in der sie liegt, tost vor rastloser Emsigkeit. Schon bald nachdem ich die angenehme Aura der schirmtragenden Damen verlassen habe und zögerlich auf Unmengen von Baggern und Bauabsperrungen zutrotte, bin ich umgeben von Staub und lär-

Chek Lap Kok, Flughafeninsel, Hongkong

menden Maschinen. Hustend und nassgeschwitzt biege ich um eine Landspitze – und plötzlich ist alles still. Vor mir breitet sich ein Panorama LKW-großer Röhren aus; sie sind quer übers Ufer verstreut und sehen aus wie Penne, die vom Teller eines ungehobelten, Pasta liebenden Riesen gefallen sind. Land und Wasser verschwimmen total: Kilometerweit ragen Plattformen und Betonsockel aus dem Meer. In einiger Entfernung entsteht gerade eine weitere neue Insel, deren Umrisse in der Hitze flimmern. Es handelt sich um einen Polypen von Chek Lap Kok, der über eine dünne, nackenartige Straße mit ihm verbunden ist. Ich kraxle weiter, gehe durch eine der langen Röhren hindurch und komme dem diamantenförmigen, 150 Hektar großen Frischling so nah wie möglich. Die Insel hat nur eine einzige Aufgabe, nämlich den Verkehr auf der Verbindung Hongkong – Macau abzuwickeln, und ihr offizieller und einziger Name lautet: «Hong Kong Boundary Crossing Facilities».

Dieser langatmige, reichlich technisch klingende Ortsname ist nicht der einzige Grund, warum die Hongkonger dem, was in den meisten anderen Ländern für Aufregung und Kontroversen sorgen würde, nicht sonderlich viel Beachtung schenken. Hier geschieht so viel anderes, und die Menschen sind es gewohnt, dass dem Meer Land abgewonnen wird. Die Küstenlinie der Stadt wird seit hundertfünfzig Jahren immer weiter verschoben, und es sind andere großangelegte Pläne in Vorbereitung, welche die mediale Aufmerksamkeit absorbieren. Vor der Nordküste von Chek Lap Kok etwa sind Dutzende Lastkähne und Baggerschiffe dabei, weitere 650 Hektar Land für eine dritte Startbahn anzulegen. Der «2030 Plus»-Plan der Hongkonger Regierung sieht eine neue «Infrastrukturinsel» für eine Müllverbrennungsanlage vor, dazu eine 1000 Hektar große Stadtinsel für bis zu 1,1 Millionen Bewohner. Sie trägt den Namen East Lantau Metropolis, und hier entstehen ein neues Geschäftsviertel sowie jede Menge neuer Wohnungen. In einer Stadt, wo eine Wohnung im Durchschnitt mehr als das Achtzehnfache des durchschnittlichen Einkommens kostet – und das Eigenheim für die meisten folglich ein unerfüllbarer Traum bleibt –, ist «neues Land für neue Häuser» eine populäre Vision.

Doch warum noch mehr Inseln? Sie werden enorm kostspielig sein und mindestens die Hälfte der Haushaltsmittel der Stadt verschlingen. Zudem sind die neuen Inseln auch noch in anderer Hinsicht anfällig. So geht man davon aus, dass Hongkong einen beträchtlichen Anstieg des Meeresspiegels sowie häufigere und stärkere Taifune erleben wird. Prognosekarten zeigen, dass ein Großteil der dem Meer abgetrotzten Gebiete bis Ende des Jahrhunderts überflutet sein könnte.

Hongkongs Inselwahn ist ein Rätsel. Ich vermute, dass es dabei nicht nur um vernünftige Entscheidungen und Expertenmeinungen geht. Denn mögen die von «Schneidkopfsaugbaggern» herausgepressten Inseln auch die Aura und den visuellen Reiz einer Pfahlramme verströmen, so sind sie nichtsdestotrotz ein erstaunliches Phänomen. Sie zeugen davon, dass man hier das Drama des offenen Meeres den offenen Armen Chinas vorzieht.

Ich bin inzwischen seit ein paar Stunden unterwegs und habe fast nichts in meinen Rucksack gepackt, nur eine einzige Banane und zwei Flaschen Wasser. Ich setze mich auf einen großen Felsbrocken im Schatten einer weiteren Straßenbrücke und beobachte eine Gruppe junger Männer, die sich bedenklich auf einem der Piers drängen, einem Betonsockel, zu dem sie in einem winzigen Boot aus Metall hinübergerudert sind. Einer der Jugendlichen, der nichts weiter als hellgelbe Shorts trägt, springt auf und fängt an, mit seinen dünnen Armen kreisende Bewegungen zu vollführen und mir etwas zuzurufen. Ich starre einfach zurück in der Annahme, dass irgendetwas nicht stimmt. Aber was? Dann setzt sich der Junge wieder hin und wirkt mit einem Schlag völlig unbetei-

Chek Lap Kok, Flughafeninsel, Hongkong

ligt. Vielleicht wollte er jemandem weiter weg etwas signalisieren. An diesem Ort etwas falsch zu deuten, kann leicht passieren.

Chek Lap Kok lässt sich aufgrund seiner vielen gleichaussehenden Flughafenterminals nicht wirklich überblicken, doch auch hier, wo ich jetzt unterwegs bin, ist das nicht so einfach. Gestern wirkte die Insel irgendwie fassbarer, als ich mit der Seilbahn, die über ihre Flanke hinwegführt, hinauffuhr, um mir die größte Freiluftstatue eines sitzenden Buddha anzuschauen. Während der Fahrt bieten sich großartige Ausblicke. Man sieht, wie sich die Schnellstraße Hongkong – Macau ins Meer hinaus schlängelt, und versucht die Unmengen von Schiffen zu zählen, die Land für die dritte Startbahn des Flughafens aufhäufen. Auf der Insel wimmelt es von Flugzeugen, sie wirken wie weiße Fliegen auf einem Leichnam. Von hoch oben sieht das Ganze aus wie eine Landschaft, die umgebracht und dann gehäutet wurde. Warum aber fesselt sie trotzdem meine Aufmerksamkeit und lenkt mein Auge auf jedes vertrocknete Fleckchen und Uferstück? Vielleicht aufgrund ihrer schieren Eigenartigkeit, aufgrund der Tatsache, dass sie wie eine Maschine wirkt und zugleich etwas Magisches an sich hat, so als sei sie wie von Zauberhand irgendwie aus dem Nichts entstanden.

In der ratternden Seilbahngondel mit Glasboden fiel mir noch eine andere Antwort ein. Bei dieser Fahrt über eine künstliche Insel für Reisende hatte ich das Gefühl, als sei Chek Lap Kok das Epizentrum einer globalen Kultur, in der Unbeständigkeit und Mobilität dominieren und mehr zählen als alles andere. Kehrseite dieser Rastlosigkeit ist eine Sehnsucht nach der verlorenen Authentizität des Ortes, das nostalgische Verlangen nach einer weniger erbarmungslosen und weniger entwurzelten Lebensweise. Die Demokratie-Aktivisten in Hongkong, mit denen ich sprach, stecken im gleichen Dilemma. Sie wollen nicht nur wählen können, sie wollen an etwas Wertvollem festhalten, an einer Identität und einer Geschichte, die weggebaggert und planiert werden.

Warum wir Inseln bauen

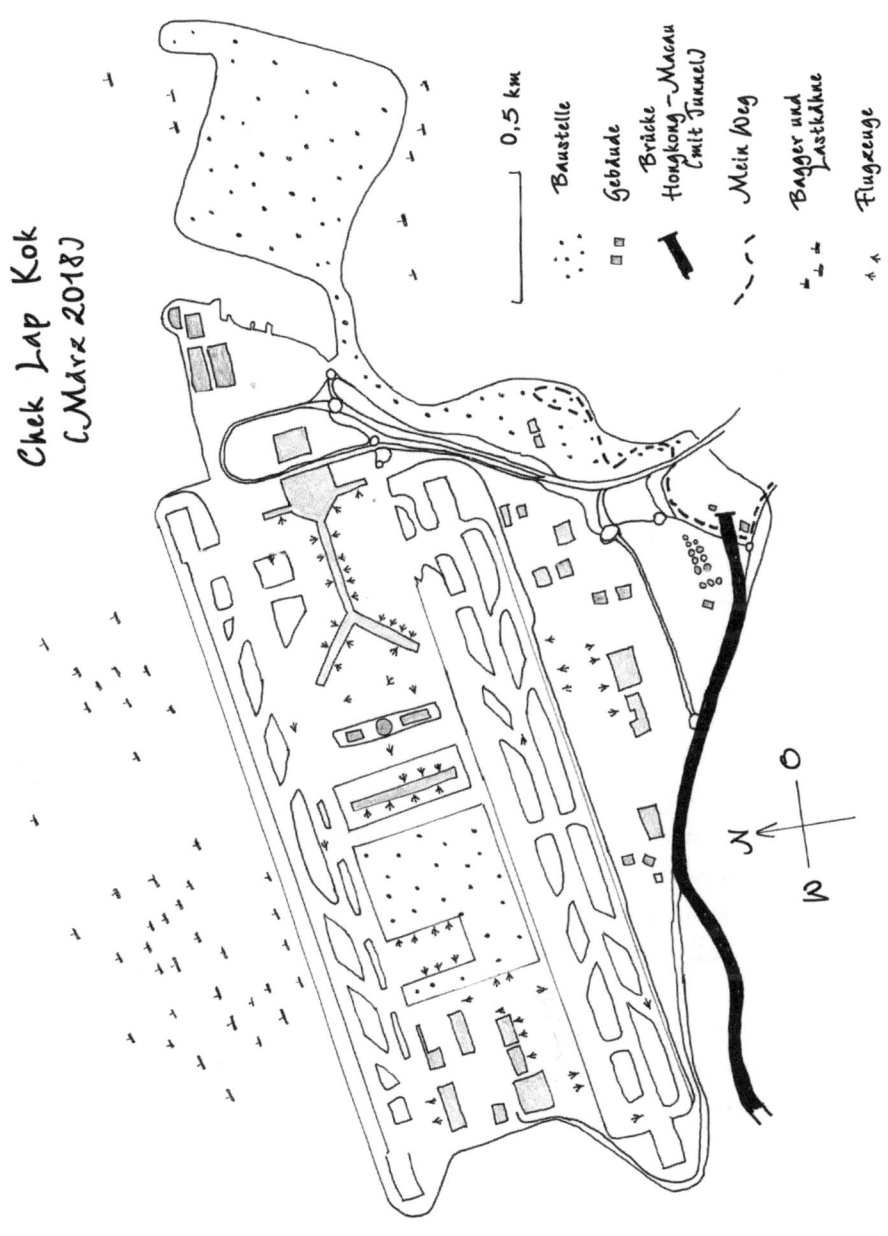

Chek Lap Kok (März 2018)

0,5 km

Baustelle

Gebäude

Brücke
Hongkong–Macau
(mit Tunnel)

Mein Weg

Bagger und
Lastkähne

Flugzeuge

O
N W S

Chek Lap Kok, Flughafeninsel, Hongkong

Als ich Chek Lap Kok verlasse und mich auf den Rückweg zu meinem Hotel mache, wandere ich einsam über eine weitere Insel, dann über noch eine. Ich marschiere über Skywalks, gehe Rolltreppen hinauf und hinunter zur U-Bahn und bin mir nie sicher, ob ich dabei je auf festem Boden stehe. Das unablässige Ruckeln und Rütteln dieser ständig sich verändernden Stadt füllt jeden Moment mit Gedanken an Weggehen und Ankommen – an besseren Orten oder an schlimmeren.

Fiery Cross Reef, Südchinesisches Meer

Von den sieben entlegenen Riffen, die vom chinesischen Militär im Südchinesischen Meer zu Landebahnen, Häfen und Raketensilos umfunktioniert wurden, ist Fiery Cross zwar nicht das größte, aber das wichtigste (am größten ist Subi Reef, das zu einer Fläche von fast vier Quadratkilometern aufgeschüttet wurde und mit über vierhundert Gebäuden bestückt ist). In seinem natürlichen Zustand war Fiery Cross eine zerklüftete Korallen-Todesfalle für unvorsichtige Schiffe. Heute ist es 2,8 Quadratkilometer groß und Chinas wichtigste vorgeschobene Operationsbasis in der Region. Die Insel verfügt angeblich über zwölf Bunker für Raketenabschussvorrichtungen, Frühwarnradaranlagen und Überwachungssensoren, Hangars für achtundzwanzig Kampfflugzeuge und Bomber sowie Unterkünfte für über tausend Soldaten. Auf Fiery Cross gibt es zudem eine drei Kilometer lange Landebahn – lang genug für Bomber des Typs Xian H-6, die eine Reichweite von fast 6000 Kilometern haben.

Die militärische Nutzung der Insel begann im Jahr 2014. Fotos «davor und danach» zeigen die Umwandlung des natürlichen Riffs – farbenfroh und eine große blassblaue Lagune umschließend – in ein graues Rechteck mit einer langen schwarzen Flugpiste und einem offenen rechteckigen «Maul». Dieses «Maul» ist der Marinehafen, und er ist in der Regel gesprenkelt mit den schwarzen Zähnen von Zerstörern und anderen Kriegsschiffen. Die Chinesen beanspruchen fast das gesamte Südchinesische Meer für sich, so dass den anderen Anrainernationen nur ein paar wenige Küstenstreifen bleiben. Diese Ansprüche Chinas sind natürlich heftig umstritten, und der Ständige Schiedshof – eine internationale Instanz, die bei zwischenstaatlichen Streitigkeiten zu schlichten versucht – hat entschieden, «für Chinas Berufung auf historische Anrechte» gebe es «keine juristische Grundlage».

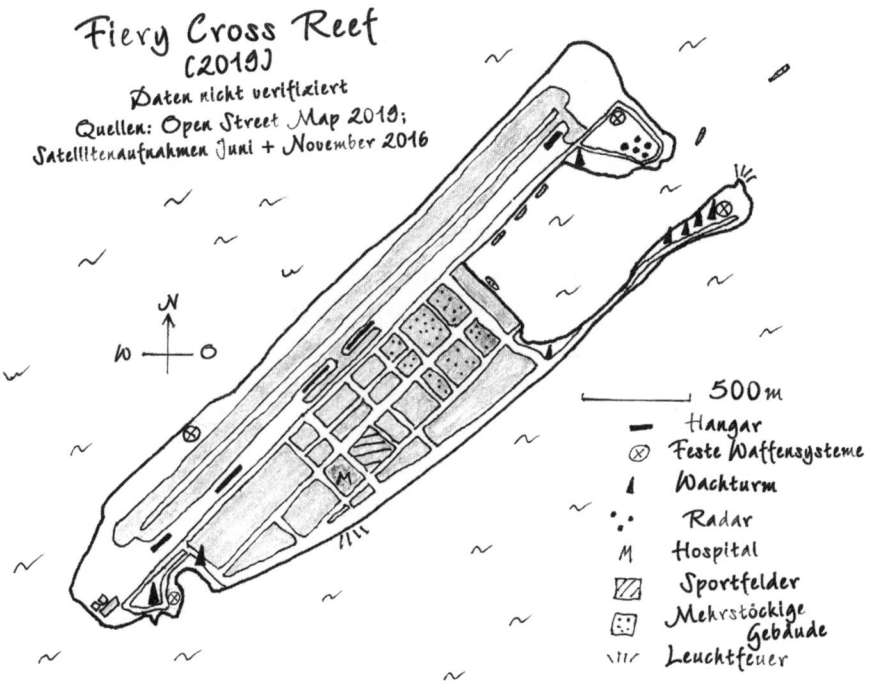

Fiery Cross Reef, Südchinesisches Meer

Auf die zahlreichen Inseln, die zusammen die Spratlys bilden (und zu denen auch Fiery Cross gehört), gibt es viele sich überschneidende Ansprüche. Für das Fiery Cross Reef machen die Philippinen (dort heißt es Kagitingan Reef) ebenso Besitzansprüche geltend wie Taiwan und Vietnam.

Die Chinesen sprechen vom Yǒngshǔ Jiāo, während Fiery Cross weiterhin die international gebräuchliche Bezeichnung ist – und «Feuerkreuz» passt ja auch ganz gut, wenn man bedenkt, wie brandgefährlich die gegenwärtige Lage im Südchinesischen Meer ist. Der Name reicht zurück bis zum 31. Juli 1855, als die «Fiery Cross», ein englischer «Extrem»-Teeklipper, berühmt für enorme Geschwindigkeit, hier auf Grund lief. Dieser Teil des Südchinesischen Meers gilt aufgrund der vielen schiffsgefährdenden Riffe als «dangerous ground». Da China gegenüber den Nachbarländern keinerlei Einlenken erkennen lässt und regelmäßig Flugzeuge und Fischerboote vertreibt, die in die Nähe seiner De-facto-Besitzung kommen, gewinnt auch diese Bezeichnung eine neue, treffende Bedeutung.

Die chinesische Militärstrategie scheint darauf ausgerichtet zu sein, eine «Vorwärtslinie» zu etablieren, die dem Land Einfluss über ganz Südostasien verschafft. Die Kontrolle über das Südchinesische Meer bringt zudem wirtschaftliche Vorteile. Waren im Wert von mehr als 5,3 Billionen US-Dollar sind jedes Jahr auf diesen Gewässern unterwegs. Darüber hinaus befinden sich dort große, bislang nicht erschlossene Öl- und Gasreserven und gut 12 Prozent der weltweiten Fischbestände. Die Spratly-Inseln sind sozusagen die Asse im geopolitischen Pokerspiel, bei dem es um hohe Einsätze geht.

Der Bau neuer Militärinseln erfordert riesige Ressourcen und große Beharrlichkeit. Zunächst gilt es ein Riff zu finden, das ein stabiles und dauerhaftes Fundament bilden kann. China ist nicht das einzige Land, das derartige Bemühungen im Südchinesischen

Meer unternommen hat. Taiwan, Vietnam und Malaysia haben die von ihnen kontrollierten Riffe auf ähnliche Weise umgewandelt. Besuche dort sind nicht einfach. Von China und Vietnam aus gibt es Touristenboote dorthin, aber es handelt sich um patriotische Ausflüge, weshalb sie nur ausgewählten Bürgern dieser Länder offenstehen. Die einzige militärisch genutzte Spratly-Insel, die Ausländer besuchen dürfen, ist die von Malaysia kontrollierte. Sie trägt den Namen Layang Layang und sieht aus wie alle anderen: eine rechteckige Landebahn. Auf Layang Layang steht allerdings auch ein «Tauchhotel», das Pauschalpakete für Urlauber anbietet, die die Überreste der Korallenriffe rings um die Insel erkunden wollen.

Am nächsten kam ich dem Fiery Cross Reef, als ich von Chinas südlichster Stadt aus, dem von Palmen gesäumten Sanya, aufs Südchinesische Meer hinausblickte. Ich besitze eine lokale Touristenkarte, die auch das ganze Südchinesische Meer zeigt. Eine dick gepunktete Linie markiert darauf Chinas Territorialanspruch und schlägt dem Land fast das gesamte Meer zu. In dessen Zentrum stellen kleine rote Schnörkel die Spratly- und die Paracel-Inseln dar, die allesamt von China beansprucht werden.

Es mag seltsam erscheinen, dass auf einer lokalen Touristenkarte auch das ganze Südchinesische Meer zu sehen ist. Der Rest der Karte verweist auf die örtlichen historischen Tempel und die besten Surfplätze. Doch der Tourismus ist im Streit um das Südchinesische Meer kein unbeteiligter Dritter. So zu tun, als seien die Inseln Touristenziele, trägt dazu bei, die Kontrolle darüber als etwas ganz Normales erscheinen zu lassen. Fähnchen schwenkende Touristen werden hinausgefahren, und 2016 erlaubte China zwei kommerziellen Passagiermaschinen – die eine von China Southern Airlines, die andere von Hainan Airlines – die Landung auf dem Fiery Cross Reef.

Obwohl die dortige zubetonierte Oberfläche vor Waffen nur so

Fiery Cross Reef, Südchinesisches Meer

strotzt, ist die Präsenz von Zivilisten entscheidend, um die Welt davon zu überzeugen, dass Fiery Cross ein Teil Chinas ist. 2011 kündigte China Mobile an, die Bewohner der Spratly-Inseln (von denen es 2011 eigentlich so gut wie keine gab) hätten fortan volle Netzabdeckung. Angeblich hat Fiery Cross neben einem Leuchtturm und einem Krankenhaus auch eine Einrichtung zur Wiederherstellung von Korallenriffen. Nachdem man zahlreiche Bohrlöcher gegraben hatte, wurde in unmittelbarer Nachbarschaft ein Süßwasservorkommen entdeckt, und 2019 eröffnete das chinesische Verkehrsministerium auf der Insel ein Seenotrettungszentrum. Wie die offizielle Website «China Military Online» berichtet, dürfen «Fischer, die im Südchinesischen Meer fischen, auf der Insel Station machen, um Schutz zu finden oder ihre Vorräte wieder aufzustocken».

Ursprünglich hatte die chinesische Besetzung von Fiery Cross nicht-militärische Ziele. 1988 nämlich bat die UNESCO die Chinesen, in der Region eine Wetterstation zu errichten, und die Standortwahl fiel auf Fiery Cross. Doch schon darum gab es Streit. Vietnam wehrte sich dagegen und entsandte Schiffe mit Baumaterial, um dort selbst mit Bauarbeiten zu beginnen. Sie wurden von der chinesischen Marine vertrieben – eines der ersten Scharmützel in einem kalten Krieg, der sich häufig aufheizt.

Fiery Cross Reef erinnert uns daran, dass es bei künstlichen Inseln nicht nur um Freizeit, Vergnügen oder die Offshore-Verlagerung von Infrastruktur geht; sie können auch wichtige militärische Stützpunkte sein. Solche Inseln haben eine lange Tradition. Doch angesichts ihrer jüngsten Geschichte sowie unserer Fähigkeit, sie heute größer, schneller und weiter vom Festland entfernt zu bauen, sollten wir einmal darüber nachdenken, ob das Völkerrecht, das Nationen mit Inseln eine deutlich größere territoriale Reichweite verschafft, nicht an heutige Verhältnisse angepasst werden müsste. Ich würde dafür plädieren, dass künstliche Mili-

tärinseln – die mit Sicherheit ebenso Waffen sind wie die Flugzeugträger, die ja so ähnlich aussehen – von diesen großzügigen Territorialregelungen ausgenommen werden. Andernfalls,
so meine Befürchtung, werden viele weitere einsame Riffe und
seichte Stellen vereinnahmt und verstümmelt werden, und die
Weltmeere werden übersät sein mit immer gewagteren und extre-
meren Vorposten.

Phoenix Island, China

Jeden Abend um sieben Uhr wird ein Schalter umgelegt, und
die kapselförmigen Türme von Phoenix Island beginnen zu
pulsieren mit bunten Mustern, schwimmenden Fischen, explodie-
renden Feuerwerken und feierlichen Botschaften auf Chinesisch,
die über die Fassaden laufen. Unten am Strand der Sanya-Bucht,
wo es nach einem weiteren brütend heißen Tag noch immer warm
ist, finden ganz gesittet Partys statt, bei denen Großfamilien Selfies
machen und picknicken.

Phoenix Island trägt den Spitznamen «orientalisches Dubai»,
auch wenn es im Vergleich winzig ist und bald schon von Chinas
neueren künstlichen Freizeit- und Wohninseln in den Schatten gestellt werden wird. Es liegt direkt vor der Küste von Sanya auf der
Insel Hainan, «Chinas Hawaii», wo die Straßen von Kokospalmen
und Bananenstauden gesäumt sind. Rings um Hainans Küsten
werden gerade zehn weitere künstliche Inseln gebaut, darunter die
gewaltige Ocean Flower Island. Es sind durchweg Freizeit- und
Wohninseln, die den reichen Festlandchinesen, die Lust auf einen
Platz an der Sonne haben, das Geld aus der Tasche ziehen sollen.

Südlich von Sanya liegt das Südchinesische Meer, eine Zone, in der fieberhaft militärische Inseln gebaut werden.

Ich habe mich in einem Hostel direkt an der Sanya-Bucht einquartiert, von wo aus man einen wunderbaren Blick auf die rautenförmige Phoenix-Insel hat. Untertags erkennt man, dass die eine Hälfte fertig ist und dort reges Treiben mitsamt jeder Menge Hubschrauberverkehr herrscht, doch auf der anderen Hälfte sind die Bauarbeiten eingestellt. Sanya verströmt eine entspannte Atmosphäre. Die Busse und Motorroller hupen unablässig, doch dazwischen hört man immer wieder Freudenrufe und das Lachen von Urlaubern, die in Flip-Flops und mit aufgespannten Schirmen zum Schutz vor der Sonne herumlaufen. An meinem ersten Tag hier muss ich mich am Strand erst durch die Massen zwängen (ein paar Russen, überwiegend aber Chinesen vom Festland), ehe ich die Brücke erreiche, die hinüber nach Phoenix Island führt. Für mich ist das ein großer Moment. Ich habe diese Reise seit Monaten geplant, Unmengen von Geld dafür ausgegeben, und hier und jetzt nähert sie sich ihrem Höhepunkt.

Da ist sie: eine elegant geschwungene weiße Straßenbrücke. Es sollte eigentlich ganz einfach sein. Doch beim Näherkommen bemerke ich die Schranken und ein halbes Dutzend uniformierter Wachposten. Ich will an den Barrieren vorbeimarschieren, werde jedoch zurückgewunken. Zwar habe ich eifrig meinen Einführungskurs Chinesisch besucht, doch keiner versteht etwas von dem, was ich sage. Ein Grenzbeamter reicht mir ein laminiertes DIN-A4-Blatt, auf dem wörtlich steht: «Die Insel ist nicht offen. Sie ist offen für Gäste.»

Am nächsten Tag buche ich online ein Zimmer und werde durchgewunken. Doch dieses kleine Malheur ist durchaus vielsagend. Künstliche Inseln sind in der Regel nicht öffentlich zugänglich. Mit ihrer Ausbreitung macht sich auch die Vorstellung breit, dass öffentliche Räume – also Räume ohne Barrieren und Wachposten – nicht so wichtig sind. Hainans neue Inseln lassen eine Zukunft sichtbar werden, in der die wertvollen Orte Luxusenklaven sind, weit weg vom gewöhnlichen Leben der Stadt.

Ein Golfbuggy schaukelt mich und ein paar andere ernst dreinblickende Bewohner in Totenstille über die Brücke, vorbei an makellos geschnittenen Hecken voller leuchtend roter Azaleen und an weiteren Wachleuten, jetzt in zackigen weißen Uniformen. Der letzte Wachmann vor Turm D schlägt stramm die Hacken zusammen und salutiert dem Fahrer. Das Hotel befindet sich im unteren Teil des Towers, der von schlanken Betonstützpfeilern aus nach oben ragt. Als wir uns in die Aufzüge drängen, wirkt es, als würden wir eine Art Raumschiff voll fliehender Menschen betreten. Die abgerundeten, gewundenen Gebäude der Insel sollen einen an das Meer denken lassen. Der Architekt, der sie entworfen hat, Ma Yansong, erklärte gegenüber der Zeitung *Hainan Daily*, er habe etwas schaffen wollen, das aussehe, als «würde es aus

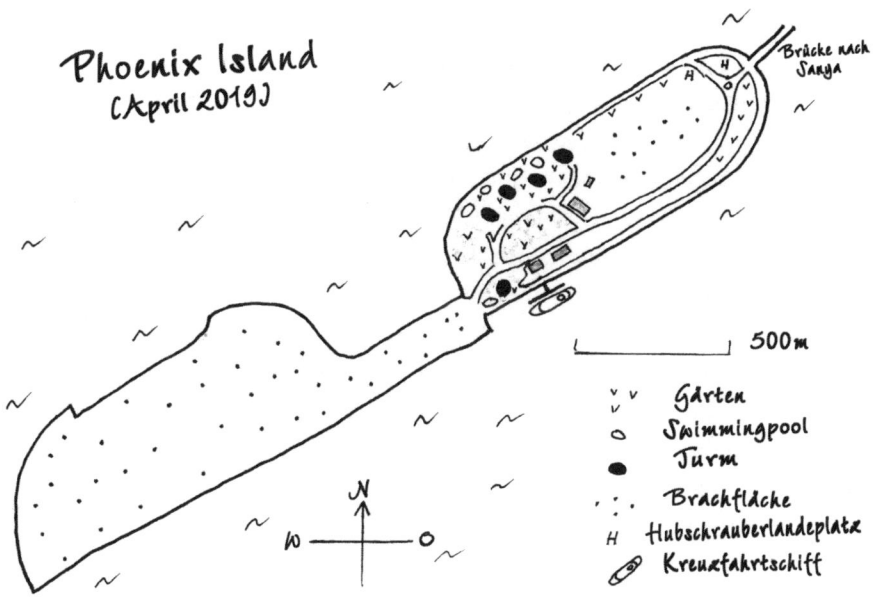

Phoenix Island, China

93

dem Meer wachsen. Die Gebäude sollten rundlich sein, wie Korallen oder Seesterne.» Doch die Dimensionen sind viel zu groß geraten, und das Ganze weist himmelwärts. Es wirkt wie ein Ort, der fliehen will.

Da ich für mein Zimmer gerade einmal 40 US-Dollar bezahlt habe, habe ich mich auf eine eher bescheidene Nacht eingerichtet. Stattdessen führt man mich in ein riesiges Appartement mit eigenem Privatgarten voll farbenfroher Blumen sowie zwei Badewannen, einer drinnen und einer draußen. Ich lasse mich aufs Bett fallen und schmiege mich mit einem Arm an einen Haufen weißer Handtücher, die kunstvoll in Gestalt eines Elefanten gefaltet sind. Mein Blick fällt auf eine männliche Reinigungskraft, die direkt vor diesem fürstlichen Gemach ein Geländer poliert: Er geht systematisch-akribisch vor, und wenn er eine Stelle findet, die nicht blitzblank ist, widmet er sich ihr mit ganzer Energie. Ich mache mich auf nach draußen und komme an dem Wachmann vorbei, der zuvor so stramm salutiert hat. Er lächelt mich breit an und verbeugt sich grüßend. Wie so oft in China muss ich umdenken. Was ich für Strenge, ja übertriebene Diensteifrigkeit gehalten hatte, war etwas ganz anderes: ein Gefühl des Stolzes darauf, seine Arbeit gut zu machen. Wie der Typ, der das Geländer putzt. Die Menschen kommen hier nicht einfach zur Arbeit, sie sind vielmehr Teil von etwas: von etwas Kleinem und Besonderem, aber auch von etwas Spektakulärem und höchst Ambitioniertem. Eine der wichtigsten Statistiken, die viel über China aussagt, ist die, dass dieses Land zwischen 1981 und 2013 sage und schreibe 850 Millionen Menschen aus der Armut holte; der Prozentsatz der Menschen, die in extremer Armut leben (also von weniger als 1,9 US-Dollar am Tag), sank von 88 auf 1,85 Prozent. Die Chinesen sind stolz auf das, was sie geschafft haben, und wer wollte es ihnen verdenken?

Das Beinahe-Verschwinden der schlimmsten Formen von

Armut ging einher mit einem enormen Zuwachs an Menschen, die über genügend Geld verfügen, um sich Urlaubsreisen und Zweitwohnsitze leisten zu können. Die neuen Reichen geben China im buchstäblichen Sinne ein neues Aussehen, und es ist ihr Geld, das den Inselbauboom in Hainan befeuert. Die Provinzregierung in der Hauptstadt Haikou, die eine Strategie der tourismus- und immobiliengestützten Entwicklung verfolgt, war eifrig darauf bedacht, Geld vom Festland anzulocken.

Die neuen Inseln eröffnen jede Menge Möglichkeiten, hochwertige Häuser mit Meerblick und Freizeitresorts zu bauen. Phoenix Island, zwischen 2002 und 2003 aufgeschüttet, wurde 2015 in Betrieb genommen. Zu seinen wichtigsten Pluspunkten zählt ein Terminal für Kreuzfahrtschiffe, das der wachsenden Zahl von Chinesen, die ihren Urlaub auf dem Meer verbringen wollen, einen Liegeplatz quasi im Stadtzentrum bietet. Bevor es dunkel wird, will ich herausfinden, was die Menschen sonst noch hierher zieht. Es gibt eine ganze Reihe sehr beliebter Swimmingpools, lange Tische im Freien für Grillabende und eine Menge teurer Sportwagen, die lautstark beschleunigen. Schon nach kurzer Zeit habe ich das Gefühl, eigentlich alles gesehen zu haben. Die Insel ist für Familien und romantische Auszeiten zu zweit gedacht; die Luft ist warm und erfüllt von zufriedenem Lachen. Man kann hier jede Menge Spaß haben, doch für mich gilt das nicht. Die Menschen wirken leicht befremdet, wenn sie mich erblicken – ein Mann ganz allein und noch dazu, so scheint es, der einzige Westler auf der Insel. Ich versuche zielstrebig zu wirken, gehe schnellen Schrittes, so als sei ich auf dem Weg zu einem Termin. Ich starre auf das leere Display meines Handys, will mich verstecken. Noch leerer wird diese leere Show durch Chinas «Great Firewall», die all meine Apps und Webseiten, von WhatsApp bis Google, blockiert. Unsicher und ein wenig gehemmt lasse ich mich am Pool neben plantschenden Familien nieder und bastle an den Notizen,

Phoenix Island, China

die ich mir in Hainans Hauptstadt Haikou gemacht habe, wo ich in der Woche zuvor war.

In Haikou, dieser wuchernden, staubigen Stadt, hatte ich im größten Hotel gewohnt, weil ich glaubte, von dort einen guten Blick auf zwei noch nicht fertiggestellte künstliche Inseln direkt vor der Küste zu haben. Die nächstgelegene heißt Huludao, was so viel bedeutet wie «Flaschenkürbisinsel», und tatsächlich hat sie knollenförmige Enden und eine schlanke Taille. Die niedrigen Bäume, die sich dort im Unterholz breitmachen, sind ein Beleg dafür, dass die Bauarbeiten nicht kontinuierlich stattfinden. Chinas neue Inseln sind geplagt von Baumaßnahmen, die, kaum begonnen, immer wieder unterbrochen werden. Das ist im Übrigen kein rein chinesisches Problem. Teure, komplexe Projekte wie der Bau einer Insel sind anfällig: Die wirtschaftlichen Bedingungen ändern sich, eine Baufirma geht pleite, eine staatliche Verwaltungsebene bekommt kalte Füße, und alles wird eingestellt. Der rege Boots- und Schiffsverkehr rings um Huludao lässt vermuten, dass man hier bald wieder im Geschäft ist. Der Masterplan für die Insel zeigt wallende, segelförmige Gebäude und einen riesigen zentralen Turm, in dem «Ultra-Star-Hotels» untergebracht sein sollen.

Chinas Inseln schreiben dem Meer nicht selten Chinas Kultur ein. Direkt vor der Küste liegt Nanhai Pearl, eine Insel in Gestalt des Yin-Yang-Symbols. Die «Yin»-Hälfte soll zu einem Wohnkomplex werden, die «Yang»-Hälfte einen Jachthafen beherbergen. Auf der anderen Seite der Stadt liegt Ruyi Island. (Ein *ruyi* ist ein leicht geschwungenes Zeremonienzepter, ein altes Motiv in der chinesischen Kunst.) Sie ist die ambitionierteste neue Insel Haikous: 4,5 Kilometer von der Küste entfernt, 716 Hektar groß (das ist mehr als die doppelte Fläche des Central Park in New York) und aufgeteilt in sechs Bezirke für Vergnügungs-, Schiffsanlege- und Wohnzwecke. Und schließlich ist da noch Millennium Hotel

Island. Die Pläne zeigen eine kleine Insel mit einem kolossalen «7-Sterne»-Hotel in der Mitte. Wenn all diese Inseln fertig sind, wird Haikou eine umwerfende Skyline haben: groß, knallig und draußen auf dem Meer. Der Architekt Scott Myklebust, der seit 2005 in Hainan arbeitet, meinte gegenüber CNN: «Der Markt war ein Wettrüsten, wer das nächste interessanteste oder extremste Projekt entwickelte.»

Selbst die Kategorien für die entstehenden Hotels sind extrem: «Ultra-Star» und «7 Sterne». Was bedeuten sie konkret? Opulenz und «High End» gehören zum Mantra all dieser Inseln, die sich um die Reichen kümmern und, angeblich, Reichtum generieren. Niemand bezweifelt offenbar, dass es genügend reiche Menschen gibt, um sie zu füllen. Luxus mag der gemeinsame Nenner sein, aber es geht sogar noch bizarrer. Hier wurde eine unersättliche Exzesserwartung in Gang gesetzt, der letztlich nichts gut genug sein kann. Ich steige normalerweise in billigen Unterkünften ab, doch in Haikou bin ich im Hilton und empfinde die dortigen Versuche in Sachen Luxus als ein wenig überfordernd. Mein Zimmer verfügt über mehr als vierzig Lichtquellen und Lichtschalter, und ich finde einfach nicht heraus, wie ich welches Licht einschalten kann. Die Toilette arbeitet mit so vielen Sensoren, dass sie am Rande des Empfindungsvermögens operiert. Ich habe keinerlei Kontrolle über den Klodeckel oder die Klospülung, denn er geht nach oben und sie spült, nicht wenn ich will, sondern wenn die Toilette es für angebracht hält. Und so liege ich im Dunkeln und warte darauf, dass die Toilette eine Entscheidung trifft.

Um meinem Luxuszimmer in die Luxuslobby des Hotels im 36. Stock zu entkommen, habe ich ein Treffen mit einem Tourismusfachmann arrangiert, nämlich Dr. Fu von der Universität Hainan. Er ist noch sehr jung und lacht gerne, was mich sogleich für ihn einnimmt. Er erweist sich als nicht besonders großer Freund Huludaos, das unter uns im Dunst verschwindet. «Es verursacht

Phoenix Island, China

Müllprobleme an unserer Küste, weil es so nah ist», meint er. «Die Wasserqualität ist ohnehin schon ziemlich schlecht, und die Insel macht es nur noch schlimmer.» Und er fügt hinzu: «Die Bewohner von Hainan sind verrückt nach künstlichen Inseln. Sie wollen wie Dubai sein. Manche sagen, Dubai sei sehr erfolgreich.»

Dr. Fu sieht den Boom neuer Inseln in erster Linie ökonomisch begründet: «Die wichtigste Branche in Hainan sind Immobilien.» Nun könnte man glauben, der Inselbau sei eine teure Möglichkeit, Immobilien zu verkaufen, doch weil die Grundstückspreise in der Stadt so hoch sind, erweist er sich als günstige Option. Grund auf dem Festland zu kaufen kann zehnmal teurer sein, als im Meer zu bauen. Zudem gehören in China alle Stadtgrundstücke dem Staat. Auch das erklärt, warum Unternehmer gerne «offshore» gehen. Das Meer steht einem uneingeschränkten Kapitalismus auf eine Weise offen, wie das andernorts nicht der Fall ist.

Später lädt mich Dr. Fu zu einem Hotpot-Mittagessen ein. Während wir Bambusstreifen und Entenblut in Aspik in einen Siedekessel tauchen, spricht er über die Stellung von Inseln in der chinesischen Kultur, insbesondere in der chinesischen Mythologie. Inseln seien die Heimstatt von Göttern gewesen, sie würden für ein langes Leben stehen und Glück verheißen. Um in die aktuelle Gegenwart zu springen, zückt er sein Smartphone und zeigt mir Filmclips eines Freundes, der gegenüber von Ocean Flower wohnt, also der Insel westlich von Hainan, die kurz vor ihrer Fertigstellung steht. Sie sieht aus wie eine voll ausgebildete Hochhausstadt. Von oben betrachtet, erweist sich Ocean Flower ebenfalls als Einschreibung chinesischer Kultur ins Meer. Die Insel hat die Form einer Lotusblume mit eingerollten Blättern – und der Lotus steht im chinesischen Buddhismus für Aufrichtigkeit und Reinheit.

Der Werbefilm der Entwickler von Ocean Flower beginnt mit einer Computeranimation (mit dem Text «Sea Flower Island, gefilmt im März 2019»), vermittelt jedoch einen guten Eindruck von den Dimensionen des Projekts. Die «Blätter» der «Meeresblume» werden beherrscht von schluchtenartigen Wohnblocks, während der Lotus selbst eine Ansammlung von fantastischen Architektur-gebilden ist: Dort stehen Schlösser und Kirchen im europäischen Stil unmittelbar neben opulent konzipierten Hotels und Vergnü-gungsparks. Es ist eines der ambitioniertesten Bauprojekte welt-weit, etwa eineinhalbmal so groß wie Palm Jumeirah. Im fertigen Zustand wird die Insel über achtundzwanzig Museen, achtund-fünfzig Hotels, sieben «Plätze für Folkloreaufführungen» und das weltgrößte Konferenzzentrum verfügen. Doch wie Dr. Fu mir erklärt, sind die Bauarbeiten eingestellt worden. Die Zentralregie-rung ist nicht besonders glücklich mit dem Projekt. Ich möchte herausfinden, warum.

Am nächsten Tag mache ich mich deshalb auf zur Universität, um dort mit ein paar weiteren Experten zu sprechen. Man muss nicht lange in den völlig verstopften, abgasgeschwängerten Stra-ßen von Haikou unterwegs sein, um zu verstehen, warum die Menschen lieber auf einer der neuen Inseln wohnen würden. Ab-gesehen von den Motorrollern, die aus allen Ecken auf einen zu-schießen, ist der Fahrstil eher geduldig, doch die Straßen sind so voll, dass es ständig zu Unfällen kommt. Haikou schlägt tatsächlich den Weg von Dubai ein: eine Stadt mit fantastischer, vollklimati-sierter Architektur, in der niemand zu Fuß unterwegs ist. Iro-nischerweise erklären mir die beiden Professorinnen Dr. Xiong und Dr. Li – zwei elegant gekleidete junge Damen, die ein gepflegtes Englisch sprechen –, in China sei Hainan ein Synonym für Ruhe und Gelassenheit: «In Peking sind meine Schuhe nach einem Tag dreckig, hier erst nach einer Woche.» Unser Gespräch findet in einer belebten Saftbar in Uninähe statt, und die beiden beäugen mich mit amüsierter Besorgnis, denn Dr. Li hat mich auf dem So-zius ihres Motorrollers zu unserem Treffen mitgenommen, und für

Phoenix Island, China

sie war das deutlich lustiger als für mich. «Sie scheinen Angst vor meinem *Roller* zu haben», gluckst sie und rollt das Wort wie eine köstlich schmeckende Murmel, während ich mir den Schweiß von der Oberlippe wische.

Ich versuche, meine verlorene Würde zurückzugewinnen, und frage nach Widerstand gegen all den Inselbau. Sie erklären mir, es gebe hier keine Umweltbewegung. Abgesehen davon wollten sie persönlich nie auf einer dieser Inseln leben, denn die seien «durch Bodenabsenkungen gefährlich». Der Widerstand kommt von oben. Wieder höre ich die gleiche Geschichte: «Die Regierung hat diese Inseln gestoppt.»

Rings um Hainan sind elf Inseln im Bau. Sechs davon habe ich schon erwähnt, die restlichen fünf sind allesamt Freizeitinseln ähnlichen Typs, wobei «Sun Moon Bay» die ungewöhnlichste ist. Sie ist bereits fertiggestellt und besteht aus einer mondförmigen und einer sonnenförmigen Insel. Eine offizielle Nachrichtenagentur verspricht, hier werde eine «High-End-Atmosphäre» herrschen, «ähnlich wie auf der weltberühmten Dubai World Island». «High End» und «Dubai» – das sind die beiden Zauberwörter für die Projektentwickler in Hainan. Was aber ist schiefgelaufen? Die Zentralregierung, so scheint es, ist den Bauherren in die Parade gefahren und hat 2018 damit begonnen, überall in China gegen private Landgewinnungsprojekte vorzugehen; als Grund nannte sie das Fehlen von Umweltverträglichkeitsprüfungen und «ordentlichen Genehmigungen». Die neuen Inseln, so hieß es, würden zur Erosion der Küsten führen, weil sie Flüsse verlanden lassen und Ökosysteme zerstören. Wie die Nachrichtenagentur Xinhua und ChinaDaily.com berichten, wurden die Entwickler angewiesen, «die von ihnen verursachten Umweltschäden zu beseitigen» und «die ökologische Wiederherstellung so schnell wie möglich zu gewährleisten». Fast alle Inselprojekte rings um Hainan wurden offiziell ausgesetzt, eine Prüfung der ökologischen Auswirkungen wurde angeordnet. Doch nicht nur die Entwickler sitzen auf der Anklagebank. Tatsächlich richtet sich die Aktion in erster Linie gegen lokale Politiker: «Regierungsvertreter, die in diesen Fällen gegen Gesetze verstoßen haben, werden bestraft werden.»

Ich habe den Verdacht, bei dieser Geschichte geht es nicht nur um Pekings neuentdeckte Begeisterung für den Umweltschutz. Ziel ist es auch, Bauherren und Provinzpolitiker in die Schranken zu weisen. Die Zentralregierung nimmt selbstbewusste und eigensinnige Regionen gerne und oft an die Kandare. Hainans neue Inseln haben jedoch eine Dynamik, die sich nicht mehr bremsen lässt. Dafür ist es zu spät. Die offizielle Verfügung aus Peking ist ein temporärer Rückschlag, nicht mehr. Die Party auf Phoenix Island ist bereits in vollem Gange, und Hainans andere Inseln stehen kurz vor der Fertigstellung. Beim Bauen klotzt China – in bislang ungekannten Dimensionen.

Daheim in Newcastle erzähle ich den Leuten, wo ich war: Hainan, Sanya, Haikou. «Wo?» Niemand hat je von einem dieser Orte gehört. Das wird sich ziemlich bald ändern.

Ocean Reef, Panama

Ocean Reef sind zwei von Niederländern entworfene künstliche Inseln, die vor Punta Pacifica ins Meer ragen, einem hochpreisigen, von Hochhäusern geprägten Viertel von Panama-Stadt. Sie fungieren als ultrasicherer Zufluchtsort für die reichsten Familien Panamas. Mit dem Festland über einen permanent bewachten Damm verbunden, ist Ocean Reef nicht nur gut gesichert, sondern richtiggehend abgeschottet: Es verfügt über eigene Sicherheitskräfte zur See und ist umgeben von Unterwassersensoren, die alles oder jeden über 40 Kilogramm erfassen. «Ja, es ist wie bei James Bond», kichert James, der leutselige schottisch-nicaraguanische Immobilienmakler, der mich herumführt. (Wie sich herausstellt, kam sein Vater aus Glasgow nach Mittelamerika, um dort Gold zu schürfen.) Für die Armee aus Bediensteten, die den Ort am Laufen hält, gibt es einen eigenen Tunnel, der versteckt am Zugang zu «Isla I» liegt. Sobald sie unter der Erde sind, schwingen sie sich auf Fahrzeuge mit Elektroantrieb, weshalb es auf der Insel still und abgasfrei zugeht. Wer jemals in Panama-Stadt war, weiß, wie wohltuend das ist.

Ich bin zum ersten Mal hier. Der Flieger aus Amsterdam geht über dem Panamakanal in den Sinkflug und vollzieht dann einen Schwenk vor fingerdünnen Wolkenkratzern, die eine silbern glänzende, zinnenbewehrte Mauer vor der blauen Bucht bilden. Ocean Reef ist bereits zu sehen, es sieht aus wie die Scheren eines Krebstiers, die vor der schwindelerregenden Küste aus Glas und Beton zuschnappen. Mir fallen all die Werbesprüche auf der Website dieses Projekts ein: «Inselleben mitten in der Stadt»; «Wir entwickeln uns weiter, unser Zuhause sollte es auch tun»; «Die ersten Stadtinseln von Menschenhand in Lateinamerika». Selbst von hier oben sieht man, dass das da unten etwas Besonderes ist. Man muss ziemlich wohlhabend sein, um in diesen extravaganten Türmen leben zu können. Aber es gibt solche und *solche* Reiche. Ocean Reef – niedrig bebaut, abgeschottet, sicher – richtet sich an Letztere.

Ich komme Ende Oktober 2018 hier an, und die Inseln sind zwar fertig, doch viele Dinge an der Oberfläche müssen noch installiert werden. Schon bald wird das offene Wasser zwischen den beiden Inseln einen Jachthafen mit zweihundert Liegeplätzen beherbergen, der sogar Jachten bis zu neunzig Metern Länge – also im Grunde kleinen Schiffen – Platz bietet. Doch es sind nicht die

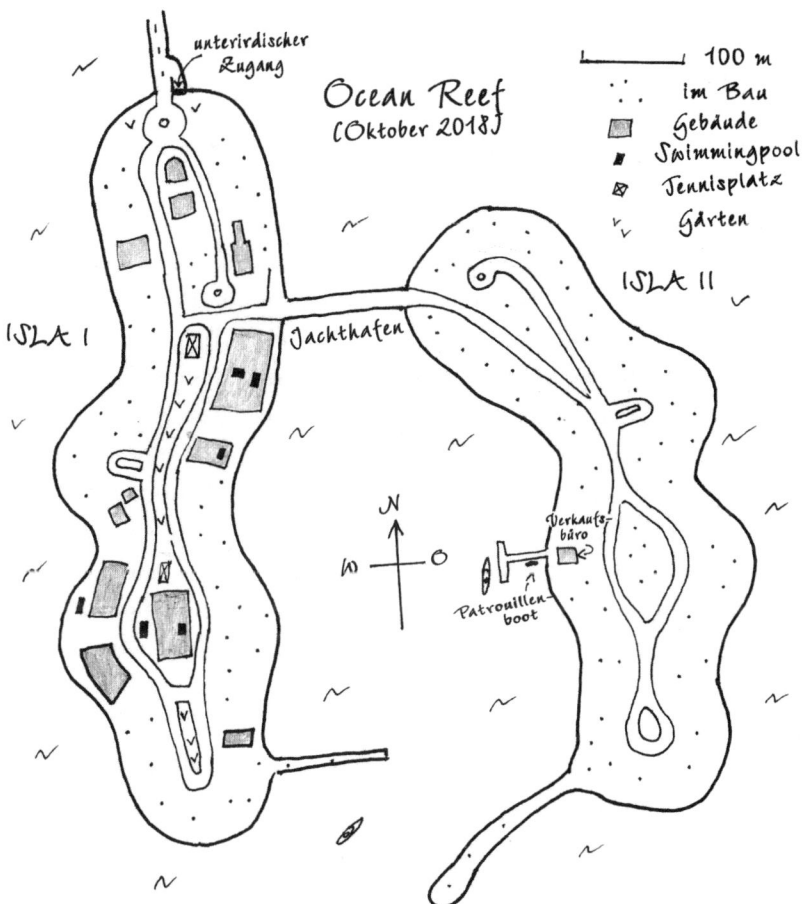

Ocean Reef
(Oktober 2018)

unterirdischer Zugang

100 m
im Bau
Gebäude
Swimmingpool
Tennisplatz
Gärten

ISLA II

ISLA I

Jachthafen

N

Verkaufs-büro

Patrouillen-boot

Riesenjachten und auch nicht die Immobilienpreise im Bereich mehrerer Millionen, die deutlich machen, dass dies ein ganz eigener Ort ist. Viel bezeichnender ist die Tatsache, dass die panamaische Verfassung, die den Verkauf von Seegrundstücken zur privaten Nutzung verbietet, in diesem einen Fall umstrittenerweise außer Kraft gesetzt wurde, um den Bau von Ocean Reef zu ermöglichen. Panamas Elite hat diesen Ort für sich selbst gebaut

Ocean Reef, Panama

und sichergestellt, dass nebenan unter keinen Umständen eine andere Insel entsteht und die Aussicht ruiniert.

Panama ist die Brücke zwischen den Amerikas und weist eine markante Trennlinie auf: Auf der Pazifikseite werden künstliche Inseln für Millionäre hingezaubert, während siebzig Kilometer weiter östlich Subsistenz-Bauern mitansehen müssen, wie ihre angestammten Inseln im Meer versinken.

Panama, etwas kleiner als Schottland und genauso hügelig, ist ein raues und berauschendes Land. Hinsichtlich des Pro-Kopf-Einkommens ist es die reichste Nation Lateinamerikas – weit wohlhabender als all seine Nachbarn. Doch abgesehen von ein paar wenigen reichen Gegenden wirkt es ärmlich. Seine Hauptstadt ist angeblich eine der nobelsten und kosmopolitischsten Städte auf dem Kontinent, aber der dichte Urwald ist nicht weit, und ein Großteil der Stadt ist für Touristen nicht zugänglich. Sobald man die Panamericana verlässt, hat man überall in Panama mit Schlaglöchern und Schotterpisten zu kämpfen. Von einem gängigen Mythos musste ich mich allerdings verabschieden: Dass die Panamericana vor Panamas legendärem Tapón del Darién, dem «Darién-Hindernis», so abrupt endet, liegt *nicht* an undurchdringlichem Terrain oder wilden Stämmen, sondern ist die Folge eines seit langem schwelenden Streits mit Kolumbien, dem Land, von dem sich Panama 1903 abspaltete.

Zum Glück bin ich diesmal nicht allein. Meine Lebensgefährtin Rachel ist mitgekommen und in der Lage, die Stellung zu halten, während ich in den Hintergrund trete – so wie jetzt, da wir in der kolonialen Altstadt von Panama City in einer Bar sitzen und ein redseliger Einheimischer sich zu uns gesellt. Wie sich herausstellt, stammt er aus Dorset, er trägt jede Menge Tattoos englischer Punkbands, arbeitet für das Tourismusministerium und ist hocherfreut, hier auf britische Landsleute zu stoßen, mit denen er sich ein paar Stunden die Zeit vertreiben kann. Er und Rachel verstehen sich prächtig, so dass ich, vom Jetlag geplagt und schläfrig, nur noch gelegentlich aufmunternd lächeln muss. Ich spitze erst die Ohren, als ich ein vertrautes Mantra höre: «Verlassen Sie nicht das Kopfsteinpflaster.» Gemeint ist der Straßenbelag im Herzen der Altstadt, und es ist offenbar so, dass Touristen sich Ärger einhandeln, wenn sie jenseits davon umherstreifen. Die Warnung verlangt einem allerdings ziemlich viel ab – 99 Prozent der Stadt liegen jenseits des Kopfsteinpflasters –, doch sie ist durchaus ernst gemeint. Ein paar Stunden zuvor waren wir vier oder fünf Meter abseits der Hauptstraße unterwegs gewesen, als eine junge Frau in einem weißen Pick-up neben uns hielt, sich aus dem Fenster beugte und uns die gleiche Warnung mit auf den Weg gab: «In diesen Gassen ist es nicht unbedingt sicher», sagte sie lächelnd.

Sicherheitsbedenken lenken unsere Schritte und prägen die Stadt. Wären wir ein Stück weiter gewandert, wären wir nach El Chorrillo gekommen, in ein heruntergekommenes, dicht bevölkertes Viertel, in dem einst General Manuel Noriega gelebt hatte, der Drogenbaron und in den 1980er Jahren de facto Herrscher über Panama. Die USA marschierten im Dezember 1989 ein, um ihn aus dem Amt zu jagen. In den ersten dreizehn Stunden der Invasion warfen US-Flugzeuge 422 Bomben ab, viele davon auf El Chorrillo. Die genaue Zahl der Toten kennt man bis heute nicht, sie wird üblicherweise aber auf siebentausend geschätzt.

Der Einmarsch ist noch immer ein wunder Punkt in Panama, doch wie in vielen kleinen Ländern ist Feindseligkeit gegenüber der regionalen Supermacht ein Luxus, den sich nur wenige leisten können, und letztlich zählt nur eins, nämlich Sicherheit. Wir versuchen alle, auf Inseln der Sicherheit zu leben. Einige von uns schaffen es, diese Metapher Wirklichkeit werden zu lassen. Man muss nur über den Ocean-Reef-Damm fahren, und die Anspannung, die bohrende Angst, in einer gefährlichen Stadt zu leben, schmelzen dahin.

Ocean Reef, Panama

105

Beim Bau von Ocean Reef ging man gründlich vor. Der Meeresboden wurde bis zum Grund ausgeschabt, und ganze Schiffsladungen mit Felsbrocken vom Festland wurden im Wasser aufeinandergehäuft und anschließend mit Sand besprüht. Ursprünglich sollten es drei Inseln werden, jede benannt nach einem der Schiffe von Christoph Kolumbus: Niña, Pinta und Santa Maria. Letztlich aber empfahlen die niederländischen Bauherren, zwei Inseln würden eine festere Form ergeben. Sie tragen heute ganz prosaische Namen: Isla I und Isla II. Sie sehen aus wie pralle Kaulquappen in Bewegung, und die zweite, weiter entfernte Insel legt ihren «Ruderschwanz» gerade so um die erste, dass ein geschützter Ankerplatz entsteht.

Die Wohngrundstücke waren schnell verkauft, und der erste Grundstein wurde 2010 mit großem Brimborium gelegt. Die Zeitung *La Estrella de Panamá* schrieb: «Es war eine Gala, bei der sich die gesellschaftliche Crème de la Crème mit wichtigen Persönlichkeiten der aktuellen Regierung traf», darunter auch Präsident Ricardo Martinelli. «In der ersten Reihe saßen die Unternehmer, begleitet von Wirtschaftsminister Alberto Vallarino, die bei Unterhaltungsmusik, Kaviar, Wein und Champagner den Startschuss zu dem Projekt feierten, das als ‹Dubai of the Americas› gilt.»

In den Werbebroschüren von Ocean Reef ist allerorten von «Exklusivität» und «Luxus» die Rede, oftmals in Verbindung mit den Attributen «ruhig» und «privat»:

Wer auf Ocean Reef wohnt, genießt die feineren Dinge im Leben, für ihn ist Qualität nicht Wunsch, sondern Wirklichkeit. Mit Blick auf solche Menschen wurden die Ocean-Reef-Inseln geschaffen. Zu dieser Community zu gehören ist ein Privileg. Ocean Reef wird der einzige Ort in der Stadt sein, wo man echte Inselerfahrung sammeln kann – ganz in Ruhe, ganz privat.

Die Ocean-Reef-Website schwärmt auf Englisch und Spanisch, «Exklusivität und Luxus» seien noch nie «so offensichtlich» gewesen wie bei diesem Projekt, erinnert potenzielle Käufer aber auch daran, dass es sich nicht um ein bloßes Resort handeln wird, das von Rentnern und Zugezogenen bevölkert ist; die Immobilien sind freies Grundeigentum und die Käufer kommen fast alle aus Panama. Das impliziert, dass sie über die Generationen weitergegeben werden. Wie man mir erklärt hat, werden von diesen Immobilien kaum welche wieder auf den Markt kommen.

Das Werbegeschwafel verklärt die Inseln überdies zum «unberührten Refugium», gelegen «inmitten zeitloser natürlicher Pracht». Auf diese paradoxe Vorstellung, künstliche Inseln böten Zugang zur «Natur», stoße ich immer wieder. Betritt man urbane Exklaven wie Ocean Reef, versteht man sie allerdings besser. Wenn man die vermüllten Straßen und Häuserschluchten des Festlands verlassen hat, sieht man auf Ocean Reef zumindest den Himmel und kann aufs Meer blicken. Und auf festem Erdboden umherspazieren. Der Kontakt mit der Erde ist ein viel zu wenig beachteter Teil unserer Beziehung zur Natur, doch in von Hochhäusern und Dauerstaus geplagten Städten findet er immer seltener statt. Einfach hinauszugehen und einen Nachbarn zu treffen – nicht in einer klimatisierten U-Bahn, sondern einfach ums Eck – ist eine Form der simplen Freude, die Inseln wie Ocean Reef ermöglichen und sich teuer bezahlen lassen.

Auf Ocean Reef gibt es freilich auch noch eine andere, weitaus seltener thematisierte Form der Exklusivität, die mit der panamaischen Haltung in Rassenfragen zu tun hat. In Panama behauptet man gern, das Land sei inklusiv und farbenblind. Doch das stimmt nicht. Die Werbefotos für Ocean Reef zeigen ausschließlich junge und gutaussehende Weiße, welche die dortigen Freuden genießen. Sie spiegeln damit ein allgemeineres Vorurteil wider: Auf sämtlichen Werbeplakaten, in allen Werbespots im Fernsehen

Ocean Reef, Panama

sind immer nur weiße Menschen zu sehen. Das ist insofern auffällig, als Panama ein sehr vielfältiges Land ist, in dem fast drei Viertel der Bevölkerung Mestizen sind, also «Mischlinge». 12 Prozent gehören indigenen Völkern an, und es gibt überdies eine große schwarze Bevölkerung, die vielfach von Arbeitskräften aus der Karibik abstammt, welche einst ins Land gekommen waren, um den Panamakanal zu graben. Als Faustregel gilt: je wohlhabender ein Viertel, desto weißer die Bewohner. Das soll freilich nicht heißen, dass Ocean Reef nur für Weiße gedacht ist, das ist nicht so. Oder dass «Gringos» – ein Ausdruck, der heutzutage auf alle Ausländer Anwendung findet – Teil des Clubs wären; auch dem ist nicht so. Die Rassenverhältnisse in Panama sind kompliziert, aber auch krass. Die Flucht in sichere Wohngegenden wie Ocean Reef hat einen rassistischen Beigeschmack; es ist die Flucht in etwas, das nicht wirklich weiß, aber mit Sicherheit weißer ist.

Ocean Reef zu besuchen ist nicht so leicht. Man kann dort nicht einfach hineinspazieren. Ich kann das ganz sicher sagen, denn ich habe es versucht. Ich marschierte unter dem Zugangsbogen – den der schöne Spruch «Ein neuer Lifestyle beginnt mit einer Vision und einem einzigen Schritt» ziert – hindurch auf den makellos sauberen Fahrdamm, der von Palmen gesäumt ist. Im strammen «Ich weiß, wo ich hinwill»-Schritt, der schon so häufig in demütigenden Erfahrungen geendet ist, stiefele ich am Wachhäuschen und an der Schranke vorbei. Vielleicht versuche ich irgendein weißes Privileg zu nutzen. Der Wachposten allerdings lässt sich davon in keinster Weise beeindrucken. Er tritt heraus und pfeift mich mit erhobenem Zeigefinger und einem wiederholten «Nicht meglich, nicht meglich, nicht meglich» zurück.

Zum Glück habe ich einen Plan B: ein Treffen mit James, dem Immobilienmakler, in seinem Büro in Punta Pacifica. Ich wusste wirklich nicht, wie ich je einen Fuß in die Tür von Ocean Reef bekommen sollte, und so schrieb ich ihm eine E-Mail unter dem Vorwand, ich sei am Kauf einer Wohnung «interessiert». Diese Lüge macht jedoch schon vor meinem Eintreffen Probleme. Rachel hat sich einverstanden erklärt, mich zu begleiten, und einen moralischen Kompass dabei, auf den ich gerne verzichtet hätte: «Ich werde nicht so tun, als würde ich irgendetwas kaufen wollen, das wäre lächerlich.» Im Taxi unterwegs durch die Stadt herrscht jedenfalls dicke Luft.

Wir werden in ein edel wirkendes Hinterzimmer geleitet. Alles ist in schwarzem Leder gehalten, Fotos des örtlichen «Trump Tower» zieren die Wände, und mir stehen dicke Schweißtropfen auf der Stirn. Ich spiele verschiedene Szenarien durch – «Wir müssen wissen, was Sie so ausgeben wollen, Señor» –, und viele davon nehmen kein gutes Ende. Ein kräftig gebauter, elegant gekleideter und ziemlich attraktiver Mann gesellt sich zu uns, offensichtlich hat er das Sagen. James lächelt warmherzig, und ich werde ruhiger. Er weiß – wusste schon immer –, dass ich kein Kunde bin. Ich vermute, er ist begeistert von Ocean Reef und ganz wild darauf, es vorzuzeigen.

Wir plaudern über die «versinkenden» Inseln auf der atlantischen Seite des Landes, und er gesteht bereitwillig ein, dass sich die Menschen in Panama nicht für steigende Meeresspiegel und den Klimawandel allgemein interessieren. «Vielleicht sollten sie es tun», sinniert er. In diesem Teil der Welt spielt vor allem eine Naturkatastrophe eine Rolle: Erdbeben. James breitet das farbige Gesamtkonzept für Ocean Reef vor uns aus und erklärt, wie die Inseln mit Hilfe von Computermodellen vierzehntausend Erdbebensimulationen unterzogen wurden. Die Insel ist so gebaut, dass sie allem widersteht, was der Pazifische Feuerring ihr antun kann – das erklärt auch, warum Ocean Reef mit neun Metern den höchstgelegenen Untergrund an der Küste hat.

Die Freundlichkeit von James entwaffnet mich; mehr noch,

Ocean Reef, Panama

ich bin ganz beflissen, lache und stimme allem zu, was er sagt. Rachel wirft mir einen fragenden Blick zu; «ich habe mich gefragt, wie tief du noch sinken würdest», erklärt sie mir später. Wir klettern in James' Oberklasse-SUV, die Schranke geht auf, und unser ungehindertes Vorankommen ist begleitet vom grüßenden Winken und Nicken der Straßenarbeiter. Als wir schließlich zu Fuß unterwegs sind, geht es mit dem Winken und Grüßen weiter. Stets sind es Rezeptionisten und Bedienstete, denn bislang sind erst zwölf Familien hier herübergezogen. Isla I ist noch nicht fertig und Isla II ist (abgesehen vom Hauptverkaufsgebäude) nacktes Land. Ein Lift bringt uns zu einer Reihe miteinander verbundener Dachterrassen, von irgendwoher wabert Musik durch die warme Luft. Wir wandern vorbei an endlosen Pools. Ich gebe anerkennende Geräusche von mir, auch wenn ich mich eher für die skurrileren Anblicke interessiere, etwa die mit grüner Plastikfolie bespannten Wände und ein «Pitch und Putt» auf dem Dach.

Der Himmel ist bedeckt, es sieht nach Regen aus, und ich merke, dass ich lieber ein paar Fotos machen sollte, bevor es wie aus Eimern schüttet. (Es regnet viel in Panama; zweieinhalbmal mehr als in Großbritannien.) Ich knipse Isla II, die noch weitgehend unbebaut und mit Isla I über eine Brücke verbunden ist, welche den Scheitelpunkt des Jachthafens bilden soll. Links erheben sich in der Ferne die Hochhäuser von Punta Pacifica, darunter der markante Bogen des JW Marriott Hotels (vormals Trump International Hotel and Tower), während im Vordergrund Palmen und die locker stehenden, niedrig gebauten Häuser von Isla I zu sehen sind.

Als wir wieder im Auto sitzen und an einem bestens ausgestatteten, nagelneuen Kinderspielplatz vorbeirollen, kommen wir auf das Familienethos der Insel zu sprechen. James wird mit seiner eigenen jungen Familie hierherziehen, wenn die Insel fertig ist, und er hegt keinerlei Zweifel daran, dass Ocean Reef als echte

Gemeinschaft funktionieren wird. Das klingt plausibel, denn viele der Familien, die hierherkommen wollen – es werden insgesamt vierhundert sein –, kennen sich bereits. Er verkaufe «an Freunde», sagt James.

Um die Gemeinschaftsrädchen am Laufen zu halten, können sich die Bewohner mit einer Servicegebühr von 1000 US-Dollar monatlich in die «Island App» einkaufen, mit der sich Zeiten im Fitnessstudio, Tische im Restaurant und der Zugang zu anderen Einrichtungen buchen lassen. Wir fahren über die Brücke, die auf die Isla II führt, und parken beim Verkaufscenter. Ich bin jetzt wieder ein wenig nervös: Muss ich wieder so tun, als sei ich «interessiert»? So freundlich und nachsichtig James auch sein mag, habe ich doch das Gefühl, ihn zu betrügen. Selbst wenn ich alles verkaufen würde, was ich besitze, hätte ich noch nicht einmal die Hälfte dessen beisammen, was hier die billigste Wohnung kostet. Aber jetzt bin ich nun mal hier, gondle durch die Gegend und tue so, als sei ich mit solcherlei Dingen bestens vertraut. Ich tröste mich mit dem melancholischen Gedanken, dass das ein Spiegelbild für vieles ist, was ich tue. Was sollte man auch anderes erwarten, wenn man künstliche Inseln besucht? Während Rachel und James nett miteinander plaudern, versuche ich ganz unscheinbar zu wirken und begutachte interessiert verschiedene Modelle in Glaskästen, die das Gesamtkonzept, den Jachthafen und verschiedene Wohnblocks zeigen, wo winzige Menschen in heller Freizeitkleidung herumlaufen.

Einer dieser winzigen Menschen könnte ich sein – Freunden zuwinkend, jemand, den man gern am Ufer trifft … Jäh werde ich aus meinen Tagträumen gerissen: James will uns unbedingt noch eine letzte Sache zeigen. Wir gehen hinaus auf einen Ponton, an dem das Patrouillenboot der Insel-Security festgemacht ist, und werden mit einer spektakulären Aussicht belohnt. Auf der einen Seite erhebt sich Punta Pacifica in die Höhe, auf der anderen sind

Ocean Reef, Panama

die dunklen Buckel der Pearl Islands zu sehen, eines Archipels, der gut fünfzig Kilometer weit draußen in der Panama Bay liegt. Es ist unglaublich: durch und durch urban und doch so weit weg von der Hektik und dem Getöse der Metropole.

Am nächsten Tag, zurück in der Stadt, halten wir ein gelbes Taxi an und beginnen zu feilschen, wollen zu einem einigermaßen fairen Preis an einen ganz bestimmten Ort. Das ist bei Taxis in Panama-Stadt so üblich, und was am Ende dabei herauskommt, lässt sich nicht sagen. Heute morgen sind wir erfolgreich. Wir fahren durch El Chorrillo, vorbei an Straßenecken, wo Männer mit alten Zerkleinerungsmaschinen ein Zuckerrohrgetränk herstellen, und vorbei an ganzen Gruppen von Kuna-Frauen, die an ihren hellen Tüchern und Fußreifen zu erkennen sind. Unser Ziel ist ein Hügel, von dem aus wir den Kanal und die Stadt überblicken können und auf dem die weltweit größte panamaische Flagge weht. An einer Stelle ruft uns ein Mann eine Warnung zu und deutet mit dem Finger nach oben: Direkt über uns, auf einem Ast, hält eine fette Boa constrictor gerade ein Verdauungsschläfchen.

Oben auf dem Hügel eröffnet sich ein gewaltiges Panorama. Auf der einen Seite stehen Unmengen von Frachtcontainern in Reih und Glied und warten darauf, auf den Panamakanal verladen zu werden; auf der anderen Seite tobt das Drama von Panama City. Und dort drüben ragt Ocean Reef ins Meer hinaus – Teil der Stadt und doch frei von ihr, in ihr, aber nicht wirklich zugehörig.

Natürlich, übersehen, zufällig:
Andere neue Inseln

Natürliche Inseln

Die Menschen bauen sehr kleine, flache Inseln. Der Planet hingegen betreibt deutlich größere Bauprojekte: etwa die Kollision der 103 Millionen Quadratkilometer großen Pazifischen Platte mit der 47 Millionen Quadratkilometer großen Australischen Platte. Erstere schiebt sich dabei unter Letztere, wo sie sich aufheizt und schmilzt, wodurch Lava an die Oberfläche strömt und gebirgige Inseln bildet. Auf diese Weise entstand eine der spektakulärsten Inseln der letzten Jahre: Hunga Tonga.

Während wir uns darum sorgen und darüber wundern, was wir Menschen dem Planeten antun, vergessen wir allzu leicht, dass wir geologisch gesehen nicht so wahnsinnig wichtig sind. Stellen Sie sich vor, Sie wollen einen hohen Berg besteigen. Er ragt vor Ihnen auf, eine dunkle Ungeheuerlichkeit. Als Sie mit dem Aufstieg beginnen, blicken Sie zu Boden und stellen mit Schrecken fest, dass Ihre Schuhe voller Ameisen sind. Sie schauen sich um und merken, dass der ganze Berg von ihren Pfaden überzogen ist: Überall schleppen und graben sie, bauen riesige Farmen und fressen die gesamte Vegetation ab, legen Ameisenhaufen an, die von Millionen Insekten ganz schwarz sind. Für jemanden, der aus der Ferne auf den großen Berg blickt, mag es seltsam wirken, aber die Ameisen halten sich für den Mittelpunkt der Schöpfung: Dieser Berg – alles – ist nur für sie da. Aber weil sie schlaue Geschöpfe sind, haben sie Daten gesammelt und wissen genau, dass sie tatsächlich im «Zeitalter der Ameise» leben.

Heute sprechen Geologen von einem neuen erdgeschichtlichen Zeitalter, das durch den Einfluss des Menschen auf den Planeten bestimmt ist – dem Anthropozän –, auch wenn sie sich nicht darauf einigen können, wann es begonnen hat (einige sagen, mit der Industrialisierung, andere meinen, mit der ersten Verbreitung von radioaktivem Staub). Das klingt plausibel: Menschliches Tun hat in der Tat Klima und Landschaften des Planeten verändert. Glaubt man Owen Gaffney vom Stockholm Resilience Centre, so «bewegen wir mehr Sediment und Gestein als sämtliche natürlichen Prozesse wie Erosion und Flüsse zusammengenommen». Doch den Planeten mit Blick auf uns Menschen zu definieren, ist vielleicht gar nicht so klug. Denn das impliziert ja: Wenn wir die ganze Sache vergeigen, müssen wir nur mit den Fingern schnippen, etwas Schlaues unternehmen und es wieder in Ordnung bringen. Wir sollten uns hin und wieder daran erinnern, dass wir eher von der Erde Abhängige und weniger ihre Herren sind und dass der Planet sich, auch wenn wir ihm Schaden zufügen, immer weiter dreht und das auch dann noch tun wird, wenn der letzte Mensch schon längst in Vergessenheit geraten ist. Und ganz gleich, was wir tun – die Erde wird weiter Inseln erschaffen.

Natürliche neue Inseln entstehen auf zweierlei Weise: durch Vulkantätigkeit und durch Veränderungen des Höhenniveaus von Meer und Land. Letztere erschaffen die meisten Inseln, aber wirklich atemberaubend sind Drama, Schönheit und Tempo des erstgenannten Vorgangs.

Die Erde ist bis in eine Tiefe zwischen 15 und 200 Kilometern in sieben große Platten und eine Vielzahl von Mikroplatten unterteilt. Auf diesen tektonischen Platten sitzen die Kontinente und die Weltmeere. Die Platten bilden ein sich verschiebendes und wölbendes Puzzle, und sie sind sehr heiß. Jüngste Forschungen haben gezeigt, dass der Erdkern in etwa die gleiche Temperatur hat wie die Sonne. Thermische Energie verflüssigt den äußeren Kern (der innere Kern gilt heute als fest) und sorgt für die Bewegung der Platten. Inseln entstehen sowohl dort, wo Platten aufeinanderprallen, als auch dort, wo sie auseinanderreißen.

Den Atlantik durchzieht wie eine Art Reißverschluss ein Graben, es gibt dort rund zwanzig aktive Vulkane, die allesamt Unterwassererhebungen ausbilden (sogenannte Tiefseeberge). Die bislang größte Insel, die auf diese Weise entstand, ist Island. Da auf Island und ringsum sehr rege Vulkantätigkeit herrscht – am bekanntesten ist die Entstehung von Surtsey 1963 –, könnte das darauf schließen lassen, dass hier noch anderes passiert. Wie sich zeigt, liegt Island nicht nur auf einem Vulkangraben, sondern auch über einem «Hotspot». Solche Hotspots, die manchmal auch als «abnormaler Vulkanismus» bezeichnet werden, können überall auftreten und finden sich oft weit entfernt von den Plattengrenzen. Warum dort Magma ausgespuckt wird, ist noch immer ein Rätsel. Der berühmteste Hotspot liegt unter Hawaii (andere Beispiele sind die Kapverden und die Galapagos-Inseln), einer in hohem Maße vulkanischen Inselkette, die Tausende Kilometer von der nächsten Plattengrenze entfernt ist. 2018 ließ der Vulkan Kilauea auf der zu Hawaii gehörenden Big Island, der seit mehr als drei Jahrzehnten regelmäßig ausbricht, ein neues Inselchen entstehen. Für die Menschen bedeutet das stets eine Überraschung, denn wir kennen weder das Wann noch das Wo und Warum des Hotspot-Vulkanismus. Was wir wissen, ist, dass Hotspots nicht ortsfest sind, dass sie herumwandern und dass es sich nicht um einzelne Punkte handelt, sondern um ein großflächiges Phänomen. Wie die meisten Vulkaninseln ist Hawaii der sichtbare Teil einer langen Kette vulkanischer Tiefseeberge. Die «Hawaii-Kette» ist 5800 Kilometer lang und umfasst Hunderte solcher Unterwasserberge. Einige steigen empor, während andere erodieren und untergegangen sind, Inseln, die kamen und gingen, lange bevor Menschen davon künden konnten.

Ungefähr 5000 Kilometer westlich von Hawaii stößt man auf eine der aktivsten Zonen der Inselproduktion: den Reibungspunkt zwischen Pazifischer und Australischer Platte. Das ist ein komplizierter Ort: Zwischen den großen Platten reiben und stoßen eine Reihe geologischer Kuriositäten – Mikroplatten – aneinander. Am schnellsten ist die Tonga-Mikroplatte, sie bewegt sich mit einer Geschwindigkeit von bis zu 24 Zentimetern pro Jahr. Hier finden wir auch das neu entstandene Hunga Tonga. Noch ist nicht klar, wie lange diese Insel Bestand haben wird; Vulkaninseln kommen und gehen. Eine weitere vergängliche Insel in Tonga ist Home Reef, das 1852, 1857, 1984 und 2006 jeweils nach Vulkanausbrüchen entstand und bald darauf wieder verschwand.

In den Gewässern unter Tonga blubbern viele Vulkane, dort befindet sich aber auch der zweittiefste Canyon der Welt. Oft bilden sich Vulkaninseln entlang solch langer Rinnen, wodurch die klassischen bogenförmigen Inselgruppen entstehen, wie man sie im Pazifik und in der Karibik findet. Der tiefste Punkt des Tongagrabens, «Witjastief», liegt 10 800 Meter unter dem Meeresspiegel (zum Vergleich: der Mount Everest ist 8 848 Meter hoch). Witjastief liegt nur 100 Meter höher als der berühmteste Abgrund an einer Nahtstelle zweier Platten: das Challengertief im Marianengraben im Nordpazifik, der tiefstgelegene Ort auf Erden. Die bekannteste Vulkaninsel in der Nähe des Marianengrabens ist Nishinoshima, die – nach Eruptionen in den Jahren 1964, 2013 und 2017 – heute drei Quadratkilometer groß ist.

Die überraschendste Form der Vulkaninsel ist die, die schwimmt. Eine der Gesteinsarten, die durch die Lavaströme unter Wasser erzeugt wird, ist Bimsstein. Er ist so leicht, dass er schwimmt, wodurch «Bimssteinflöße» entstehen. Das bislang größte wurde 2012 von der neuseeländischen Luftwaffe im Südpazifik gesichtet,

1000 Kilometer vor der Küste von Auckland; es war über ein
25 900 Quadratkilometer großes Gebiet verstreut – war also «fast
so groß wie Belgien», wie die Presse in Neuseeland schrieb. Solche
schwimmenden Bimssteininseln brechen meist bald wieder auseinander, aber es gibt Spekulationen, dass Tiere und Pflanzen sich
manchmal darauf mittreiben lassen und auf diese Weise neue Gestade erobern.

Inselbau ist oft Gemeinschaftssache. In den warmen Gewässern der Tropen sind viele «Vulkaninseln» in Wirklichkeit alte,
ausgezehrte Vulkane, die aus Korallen bestehen, fleißigen Tier-
chen, die auch die Riffe vor den Küsten schaffen. Korallen können sich bis in beträchtliche Tiefen ansammeln und sind an manchen Pazifikinseln bis zu einem Kilometer dick. Ein weiterer
Grund, warum «Koralleninseln» entstehen, ist, dass das Gewicht
nahegelegener Vulkane sie nach oben drückt. Stampft man auf
eine Oberfläche, sieht man, wie sich die Fläche ringsum hebt.
Ähnlich ist es mit der Erde. Solche nach oben gedrückten Riffe
heißen Makatea, gehobene Atolle, benannt nach der zu Französisch-Polynesien gehörenden Koralleninsel Makatea, einem alten
Atoll, das durch das Gewicht der aufsteigenden Vulkane ringsum
aus dem Wasser gehoben wurde.

Doch die meisten neuen Inseln entstehen nicht durch Vulkantätigkeit, sondern durch Veränderung des Niveaus von Land und
Meer oder dadurch, dass Wellen und Wind die Küstenlinien verändern. Derartige Inseln sind so zahlreich und so kurzlebig, dass
sie nur selten einen Namen bekommen oder bewohnt werden.
Die meisten sind das Ergebnis von Ablagerungen. Sedimentge-
stein, das in Flüssen weggeschwemmt wird, bildet in langsam flie-
ßenden Abschnitten oder draußen auf dem Meer neue Inseln.
Andere entstehen nur für ein paar Tage: Sandbankinseln, die durch
Wellen und Stürme zusammengeschoben werden. Im Landesinneren lassen lange Dürreperioden eine weitere Spezies entstehen:

Andere neue Inseln

In austrocknenden Seen kommt üblicherweise eine fleckige Schar brauner, unansehnlicher Inseln zum Vorschein.

Die Meeresspiegel steigen und fallen seit Jahrmillionen, wodurch Millionen Inseln geschaffen und zerstört wurden. Wenn sie weiter so schnell steigen, wie das im Moment prognostiziert wird, werden wir die Zerstörung ganzer Küstenregionen erleben wie etwa in den östlichen Bundesstaaten der USA, aber auch das Zerbrechen von Inseln, die durch frühere Meeresspiegelanstiege entstanden – beispielsweise Großbritannien –, in Archipele.

Wir befinden uns gegenwärtig, was das Klima hier auf der Erde angeht, in einem Interglazial oder einer Warmzeit, einer Phase, die vor etwa 11 700 Jahren begann. Der Rückzug des Eises und die Überflutungen, die wir heute erleben, verbinden einen bestehenden, natürlichen Prozess mit einem unnatürlichen, modernen. Die künstlich beschleunigte globale Erwärmung bringt bereits viele neue Inseln hervor, auch wenn diese es nur selten in die Schlagzeilen schaffen. An Russlands langer Nordküste fügte der Topographische Dienst des Militärs der Karte in den Archipelen Nowaja Semlja und Franz-Josef-Land 2015 eine Gruppe von neun Inseln hinzu; fast jedes Jahr kommen weitere dazu. Entstanden sind sie aufgrund schwindender Gletscher und des schmelzenden Eisschilds. Die größte der neuen Inseln ist zwei Kilometer lang und 600 Kilometer breit. Schon bald, so wird prognostiziert, werde der Rückzug des Eises zeigen, dass Spitzbergen, die größte Insel im norwegischen Archipel Svalbard, in Wirklichkeit aus zwei Inseln besteht, denn offenes Wasser trennt die Insel von dem, was man für die Halbinsel Sørkappland hielt. Im Westen hat die Eisschmelze bereits sichtbar werden lassen, dass Spitzbergens Blomstrandhalvøya («Blumenstrandhalbinsel») in Wahrheit eine Insel ist.

Inseln, die durch schmelzendes Eis entstehen, tauchen sehr schnell auf. Viel langsamer hingegen verläuft das Ganze bei denen, deren Ursache ein Anstieg von Land ist. Vor rund zwanzigtausend Jahren war ein Großteil Nordeuropas und Nordamerikas von einem Eisschild bedeckt. Das Gewicht all dieses Eises drückte die Erdkruste bis zu einem halben Kilometer nach unten. Nun, da ein Großteil dieses Eises verschwunden ist, passt sich die Erde wieder an und schwingt zurück. Bleibt es beim gegenwärtigen Tempo, wird sich der Bottnische Meerbusen, der Finnland und Schweden trennt, in gut zweitausend Jahren in der Mitte schließen, wodurch sein nördlicher Arm zu einem See wird. Der Kvarken-Archipel, der auf halbem Wege im Meerbusen liegt, ist das spektakulärste Beispiel für «zurückschwingendes Land». Er besteht aus 6550 flachen Inseln, und es werden immer mehr. Wenn sich neues Land erst einmal gehoben hat, dauert es rund fünfzig Jahre, bis es groß und trocken genug ist, um darauf ein Haus zu errichten.

Zwar entstehen durch Hebung Inseln, doch langfristig führt sie zu deren Verschwinden: Wenn das Wasser abfließt, verwandeln sich Archipele in hügelige Landschaften. Vor der Küste von Juneau in Alaska – heute über eine lange Brücke erreichbar – liegt Douglas Island. Diese Insel nähert sich dem Festland stetig an, denn der Kanal zwischen ihr und Juneau verlandet allmählich. Eines Tages wird Douglas Island keine Insel mehr sein. Wann genau das sein wird, lässt sich immer schwerer einschätzen, denn die Erderwärmung und steigende Meeresspiegel haben die Sache deutlich verkompliziert. Im Moment geht man davon aus, dass sich das Phänomen der Entstehung neuen Lands im hohen Norden fortsetzen wird, allerdings in geringerem Tempo.

Andere neue Inseln

Übersehene Inseln

Im Jahr 2015 wurde bekannt, dass Estland 2355 Inseln hat und nicht 1521, wie man bislang dachte. Im Jahr 2016 revidierte die nationale Kartographiebehörde der Philippinen die Gesamtzahl der Inseln, aus denen der Archipel besteht, und fügte der stattlichen Zahl von bisher 7107 noch einmal 534 Stück hinzu. Dabei handelt es sich nicht im Wortsinne um «neue Inseln». Die «Vermehrung» hat zum Teil damit zu tun, dass Satellitenbilder und Luftaufnahmen einen vollständigeren und detaillierteren Überblick als früher liefern, weshalb der Karte bislang übersehene Inseln hinzugefügt werden. Wahr ist aber auch, dass die nationalen Kartographieämter überall auf der Welt immer stärker darauf erpicht sind, so viele Inseln wie möglich auszumachen und für das eigene Land zu reklamieren.

Estland hat jede Menge felsiger Inseln in der Ostsee, die zum überwiegenden Teil unbewohnt sind. Einige der neuen Inseln sind wahrscheinlich das Ergebnis des «glazialen Rebound», doch die meisten sind eher ein Produkt der Politik als der Natur. Denn Estland war einst ein unbedeutender Außenposten im fernen Nordwesten der ehemaligen UdSSR, winziger Teil eines Riesenreichs, mit dessen Küsten sich die Kartographen der Sowjetzeit nicht eingehender beschäftigten. Mit der Unabhängigkeit der baltischen Staaten fand der patriotische Eifer dann auch Eingang in die Karte des Landes. Da Länder einen Bereich von zweihundert Seemeilen rings um ihre Inseln zur «ausschließlichen Wirtschaftszone» erklären dürfen, gibt es einen beträchtlichen Anreiz, an neue Inseln zu kommen. Die Tatsache, dass die neuen Inseln Quellen nationalen Stolzes sind, belegt ein Bericht im estnischen Fernsehen, der mit der süffisanten Einschätzung schloss, für das benachbarte Lettland bedeute diese Entdeckung «einen weiteren Schlag, denn es verfügt über eine famos geringe Zahl an Inseln, nämlich offiziell genau eine, und auch die ist menschengemacht».

Nur 318 estnische Inseln sind größer als 10 000 Quadratmeter, was die Frage aufwirft: Wie klein darf eine Insel sein, ehe wir sie nicht mehr als Insel einstufen? Die philippinischen Kartographen gehen von der vernünftigen Vorstellung aus, dass eine Insel zwei Kernmerkmale aufweist: Ein Teil von ihr muss auch bei Flut aus dem Wasser ragen, und es muss dort entweder pflanzliches oder tierisches Leben geben. Die Kartographen müssen ihre Neuentdeckungen aufsuchen, um diese beiden Aspekte «begründet zu validieren». Aber zählt wirklich jeder Fels, der bei Flut aus dem Wasser ragt, als eigene Insel? Die Vorgabe, dass auf einer Insel Leben möglich ist, nimmt Bezug auf Artikel 121 der Seerechtskonvention der Vereinten Nationen. Dort heißt es: «Felsen, die für die menschliche Besiedlung nicht geeignet sind oder ein wirtschaftliches Eigenleben nicht zulassen», könnten zwar Inseln sein, haben aber «keine ausschließliche Wirtschaftszone». Doch nur wenige Inseln erlauben heute «menschliche Besiedlung» oder «wirtschaftliches Eigenleben», während sich auf so gut wie jedem Felsen irgendeine Art von Leben finden lässt.

Auf die Frage, wie viele Inseln zu den Britischen Inseln gehören (mit den Hauptinseln Großbritannien und Irland), wird man ganz unterschiedliche Zahlen zu hören bekommen. Eine Definition kam jüngst von einem pensionierten Hydrographen namens Brian Adams, der behauptete, eine Insel müsse mindestens 0,2 Hektar groß sein. Wenn dem so ist, gibt es 4400 britische Inseln (von denen Adams zufolge 210 bewohnt sind). Bei Wikipedia hingegen ist von «rund 6000 Inseln» die Rede, von denen 136 bewohnt seien. Der Streit darüber, aus wie vielen Eilanden die Inselgruppen von Les Minquiers und Les Écréhous bestehen (die südlich bzw. nördlich der englischen Kanalinsel Jersey liegen), ist ein gutes Lehrstück darüber, wie ermüdend Inselzählen werden kann.

Andere neue Inseln

Diese Inselgruppen wurden lange Zeit von Frankreich beansprucht, doch ihre Größe variiert im Tagesverlauf stark je nach den Gezeiten, und wie viel über Wasser liegt, fällt von Jahreszeit zu Jahreszeit, von Jahr zu Jahr sehr unterschiedlich aus. Dreizehn Jahre dauerten die Gespräche zwischen Frankreich und Großbritannien, bis man sich auf eine Grenzziehung einigte. Ein an den Verhandlungen beteiligter Politiker aus Jersey sprach davon, man habe tatsächlich die Minquiers und Écréhous «Felsen für Felsen» gezählt. Die Vereinbarung über die Demarkationslinien trat am 1. Januar 2004 in Kraft. Erst jetzt konnte die Grenze zwischen Großbritannien und Frankreich endgültig festgelegt werden.

Endgültig und unwiderruflich schwindet jede Hoffnung, sämtliche Inseln auf unserem Planeten zählen zu können, in Russland und Kanada. Warum das so ist, lässt der Name erahnen, den das Ostufer der Georgian Bay – eigentlich nur ein Arm des Lake Huron – trägt: Thirty Thousand Islands. Das ist sehr grob geschätzt die Zahl der Inseln, die sich über diesen niedrig gelegenen, mit Pinien bewachsenen Teil Ontarios verteilen. Dies ist der größte Süßwasserarchipel der Welt; er zeigt allerdings nur allzu deutlich, dass der Versuch, alle Inseln in Kanada zu zählen, vergebliche Liebesmüh' sein dürfte.

Zufallsinseln

Viele der Inseln, die durch menschliche Aktivität entstehen, waren weder geplant noch vorhergesehen. Sie sind zufälliges Ergebnis dessen, dass in den Weltmeeren Rohstoffe gefördert und abgebaut werden, dass Wasserspeicher eingerichtet werden, dass dort gebaggert und Müll verklappt wird. Beispiele für solch zufällige Inseln sind der «Kiesel-See» in Ungarn, wo winzige Inselchen mit vielen Ferienhäuschen drauf vom kalten Wasser einer gefluteten Kiesgrube umgeben sind, und die «Trash Islands».

Die flüchtige Insel New Moore führt uns genauer vor Augen, was «zufällig» heißt. Sie entstand 1970 nach dem Zyklon Bhola ein paar Kilometer vor der Küste in der Bucht von Bengalen. Weil sie an der Grenze zwischen Bangladesch und Indien lag und von beiden Ländern beansprucht wurde, sah es eine Zeitlang so aus, als würde New Moore zu einem Kriegsschauplatz. Die Inder stationierten 1981 Truppen auf der Insel und hissten die indische Fahne. Doch es kam nie zum Konflikt, was in erster Linie damit zu tun hatte, dass New Moore zu verschwinden begann; im März 2010 war die Insel dann völlig in den Fluten versunken. Viele haben diese Geschichte als ziemlich absurdes Beispiel dafür interpretiert, dass sich Menschen um etwas zanken, das die Natur erst geschaffen und dann wieder zerstört hat.

Fluss-Sedimente lassen Inseln entstehen, und das Terrain unter der Buch von Bengalen und ringsherum ist von einer natürlichen Bodenabsenkung betroffen. Doch der Meeresspiegelanstieg und die Flussablagerungen werden auch durch menschliche Aktivität beeinflusst. Der Straßenbau flussaufwärts trug insofern zur Entstehung von New Moore bei, als er Erdrutsche auslöste, die zusätzlich Sedimente in den Fluss geraten ließen. Die Abholzung überall in der Region, insbesondere das Fällen von Mangrovenbäumen, verändert die Küstenlinie ebenfalls, denn sie mindert deren Schutz und Stabilität und macht es wahrscheinlicher, dass weit draußen auf dem Meer Inseln entstehen.

New Moore war eine Zufallsinsel – aber auch ein Produkt der Natur. Die Geschichte ihres kurzen Lebens zeigt, dass es bei vielen der neuen Inseln, die plötzlich an den Gestaden unserer dicht bevölkerten Kontinente entstehen, unmöglich geworden ist, zwischen natürlich und unnatürlich zu unterscheiden.

Andere neue Inseln

Hunga Tonga-Hunga Ha'apai, Tonga

In den letzten hundertfünfzig Jahren gab es lediglich drei Vulkaninseln, die dem Meer entsprungen sind und mehr als ein paar Monate überlebt haben. Eine davon ist Anak Krakatau («Kind des Krakatau»), die seit 1927 zwischen Sumatra und Java herangewachsen war, bis im Dezember 2018 eine Eruption dafür sorgte, dass zwei Drittel der Insel ins Meer abbrachen. Die zweite Insel ist Surtsey südlich von Island. Die dritte schließlich ist, seit Dezember 2014, Hunga Tonga-Hunga Ha'apai.

In ihrer Frühphase steigen Vulkaninseln nicht einfach auf, sie winden sich empor; die Küstenlinien und Hänge krampfen und verbiegen sich über Wochen. Dieser schreckliche Geburtsvorgang wird begleitet von schrillen Tönen und unterirdischem Donnern. Hunga Tonga-Hunga Ha'apai befindet sich am westlichen Rand des Pazifikarchipels Tonga, eines alten Königreichs, das 169 kleine Inseln umfasst und knapp westlich der Datumsgrenze liegt. Tonga überspannt einen westlichen Ausläufer des Pazifischen Feuerrings, eine der Zonen auf dieser Welt, wo äußerst rege Vulkantätigkeit herrscht und der Zusammenstoß der tektonischen Platten regelmäßig zu Erdbeben führt.

Am 19. Dezember 2014 begann 45 Kilometer nördlich von Nuku'alofa, der Hauptstadt Tongas, eine Unterwassereruption. In den ersten Wochen des Jahres 2015 wurde dann eine neue Vulkaninsel gesichtet. Heute hat die Insel eine Größe von rund zwei Quadratkilometern und sieht ein wenig wie eine fette Fledermaus aus, mit zwei felsigen Flügeln und einem Hängebauch, in dem ein runder Kratersee ruht. Die Fledermausflügel sind zwei bereits vorher existierende, abgelegene, unbewohnte und (sogar für Tongaer Verhältnisse) für ihre Erdbebengefährdung berüchtigte In-

Die neue Insel Utopia. Illustration aus der Erstausgabe von Thomas Morus'
De optimo rei publicae statu, deque nova insula Utopia (Vom besten Zustand
des Staates und der neuen Insel Utopia) aus dem Jahr 1516 (Lebrecht Music &
Arts / Alamy Stock Photo).

Frühphase der chinesischen Bautätigkeit auf dem Johnson South Reef
(Kyodo News / Getty Images).

Eine Reihe von Salomoneninseln sind schon verschwunden oder werden bald
verschwinden. Dieses Foto zeigt die Russell Islands (in der Mitte der Archipels
gelegen), wo sich die Küstenstreifen rasch immer weiter zurückziehen
(robertharding / Alamy Stock Photo).

Mein Ruderboot, namenlose Insel im Loch Awe.

Plastikverpackungen, Angelschnüre und Glasscherben, die ich am Ufer einer namenlosen Insel im Loch Awe gefunden habe.

Zahlreiche Kräne, die am «Heart of Europe» der Kleindienst-Gruppe bauen, gesehen vom «Libanon» aus; The World, Dubai.

Die Inseln «Palästina», «Jordanien» und «Saudi-Arabien», vom «Libanon» aus gesehen. Im Hintergrund die Silhouette von Dubai mit der markanten Spitze des Burj Khalifa.

Museum Nieuw Land, Flevo-
polder. Aus einem blauen
Rechteck, das das Meer
symbolisiert, erhebt sich ein
weißer Kopf, und auf ihm steht
ein lebensgroßer Cornelis Lely,
der die Faust gen Himmel reckt.

Chek Lap Kok, Hongkong.
Hinweisschild für Fußgänger,
das den Weg zum «Alten
Brennofen» und zum «Histo-
rischen Garten» weist; im
Hintergrund die Brücke
Hongkong–Macau.

Bohrkopf eines alten «Bohr-Saugbaggers», Chep Lap Kok, Hongkong.

Seilbahn auf der Insel Lantau, im Hintergrund der Chek Lap Kok International Airport.

Studenten, die auf der gepflasterten Plaza unterhalb der HSBC-Zentrale in Hongkong sitzen. Gerade eben ist ein Wachmann eingetroffen, der Michael erklärt, das sei nicht erlaubt.

Sanya-Bucht. Die Einbuchtung des Südchinesischen Meeres, wie sie auf der Touristenkarte von Hainan verzeichnet ist. Die dick gepunktete Linie schlägt fast das gesamte Meer China zu. Die Schnörkel in der Mitte sind die Spratly- und die Paracel-Inseln.

Die Türme von Phoenix Island erstrahlen in bunten, pulsierenden Mustern. Sanya, Hainan.

Screenshot einer Grafik, die die Insel «Ocean Flower» in Hainan zeigt
(aus einem Werbefilm der Entwickler). Darauf ist zu lesen: «Sea Flower Island.
Aufgenommen im März 2019» (Evergrande Group).

Ocean Reef, Panama City. Isla II rechts ist über eine Brücke mit Isla I
verbunden. Hinter Isla I erheben sich die Hochhaustürme von Punta Pacifica.

Bewachte Zufahrt zur
privaten Brücke, die zu den
Ocean-Reef-Inseln führt,
Panama City.

Erste Vegetation und nistende Vögel auf Hunga Tonga–Hunga Ha'apai
(Foto: Branko Sugar).

Branko im Hafen nach der
Rückkehr von unserem
vergeblichen Ausflug.

Baggersee, Budapest. Kleine schwimmende Pontons, auf denen sich gut faulenzen und ein kühles Bier trinken lässt.

Eine der Inseln im Kavicsos-See.

San-Blas-Inseln. Eine typische kleine, bewohnte Insel.

Ein typischer Küsten-
streifen auf den
San-Blas-Inseln.

Tupsuit Dummat. Ein Einbaum (ulu) und eine künstliche Insel gleich vor der Küste.

Toiletten auf einem Steg auf Tupsuit Dummat.

Bernardo, der an seiner künstlichen Insel baut, Tupsuit Dummat.

Fafa, Tonga. Die Südküste ist ein einziger Hindernisparcours aus Palmen und Holzpfählen, die aufgrund des steigenden Wassers umstürzen.

Tongatapu, Tonga. Felsen als Schutz gegen das Meer an der Nordküste.

Vom Sturm zerstörtes Haus, Tongatapu, Tonga.

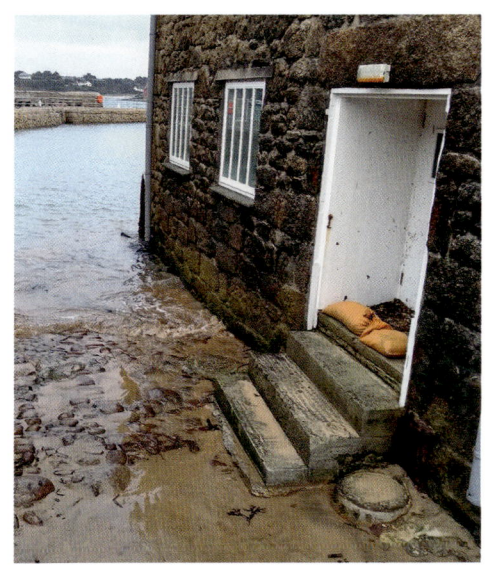

Steigender Meeresspiegel
im Hafen von Hugh Town,
St. Mary's.

Halangy, ein Dorf aus der Eisenzeit auf St. Mary's.

Aphra auf einem Grabhügel aus der Bronzezeit auf St. Mary's.

Eine weitere, noch kleinere namenlose Insel im Loch Awe.

seln: Hunga Tonga im Osten und Hunga Ha'apai im Westen. Erste Anzeichen der neuen Insel bildeten sich im Meer zwischen diesen beiden «Schutzarmen». Sie wurde schließlich so groß, dass sie sich bis zu beiden ausbreitete und sie miteinander verband. Einen offiziellen Namen gibt es noch nicht, aber die Fachwelt hat sich daran gewöhnt, sie Hunga Tonga-Hunga Ha'apai zu nennen.

Ich habe es mir in einem Strandbungalow in Nuku'alofa gemütlich gemacht, zusammen mit dem ersten Menschen, der seinen Fuß auf Hunga Tonga-Hunga Ha'apai setzte, dem bunt tätowierten und sehnigen Bootsbesitzer und Rum-Brenner Branko Sugar. Draußen lässt ein warmer Wind die langen, harten Wedel der Kokospalmen klappern: Zyklon Keni ist im Anmarsch, nur ein paar Monate, nachdem Zyklon Gita überall im Land Dächer abgedeckt hat. Man hat mir erklärt, es werde eine kurze Flaute geben, ein Zeitfenster von vielleicht 24 Stunden oder so, in dem man gefahrlos zur jüngsten Vulkaninsel auf dieser Welt fahren könne.

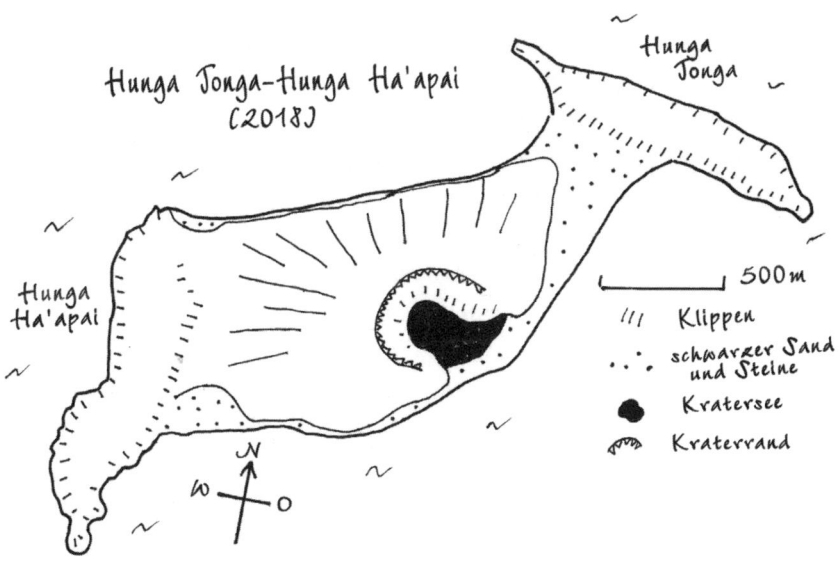

Hunga Tonga-Hunga Ha'apai, Tonga

Morgen soll es so weit sein. Bis dahin darf ich gebannt und voller Vorfreude Brankos Geschichten darüber lauschen, was uns erwartet, wenn wir auf «Hunga Tonga» eintreffen (so heißt Hunga Tonga-Hunga Ha'apai kurz auf Tonga, und so will auch ich es im Folgenden nennen).

So wie Branko es schildert, ist Hunga Tonga ein seltsamer Ort, eine Art Prisma, und keineswegs so furchterregend, wie ich dachte. Brankos Stimme trägt die Spuren vieler Reisen in sich: ein intensives, starkes, achtundfünfzig Jahre altes Gebräu aus Kroatisch, Italienisch, Schwedisch und Tongaisch. «Wir waren als Erste dort», erzählt er. «Als wir zurückkamen, bekam ich Anrufe aus New York, von ABC, NBC und weiß Gott wem. Ich wurde schier wahnsinnig und hab' irgendwann einfach aufgelegt.»

Branko erklärt mir – nicht zum ersten Mal –, dass wir, um nach Hunga Tonga zu kommen, zehn Meter vom Ufer entfernt vor Anker gehen und den Rest schwimmen müssen. Wettergegerbt ist sein Gesicht und er wirft einen skeptischen Blick zu mir herüber, fragt sich bestimmt, ob ich überhaupt vom Sofa hier hochkomme. Ich bin unsicher, wie ich meine Athletik unter Beweis stellen soll, und zeige ihm stolz mein Tupperware-Behältnis, das ich seit Wochen übungshalber immer wieder mit dem Nötigsten vollstopfe (Handy, Kamera, Wasserflasche) und mir um den Bauch binden werde – und zwar genau so!

«Ja, klar. Gut, gut.» Er ist jemand, der es mit Tupperware nicht so hat. Wichtig ist die Insel. «Ah, dieser See. Dort, wo die Eruption stattfand!» Branko ahmt das Geräusch einer Kanone nach und fährt fort: «Er ist wunderbar grün, er riecht sogar grün, wie grüne Farbe, und das Meer ist tiefblau, und deshalb steht man» – er springt auf und füllt mein kleines Zimmer fast ganz aus – «ja, genau so, mit dem tiefblauen Ozean auf der einen und dem grünen, grünen See auf der anderen Seite!» Es ist großartig. Ich lausche wie ein Kind mit staunenden Augen, während die Insel vor mir

Andere neue Inseln

heraufbeschworen wird. «Pflanzen? Ja, ja, Pflanzen wachsen da schon. Wir haben sechs Kokospalmen gepflanzt, ich hab' sie letzte Woche gesehen, die werden größer. Es gibt Tausende von Vögeln, Eier, kleine Küken. Überall, überall auf dem Boden. Man kann es vom Boot aus sehen, die Insel ist grün.»

Wir scrollen uns durch ein paar von Brankos Fotos. Auf vielen ist zu sehen, wie sich der Boden in dünnes Gestrüpp verwandelt, er ist übersät mit schlichten Nestern, darüber ein weiter blauer Himmel voller Möwen.

Ich stöbere ein wenig in der Vergangenheit und stelle fest, dass mich die neuen Vulkaninseln schon vor langer Zeit in ihren wilden Zauberbann gezogen haben. Zur Welt kam ich ein Jahr, nachdem Surtsey, das meistgefilmte und berühmteste Exemplar des 20. Jahrhunderts, 1963 aus dem Nordatlantik emporgebrochen war. Diese Insel, benannt nach Surt, einem Feuerriesen aus der nordischen Mythologie, war eine visuelle Sensation. Unvergessliche Filmaufnahmen zeigten glühende Lavaströme. Einige waren allerdings nicht feuerrot, sondern schwarz und verkrustet und durchzogen von schrecklichen goldenen Wunden. Sie flossen rasch in Richtung Meer, wo sie in weißem Dampf explodierten. Dieses Schauspiel war schrecklich und wunderschön zugleich, von elementarer Wucht und zutiefst verstörend. Zu sehen, dass ich gemeinsam mit diesem außerweltlichen Phänomen auf einem Planeten lebte, ließ die Vorstadtstraßen rings um mich herum fragil und unwirklich erscheinen. Die Zähmung Surtseys durch Pflanzen und Tiere hatte einen ganz eigenen primitiven Reiz, so als würde man erstes Leben auf einen toten Planeten bringen. Die erste Pflanze, eine Strandrauke, spross 1965; das erste Vogelnest wurde 1970 gefunden. Heute ist Surtsey eine dralle Insel in Form eines Naan-Brots, mit breiten Streifen grünen Buschlands und wachsenden Vogel- und Robbenkolonien. Surtsey ist vor Menschen geschützt. Besuche sind nicht gestattet, nur Wissenschaftler

Hunga Tonga-Hunga Ha'apai, Tonga

dürfen sie mit ausdrücklicher Erlaubnis betreten. Denn die Insel fungiert als Laboratorium für die Untersuchung natürlicher Besiedelung, so gilt es jede Verunreinigung zu verhindern. Auf einer Website, die ihrer Erforschung gewidmet ist, steht: «Man vermutet, dass Jugendliche versucht haben, hier Kartoffeln anzupflanzen, die sofort ausgegraben wurden, sobald man sie entdeckt hatte.» Noch schockierender aber war: «Die unsachgemäße Entsorgung einer menschlichen Defäkation hat dazu geführt, dass eine Tomatenpflanze Wurzeln schlug, die ebenfalls vernichtet wurde.»

Es ist freilich wenig sinnvoll, solche Überlegungen auf Hunga Tonga zu übertragen. Menschliche Defäkation – und Brankos Kokospalmenpflanzerei – bereitet dort die wenigsten Sorgen. Tonga liegt an einer transpazifischen Drogenroute, und wie ich erfahren habe, vermüllen Päckchen mit Kokain und anderen Rauschgiften regelmäßig die Strände der zahlreichen entlegenen Inseln dort.

Sechs Monate nach meinem Ausflug mit Branko besuchten Wissenschaftler der NASA Hunga Tonga. In der Presse wurde viel darüber berichtet. Mir fiel dabei vor allem auf, wie riesig die Jacht war, die sie hinbrachte. Seit die Insel auf der Bildfläche erschienen ist, hat die internationale Fachwelt der Geologen mit Hilfe von Satellitenaufnahmen ihr Wachstum verfolgt. Die Entwicklung von Hunga Tonga erlaubt sogar einen seltenen Einblick in den Vulkanismus auf anderen Planeten. So diente sie beispielsweise als Modell für «kleine, kilometergroße hydrovulkanische Gebilde in den nördlichen Ebenen des Mars», wie es in einem wissenschaftlichen Papier der NASA heißt.

Hunga Tonga sitzt am Rand eines Unterwasservulkans, der 1400 Meter aus dem Meeresgrund ragt. Der letzte größere Ausbruch fand hier 2009 statt: Auch damals schoss Lava an die Oberfläche und fügte der Insel Hunga Ha'apai ein neues Ufer hinzu. Da sie überwiegend aus Asche besteht, wurde zunächst prognostiziert, die neue Insel Hunga Tonga werde schon bald weggespült werden. Das ist nicht geschehen. Zwar erodiert sie fünfmal so schnell wie Surtsey, doch einige ihrer Aschehügel scheinen sich mineralisiert und verfestigt zu haben. Hunga Tonga ist weitaus robuster, als man zunächst dachte, und ihre Lebenserwartung ist heute ein Rätselraten, bei dem die Schätzungen irgendwo zwischen sieben und zweiundvierzig Jahren liegen.

Bis ins Jahr 2015 hinein spuckte Hunga Tonga weiter feine Trümmerwolken aus, ein Spektakel, das sich von Tongas Hauptstadt aus gut beobachten ließ. Die örtliche Zeitung *Matangi* berichtete von einer Reihe von Naturwundern: Das Meer wurde «schaumig weiß, schokoladenfarben und rot, während die Sonne von einem champagnerfarbenen Himmel strahlte». Ein Strandbewohner verriet einem Reporter der Zeitung: «Ziemlich bizarr heute hier draußen. Angefangen hat es ganz normal, doch dann wurde der Strand in einen braunen Dunst gehüllt, und die Aschewolke sorgte für Ringe um die Sonne.» Dass das Meer sich rötete, wurde von mehreren Quellen berichtet; warum das geschah, bleibt rätselhaft, auch wenn man überwiegend davon ausgeht, dass die Ursache Algen waren, die auf hohe Wassertemperaturen reagierten.

Das erste Schiff, das die neue Insel am 14. Januar 2015 sichtete, gehörte zur Royal Navy Tongas. Der Kapitän hielt auch fest, dass der Vulkan, der sich heute über der Meeresoberfläche befindet, alle fünf Minuten ausbrach. In den ersten Lebensmonaten veränderten sich Größe und Gestalt von Hunga Tonga. Nach einer Phase der rasanten Ausdehnung, als die Insel an ihren westlichen Nachbarn «andockte», begann sie zu schrumpfen. Im Mai 2015 spülten Wellen den Riegel aus Geröll weg, der den Krater der Insel vom Ozean trennte. Doch diese Ablagerungen verschwanden nicht ganz im Meer; eine Menge wurde nach Osten verfrachtet, wodurch sich die Insel mit ihrem östlichen Nachbarn verband.

Hunga Tonga-Hunga Ha'apai, Tonga

Branko erlebte diese Veränderung mit: «Als die Eruption nachließ und wir hinfuhren», so erzählte er mir, «war die neue Insel nur mit einer anderen Insel verbunden, weshalb zwischen den beiden noch immer ein wenig Wasser war. Als wir das nächste Mal dort waren, vier Wochen später, war dieser kleine Kanal zu Land geworden, und er ist das bis heute.»

Fotos, die 2015 auf Hunga Tonga gemacht wurden, zeigen eine aschgraue und schwarze Mondlandschaft. Alles Leben auf den beiden Felseninseln, die das neue Geschöpf verschlungen hatte, war verbrannt. Die Landschaft war farblos, voller riesiger Kohlehaufen, die von zerfurchten Rinnen durchzogen waren. Auf dieser zerstörten Oberfläche zu gehen war sehr schwierig, und einige Experten warnten davor, überhaupt auf die Insel zu fahren, denn die Kruste könne jederzeit in sich zusammenfallen.

Die Nachrichtenkanäle dieser Welt dürsten förmlich nach außergewöhnlichen Bildern, die möglichst viele Klicks von Internetnutzern generieren. Dramatische Vulkanausbrüche lassen garantiert die Kassen klingeln. Selbst kleine, flüchtige Vulkaninseln werden auf den geologischen Laufsteg geschoben. 2018 war sogar eine mit einem Durchmesser von gerade einmal acht Metern, direkt vor der Küste Hawaiis, eine Nachricht wert. Ein Journalist von der *Washington Post* schickte mir eine ganze Liste mit Fragen wie: «Werden künftig immer mehr neue Inseln entstehen?» Seit es in Hülle und Fülle visuelle Beweise für Extremereignisse in der Natur gibt, glauben die Menschen nur zu gern, dass Vulkane mehr Land ausspeien und aktiver werden. Manche Wissenschaftler haben Ähnliches behauptet. Theoretisch ist es demnach so, dass der Schwund der Eisdecke Druck vom Magma-Gürtel der Erde nimmt und ihn somit ausdehnt, was mehr geschmolzenes Gestein und mehr Eruptionen zur Folge hat. Einer der Verfechter dieser Hypothese, Dr. Graeme Swindles von der Universität in Leeds, meinte im *Scientific American*: «Ich glaube, wir können davon ausgehen, dass wir in den Weltregionen, in denen Gletscher und Vulkane interagieren, verstärkte vulkanische Aktivität erleben werden.»

Auf die Gegend um Tonga hätte eine solche Entwicklung keine Auswirkungen, und als ich einen weiteren renommierten Vulkanologen befrage, nämlich Dr. Nick Cutler, dessen Büro erfreulicherweise nur ein paar Schritte von meinem an der Universität Newcastle entfernt ist, erfahre ich, dass die Theorie eines «zunehmenden Vulkanismus» weiter umstritten sei. Nick vermittelt mir ein paar faszinierende Einblicke in die globale Bedeutung von Vulkanausbrüchen. Besonders frappierend finde ich seine Einschätzung, dass «der größte Ausbruch des 20. Jahrhunderts der des Pinatubo 1991 war, und seine abkühlende Wirkung war über die Jahre fast genauso stark wie die menschengemachte Erwärmung im gesamten 20. Jahrhundert». Die 15 Millionen Tonnen Schwefeldioxid, die dieser eine philippinische Vulkan freisetzte, verbanden sich in der Stratosphäre mit Wasser zu Partikeln, die das einfallende Sonnenlicht brachen und absorbierten, was zu einer Abkühlung der Erde führte. Aufgrund jüngster Untersuchungen an Eisbohrkernen in Grönland, so erklärt Nick weiter, wüssten wir, dass die (wie er es nennt) «vulkanische Erzwingung» eines globalen Klimawandels viel häufiger passiere, als Forscher einst glaubten: Der Klimawandel werde «erzwungen» durch «ziemlich normale Arten von Eruptionen, die zwei- oder dreimal pro Jahrhundert auftreten».

Das macht die Sache noch komplizierter: Die menschengemachte Erwärmung des Planeten interagiert mit einer Reihe gegenwärtig unvorhersehbarer natürlicher Prozesse und Ereignisse. Mit Sarkasmus beobachtet Nick das menschliche Bedürfnis, in der Natur Muster und Vorhersagbarkeit ausfindig zu machen. Das Missverhältnis zwischen unseren eintagsfliegengleichen Lebensspannen und der geologischen Zeit macht es uns schwer zu be-

Hunga Tonga-Hunga Ha'apai, Tonga

greifen, dass Ereignisse wie neue Vulkaninseln, die uns außergewöhnlich erscheinen, regelmäßig auftreten, wenn man sie im geologischen Zeitrahmen betrachtet. «Nimmt man die menschliche Lebensdauer, so erlebt man womöglich nicht, dass aus einer Magmaeruption Inseln entstehen», so erklärt Nick mir, «doch über Jahrmillionen gesehen tauchen sie die ganze Zeit auf.» Wir wissen grob, wo neuen Inseln entstehen werden, nämlich an den Grenzen zwischen Platten (Subduktionszonen) und dort, wo Magma die Erdkruste durchbrennt (Hotspots): «An Orten wie Island und ganz besonders Hawaii und anderen pazifischen Inselketten werden fortwährend neue Inseln entstehen.» Doch mehr will auch er nicht prognostizieren: «Wann das passieren wird, wie schnell und wo genau – das lässt sich viel schwerer vorhersagen.»

Könnten solche Inselschöpfungen Folgen haben, die den gesamten Planeten verändern? Nick meint, Vulkantätigkeit sei mit Sicherheit häufig zerstörerisch, doch für die Ereignisse der Inselentstehung gelte das nicht in diesem Maße. Um ein Gegenbeispiel zu finden, muss er rund zwei Millionen Jahre zurückgehen, bis zum Supervulkan Toba in Indonesien: «Damals wurde eine ziemlich große Insel mehr oder weniger vollständig in Stücke gesprengt» (heute befindet sich dort der Tobasee). Dieses Ereignis sorgte weithin für eine Abkühlung der Atmosphäre, und es gibt sogar Vermutungen, dass es das menschliche Leben auf der Erde fast ausgelöscht hätte.

Für Wissenschaftler hat die Bedeutung neuer Vulkaninseln freilich nicht unbedingt mit ihrem Veränderungspotenzial für den Planeten zu tun. Vielmehr ermöglichen sie es uns, die Entstehung von Böden, von Pflanzen, von Leben von Grund auf zu beobachten. Und genau darauf bin ich am meisten gespannt, wenn ich es endlich geschafft haben werde, ans Ufer von Hunga Tonga zu schwimmen und einen Fuß auf die Insel zu setzen.

Endlich ist Samstag, der Tag, an dem es losgehen soll. Wieder

Andere neue Inseln

ein heißer und feuchter Morgen. Ein verbeulter Pick-up kommt mich abholen, und schon bald schaukle ich mit einem von Brankos Söhnen die Küste von Nuku'alofa entlang. Der großgewachsene, tätowierte und schweigsame junge Mann hat überdies einen Stapel «Fleischsandwiches» mitgebracht. Am Kai ist Branko in seinem T-Shirt mit der schon etwas verblassten Aufschrift «Drink Beer» bereits eifrig zugange und abfahrtbereit. Die Barkasse ist gut zwölf Meter lang und hat zwei große Außenbordmotoren; unter deren großem Getöse stampfen wir schon bald aufs Meer hinaus, vorbei an Sandbänken und kleinen Inseln, auf dem Weg dorthin, wo das Wasser dunkler wird. Wir sind guter Laune, und ich lausche den Geschichten von anderen Inseln Tongas, etwa dem geheimnisvollen Fonuafo'ou (Falcon Island), einer flüchtigen und aktiven Vulkaninsel, an der wir unterwegs vorbeikommen und die letztmals 1987 auftauchte. Heute befindet sie sich unter Wasser, aber man geht davon aus, dass sie zurückkehren wird. Wie das Wetter kommt und geht sie.

Das Wasser wird unruhiger. Ich kauere mich zusammen und klammere mich fest. Nach einer halben Stunde schlinge ich ein Fleischsandwich hinunter und riskiere einen kurzen Blick voraus. Wie ich feststelle, machen sich Branko und sein Sohn Sorgen – nicht wegen des Wassers unter uns, sondern wegen der See vor uns. Branko dreht sich zu mir um und brüllt mir ins Ohr: «Hohe See. Sieht nicht gut aus.» Er deutet nach vorne aufs Wasser, wo ordentlich aufgereiht schaumweiße Wellenkämme zu sehen sind. Ich will unbedingt weiterfahren: «Schauen wir doch einfach», sage ich immer wieder. Wir stampfen weiter durch die raue See. Irgendwann verändert sich unser Verhältnis zum Boot. Zwischen schwindelerregend hohen Wellen tun sich jähe Täler auf, in die das Boot hineinrauscht. Branko und sein Sohn kämpfen uns jedes Mal wieder hinaus, indem sie Gas geben und das Boot so sanft wie möglich durch die Wogen bugsieren. Aber es wird immer

Hunga Tonga-Hunga Ha'apai, Tonga

mühsamer: Die Außenborder kreischen empört; das Boot beginnt zu schlingern und sich zu drehen. Es wird Zeit, dass wir umkehren.

Als wir wieder im Hafen sind, entschuldigen Branko und sein Sohn sich tausend Mal. Sie weigern sich, Geld für den verbrauchten Treibstoff oder für die Sandwiches von mir anzunehmen. Ein andermal vielleicht. Aber ich denke, sie wissen, dass das für mich eine einmalige Sache war. Ich bitte Branko, noch einmal für ein Foto zu posieren. Er ist zuvorkommend wie immer, ein Mensch, den ich kennen und schätzen gelernt habe, aber seine übliche Heiterkeit ist dahin.

Immerhin habe ich seine Geschichten. Die Abenteuer, die er erlebt hat, seit er mit fünfundzwanzig Jahren hier in Tonga angekommen ist, könnten einen ganzen Seefahrerroman füllen. Eines, an das ich mich erinnere, stammt aus der Zeit, als er mit jemandem zu einer Vulkaninsel fuhr, den er nur den «Google-Mann» nennt – «Gründer und Besitzer des Googles». Mit einem empörten Grinsen erzählt er mir: «Er kam in einem Privatjet; seine Sekretärin rief mich an: ‹Ach, wir wollen zum Vulkan fahren.›» Damals behinderte ebenfalls ein Wirbelsturm den Ausflug. Sobald sie die unbewohnte Insel erreicht hatten, frischte der Wind deutlich auf, und Branko erklärte, sie könnten erst morgen wieder zurückfahren. Sein Kunde reagierte auf diese Ankündigung, indem er «sein Handy nahm und Houston anrief. Ich hab' ihn nur angeschaut und gedacht: ‹Wer ist der Typ?›» Branko imitiert den Kommandoton des «Google-Mannes»: «‹Hallo, Charlie, kannst du mir die Wettervorhersage geben für …› – er sah mich an – ‹was ist unsere Position?›» Der Rat aus Houston lautete, «zum Teufel nochmal von dort abzuhauen, ein Wirbelsturm ist im Anmarsch». Sie suchten sich einen Unterschlupf und schafften es am folgenden Morgen zurück: «Acht Meter hohe Wellen, sechs Stunden Fahrt.»

Doch ganz gleich, wie hoch die Wellen sind und wie lange man dorthin braucht – Inseln haben eine magnetische Anziehungskraft. Wenn sie aus dem Meer aufsteigen, ist das ein Schöpfungsakt – zumindest für landgebundene Geschöpfe wie uns. Kein Wunder, dass so viele Schöpfungsmythen mit einem Inselbau beginnen. Für Tonga gilt das ohne jeden Zweifel. Ein Flecken flacher, kleiner Inseln im Nirgendwo. Bis zur nächsten großen Landmasse, Neuseeland, sind es 2000 Kilometer. Noch immer werden dort Geschichten von der Inselentstehung über die Generationen weitergegeben. Einer tongaischen Legende zufolge war am Anfang nichts als das Meer. Der Herrscher über den Himmel und Gott der Zimmerleute, der alte Tangaloa, hatte die Leere unter sich irgendwann satt und schickte einen seiner Sprösslinge nach unten, und zwar in Gestalt eines Regenpfeifers; der sollte nachsehen, ob es irgendwo Land gab. Als diese Mission erfolglos blieb, forderte der alte Tangaloa seinen Sohn auf, er solle die Späne einer Holzschnitzerei nehmen, an der er gerade arbeitete, und sie im Meer aufhäufen. Auf diese Weise entstanden die ersten Inseln Tongas, ein Geschenk der Götter.

Die Tongaer haben auch gelernt, dass Inseln kommen und gehen. Hunga Tonga platzte sozusagen in die Welt, es wuchs, wird eines Tages aber auch wieder verschwinden. Die Sandbank, die seinen Kratersee schützt, ist jetzt wieder da, wird so langsam aber schon wieder weggespült. Sobald sie ganz weg ist, wird das Meer hereinfließen, an der Insel nagen und sie aushöhlen, bis Hunga Tonga und Hunga Ha'apai wieder so wie früher getrennte Gebilde sind. Doch dann – das kann morgen sein oder in hundert Jahren – wird eine neue Vulkaninsel genauso plötzlich das Wasser durchbrechen. Noch entziehen sich diese dramatischen Geburten unseren Prognosefähigkeiten. Vulkanausbrüche sind schwer vorherzusagen; es kann sich um kleinere Ereignisse handeln oder um solche, die den ganzen Planeten verändern – ferne, imposante Schauspiele oder Ursache für das Ende allen Lebens. Un-

Hunga Tonga-Hunga Ha'apai, Tonga

sere menschliche Herrschaft über den Planeten, ja sogar unser vielbeschworenes Anthropozän sind lediglich ein dünner Firnis.

Es ist Zeit für meinen Abflug aus Tonga, früh am Morgen. Die schwarze Dämmerung weicht erst allmählich dem Tag, und durch das Flugzeugfenster suche ich das Meer ab in der Hoffnung, einen Blick auf die Insel zu erhaschen, für die ich die weite Reise hierher unternommen habe. Vielleicht ist es mir gelungen. Dort unten sind jedenfalls ein paar Stückchen zu sehen, nichts weiter als Späne im Meer. Ich schaue noch einmal nach unten, doch sie sind verschwunden.

Die zufälligen Inseln im Kavicsos-See, Ungarn

Warum mache ich mich ausgerechnet im Binnenland Ungarn auf die Jagd nach Inseln? Die Hauptstadt des Landes, Budapest, ist 542 Kilometer vom nächsten Salzwasser entfernt, doch mich locken die Bilder von einer gefluteten Kiesgrube in einem südlichen Vorort an. Sie ist mit Inseln gesprenkelt und trägt den Namen Kavicsos-See, «Kiesel-See». Luftaufnahmen zeigen, dass die Inseln in der Mitte eine Grünfläche haben und drum herum einen Ring aus winzigen selbstgebauten Hütten; aus der Luft sehen sie aus wie exzentrisch angeordnete, aber vollständige Zahnreihen, die ins Wasser beißen.

Der Kavicsos-See ist ein Beispiel für eine sehr spezielle Kategorie künstlicher Inseln: die zufällige Insel, die als Nebeneffekt menschlichen Tuns entsteht. Wie viele Kiesgruben wurde auch diese nur partiell ausgebaggert. Hohe Felssäulen blieben stehen. Dann wurde sie aufgelassen, und weil sie unter dem örtlichen Wasserspiegel liegt, füllte sie sich mit Wasser. Das Ergebnis war ein Teppich verstreuter Inseln, die von tiefem, kaltem Wasser umgeben sind.

Das größte Beispiel einer zufälligen Insel auf diesem Planeten ist die René-Levasseur-Insel. Gibt man diesen Namen bei Google Earth ein, so erlebt man eine Überraschung. Mit einer Breite von 72 Kilometern ist sie sehr groß – und von weit oben betrachtet sehr rund – und sieht aus wie ein dicker Knopf, der auf die nördlichen Ausläufer Québecs gefallen ist. René-Levasseur ist eines der größten Objekte, das je vom Homo sapiens geschaffen wurde, und unbeabsichtigte Folge der Flutung des Gebiets ringsum, mit der man einen Stausee anlegen wollte. Größenmäßig gesehen ist diese Insel das genaue Gegenteil der Inseln im Kiesel-See, und doch sind sie entfernte Verwandte, und ich hoffe, dass mein Besuch am Kavicsos-tó (so heißt er auf Ungarisch) vielleicht einen Zugang zu dieser faszinierenden Unterart von Insel eröffnet.

Der Kavicsos-See liegt dreißig Autominuten vom Zentrum Budapests entfernt. Ich gebe die Koordinaten ins Navigationsgerät ein, und es dauert nicht lang, bis die wohlhabende Stadt mit ihren Palästen und Straßenmusikern in einen staubigen Stadtrand mit grauen Wohnblocks und Autoabgasen übergeht. Ich fahre über einen Arm der hier geteilten Donau auf die Insel Csepel. Irgendwo an ihrem nördlichen Ende liegt der Kavicsos-See. Mit einer Länge von 48 Kilometern ist Csepel eine der größten Donauinseln (die größte liegt in der Slowakei und erstreckt sich über 84 Kilometer), und sie war einst das Herz der ungarischen Schwerindustrie. Soweit ich das durch meine immer schmutziger werdende Windschutzscheibe erkennen kann, ist Csepel heute eine postindustrielle Müllhalde, eine wuchernde Mischung aus anonymen Wohnblocks und halb verfallenen Gegenden. Vielleicht bin ich ein wenig voreingenommen wegen der grausigen Nachrichtenmeldung, die ich ein paar Tage zuvor angeklickt habe. Da wurde Csepel als der Ort genannt, an dem Gangster und Paramilitärs ihre Opfer lebendig begraben. 2011 wurden vier Leichen ausgegraben, die alle ein solch grausames Ende gefunden hatten. Man geht davon aus, dass die Insel auch noch für weitere Opfer einsame Ruhestätte ist. Man fühlt sich hier weit weg von Budapests berühmtester Insel, der Margaretheninsel, einem wunderschönen Park, der an einem wohlhabenden Flussarm liegt. Erst gestern bin ich dorthin spaziert: Glücklich habe ich in der heißen Julisonne die gutgelaunte Menschenmenge genossen, die gepflegten Blumenbeete und eine vorzügliche Kugel Zitronensorbet.

Hochspannungsmasten und Stromleitungen zieren den blauen Himmel, als mein Navi mir kurz und knapp ein Rechtsabbiegen signalisiert. Es führt mich eine gerade, staubige Straße voller Schlaglöcher entlang, und jedes Mal, wenn mir ein Auto entgegenkommt, durchziehen gelbe Staubwolken die regungslose Sommerluft. Im Radio läuft «Hotel California». Die Melodie wird mir nicht mehr aus dem Kopf gehen. Bei meiner spätabendlichen Internetrecherche habe ich auch erfahren, dass die Gemeinschaft am Kavicsos-See streitlustig ist und ihre Privatsphäre sehr schätzt. Das 166 Hektar große Gebiet (wovon 106 Hektar Wasserfläche sind) ist in Privatbesitz und nicht öffentlich zugänglich. Nachdem die Kiesgrube aufgelassen worden war, begann sie sich mit Grundwasser zu füllen, und an ihren Ufern machten sich schnell Unkraut, Bäume und Vögel breit. Innerhalb weniger Jahre hatte sie sich in eine üppig grüne Oase verwandelt. Lediglich die Fische, die sich reichlich im See tummeln, sind künstlich angesiedelt worden.

Ein paar Abzweigungen später holpere ich langsam über eine gewundene Halbinsel, die sich ins Herz des Sees schlängelt. Überall stehen verstreut Wochenendhütten, und ich habe das Gefühl, als hätte ich mich in einen eigentümlichen Privatclub eingeschlichen. Ich würde nicht darauf wetten, freundlich auf eine der fünf bewohnten Inseln des Sees eingeladen zu werden. Bisher habe ich noch keine Menschenseele gesehen. Angeblich leben siebzig Familien das ganze Jahr über hier, aber wenn dem so sein sollte, dann verhalten sie sich sehr unauffällig. Die selbstgebauten Häuser sind bescheiden und auf angenehm wacklige Weise gepflegt; allerdings haben sie alle hohe Zäune. Es ist jedenfalls an der Zeit, den Wagen abzustellen und zu Fuß weiterzulaufen.

Die Hitze ist gnadenlos, und ich bin schon bald abgelenkt durch die fetten, kohlrabenschwarzen Bienen, die trunken zwischen trompetenförmigen Pflanzen hin- und herschwirren, und durch eine kalkweiße Motte, die langsam und unstet über meinen Unterarm krabbelt. Nah am Wasser mache ich ein paar Fotos von den kleinen Häusern. Einige sind hell angemalt und haben gepflegte Gärten und schattige Veranden, wo Schaukelstühle darauf warten, dass der Tag vorbei ist. Fast alle haben einen kleinen schwimmenden Steg, auf dem man prima faulenzen und ein kühles Bier zischen kann.

Menschliches Leben sichte ich zum ersten Mal in Gestalt eines dicken Schwimmers in enganliegender Badehose. Er sieht aus, als sei er schon im Rentenalter, und plumpst rund zehn Meter vor mir von einem privaten Steg ins Wasser. Weil ich mir urplötzlich wie ein Spanner vorkomme, ziehe ich mich hastig zurück und klettere einen steilen Hang hinauf, vorbei an haufenweise hier abgeladenem Bauschutt, um einen Überblick über den See zu bekommen. Obwohl ihre Bewohner ihnen so prosaische Namen wie Nackte Insel oder Kleine Kahle Insel gegeben haben, sind diese Inselchen einfach schnucklig. Sie haben keinen Uferstreifen, es geht vom Rand senkrecht ins unergründlich tiefe Wasser. Es gibt jedoch Hinweise auf untergegangene Bauten, die direkt unter der Wasseroberfläche schimmern – geisterhafte Formen, die darauf hindeuten, dass der Wasserspiegel seit Beginn der Be-

Die zufälligen Inseln im Kavicsos-See, Ungarn

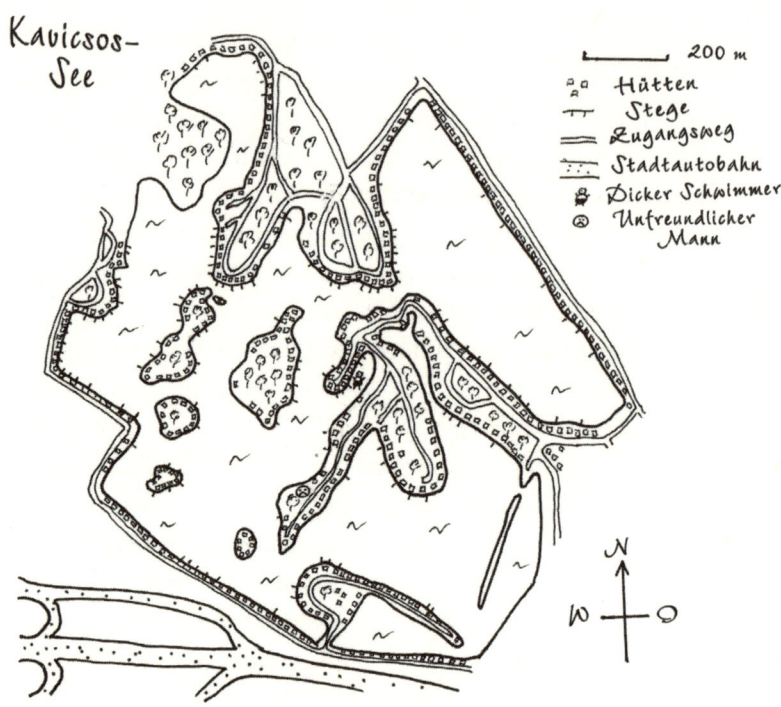

Kavicsos-See

200 m
Hütten
Stege
Zugangsweg
Stadtautobahn
Dicker Schwimmer
Unfreundlicher
Mann

N
W — O

siedlung gestiegen ist und Terrassen sowie Pfade bedeckt hat. Von dieser Erhebung aus ist überall das graue Hinterland des Kavicsos-Sees zu sehen. Und man kann es hören: das Rauschen der großen Stadt, das immer wieder von Flugzeuglärm oder dem Quietschen eines bremsenden Zuges durchsetzt ist. Angesichts dessen wirkt der Kavicsos-See unwirklich, als sei er von einem anderen, besseren Planeten hier abgeworfen worden – ein wunderschönes fremdes Wesen, das in einer feindseligen Welt ausgesetzt wurde.

Jäh beendet wird meine Träumerei durch einen weiteren Mann mittleren Alters in Badehose. Er ist deutlich knackiger und athletischer und kommt aus einem Haus gerannt, das ich für leer gehalten hatte, um immer wieder «Aufhören!» zu brüllen. In all

Andere neue Inseln

140

den Jahren, seit ich mit der Erforschung von Inseln begonnen habe, hat man mir viele Male und in vielen verschiedenen Sprachen ein «Hau ab!» entgegengebrüllt. Über die Exklusivität des Lebens direkt am Wasser wird mit Argusaugen gewacht; schon beim geringsten Anlass begegnet man Außenstehenden mit Intoleranz. Meine Gefühle der Bewunderung für diese Idylle schlagen um in Empörung darüber, dass ich ausgeschlossen und angeschrien werde. Ich werde daran erinnert, dass der Kavicsos-See als privater Ort gilt, erworben von 664 Anglern, die sich zusammengetan haben, um den Kaufpreis zu bezahlen. Meinungsverschiedenheiten, was Besitz und Zugang angeht, schwelen weiter, wobei die Bewohner gespalten sind. Auf einer Budapester Online-Nachrichtenseite berichtet die Journalistin Janice Kata, jeder misstraue hier dem anderen. Im Gespräch mit dem «Ältesten des Seesystems», einem Achtzigjährigen namens József Antal, der einen Großteil des Jahres hier verbringt, erfährt sie, dass Einbrecher sein Haus schon zweimal durchwühlt haben; sie «nahmen die Gasflasche mit und sogar seinen Stapel mit Konservendosen». Dass sie vor kurzem elektrischen Strom bekommen haben, wird von den Seebewohnern sehr begrüßt, weil sie sich damit endlich einen langgehegten Traum erfüllen konnten: Alarmanlagen anzubringen.

Trotz seiner eifersüchtig gehüteten Exklusivität war der Kavicsos-See nicht geplant, sondern ein reines Zufallsprodukt. Dieses Paradoxon findet sich bei vielen «Nebeneffektinseln» auf dieser Welt: Sie sind ungeplante Neben- oder gar Abfallprodukte, haben sich aber zu begehrten Adressen entwickelt. Mitunter sorgt die Frage, was genau das Wertvolle daran ist, für Konflikte.

So ist die René-Levasseur-Insel bei Québec gleichzeitig Holzlieferant, ein Hort ungestörter Natur und ein geschütztes Stück Land der Ureinwohner. Entstanden ist sie 1970, als zwei bestehende Seen miteinander verbunden wurden; dabei wurde eine durchgehende Schleife Land geflutet, um einen Stausee für die Stromerzeugung zu schaffen. Die Kreisform des Stausees wie der Insel ist ein klarer Hinweis darauf, dass diese Landschaft durch eine «Sternschnuppe» entstanden ist. Hier schlug vor 214 Millionen Jahren ein fünf Kilometer langer Meteorit auf der Erde ein. Es war der viertgrößte Einschlag, den die Erde je erlebt hat, und er ließ einen 100 Kilometer breiten Krater entstehen. Das, was Geologen als «post-impact rebound» bezeichnen, also als Zurückschwingen nach einem Einschlag, war offenbar dafür verantwortlich, dass sich das Kraterzentrum hob und Mount Babel formte, den 1000 Meter hohen Berg der Insel.

Obwohl die Insel ein Nebenprodukt von Québecs Ausbau der Wasserkraft für die Stromerzeugung ist, galt sie schon bald als symbolischer und wichtiger Ort. Ein Teil der Insel blieb fortan dem Louis-Babel Ecological Reserve vorbehalten, und Aktivisten forderten, die gesamte Insel unter Schutz zu stellen. Ab 2003 setzte sich ein Bündnis namens «Sauvons l'île René-Levasseur» (kurz «SOS Levasseur») dafür ein, das «vollständige Ökosystem der René-Levasseur-Insel» zu retten. Die Holzfällerstraßen, welche die Insel durchziehen, zeugen von den drohenden Gefahren, und auf der Website von SOS Levasseur ist zu lesen, dass die Insel ein bedrohtes Naturparadies ist, Heimat von Rentieren und Steinadlern. Der dringliche *cri de cœur* der Organisation richtet sich an alle «Waldliebhaber und Tierfreunde». Auf René-Levasseur gibt es keine ständigen Bewohner, lediglich rund fünfzig Hütten, die saisonalen Jägern Unterschlupf bieten. Eine weitere «Interessengruppe» neben den an Holzeinschlag und Schürfrechten interessierten Unternehmen sind die lokalen Ureinwohner, die Innu. Auch sie kämpfen dafür, alle Holzfällungen auf der Insel einzustellen, die zum Land ihrer Ahnen gehört. Für die großen Wälder, die sich überall rings um die Insel ausbreiten, stellen sie ähnliche Forderungen, aber René-Levasseur ist gerade deshalb zu einer Art

Brennglas für diese Anliegen geworden, weil es sich eben um eine Insel und damit um etwas Besonderes handelt.

Eine ähnliche Geschichte lässt sich über die Inseln erzählen, die zu Beginn des letzten Jahrhunderts entstanden, und zwar Tausende Kilometer südlich von René-Levasseur, als der Gatún-see angelegt wurde. Dieser See, ein Netzwerk gefluteter Täler, ist ein zentraler Bestandteil des Panamakanals, denn er liefert das Wasser, um die Schleusen zu füllen. Jedes Schiff, das den Kanal durchquert, nutzt 202 000 Kubikmeter Wasser aus dem See – Wasser, das anschließend in den Atlantik oder den Pazifik fließt. Im Laufe der Jahre lernte man die üppig grünen Tropeninseln, die als Nebenprodukt beim Bau des Gatúnsees entstanden, als Schutzgebiet für wilde Tiere und als Attraktion für Ökotouristen schätzen. Hier liegt auch die berühmteste und älteste künstliche «Ökoinsel» der Welt: Barro Colorado Island, die 1923 zum Natur-schutzgebiet erklärt wurde. Dort befindet sich das Smithsonian Tropical Research Institute, denn die Insel gilt als einer der we-nigen Orte auf der Erde, wo sich ein unberührtes tropisches Öko-system studieren lässt.

Die moderne Industrie verlangt ein ständiges Herumfuhrwer-ken an der Erdoberfläche: Schürfen, Bohren, Bauen, Baggern. Dabei entstehen Unmengen von Abraum, und der muss irgend-wohin. Oftmals wird er stromabwärts gespült. Mancherorts sind die daraus resultierenden zufälligen Inseln Orte des Verweilens und Innehaltens, der Silberstreif in einem Zeitalter der Hässlich-keit. Diese rettende Eigenschaft steht beispielsweise beim Spoil Island Project in Florida im Vordergrund. Schaut man sich Satelli-tenaufnahmen von der Ostküste Floridas genauer an, so erkennt man darauf jede Menge Küstenlagunen. Zum Spoil Island Project gehören 137 Abrauminseln: industrielle Nebenprodukte, die in den letzten Jahrzehnten eine neue Bestimmung als Naturschutzgebiete und Ökotourismusziele fanden. Sie sind geprägt von Meeres-

Die zufälligen Inseln im Kavicsos-See, Ungarn

gräsern und Mangroven und werden von der Umweltschutzbehörde Floridas verwaltet. Die hat einige zu «Naturschutzinseln» und andere zu «Erholungsinseln» erklärt, wobei Letztere sehr einfache Campingplätze mit Picknicktischen und Feuerstellen zu bieten haben. Die Florida Spoil Islands sind ein ermutigendes Beispiel dafür, dass Nebenprodukte menschlicher Industrie nicht immer nur kaputte Orte sein müssen. Manchen jagt möglicherweise schon das Wort «Abrauminsel» einen Schauder über den Rücken. Man hätte sie anders nennen und lügen können – indem man sie etwa als «Paradiesstrände» anpreist –, aber ich glaube, das Florida Project hat es genau richtig gemacht: Man hat sie als das bezeichnet, was sie sind.

Obwohl man mir auf der kleinen Insel im Kavicsos-See «Aufhören!» zugebrüllt hat, streife ich weiter über die Nebenwege dieser dicht besiedelten ehemaligen Kiesgrube und erfreue mich an der verschrobenen «Kunst», die ihre Bewohner aus Plakatwänden und allerlei Müll zusammengetragen haben. Das Ganze wirkt wie ein Bienenstock privater Individualität. Es hat mir gefühlsmäßig zweifellos gutgetan, dass sich die Verlockung durch Inseln nicht auf Länder mit Küstenlinien beschränkt. «Landlocked», von Land umschlossen, ist eine unglückliche, abfällig klingende Bezeichnung. Dabei gibt es keinerlei Grund, das «landumschlossene» Ungarn in einen Kerker topographischer Isolation zu werfen, das salzige, seefahrende, «meerumschlossene» Großbritannien hingegen nicht. Auch in Ungarn herrscht, wenngleich in abgeschwächter Form, das Zeitalter der Inseln.

Ich bin wieder bei meinem dreckverspritzten Leihwagen angekommen; es ist Zeit, dieses grüne Refugium zu verlassen. Auf der endlosen Schotterstraße weg vom Kavicsos-See komme ich an einem weiteren Mann mittleren Alters vorbei, der nur eine knapp sitzende Badehose und Flip-Flops anhat. Das muss irgendwie eine ungarische Eigenart sein. Er hat noch einen ordentlichen Marsch vor sich; vielleicht sollte ich ihn mitnehmen. Ich will anhalten, doch er gibt mir mit einem barschen Winken zu verstehen, dass ich weiterfahren soll. Wie andere Seebewohner hier ist er auf schroffe Art autark. Ähnlich wie bei anderen privaten Inseln – ob zufällig oder nicht, ob im Besitz von Millionären oder, wie in diesem Fall, von ganz normalen Menschen – ist die ablehnende Geste ein Winken, freilich nicht als Zeichen der Begrüßung, sondern um der Welt mitzuteilen, sie möge doch bitte abhauen.

Müllinseln

Irgendwann in ferner Zukunft wird ein Geologe mit seinem Finger über eine dünne, dunkel-harzige Ablagerung in den Erdschichten fahren, und bevor er sich tiefer liegenden Ebenen zuwendet, wird er etwas vom «Plastikzeitalter» murmeln. Diese Aussicht ist durchaus plausibel. Denn ein bestimmendes Merkmal der modernen Welt ist ihr Müll: Abfall wird in solcher Fülle und aus derart langlebigen Materialien produziert, dass wir dazu gezwungen sind, Geologie neu zu denken. Ich möchte diese begriffliche Revolution noch ein Stück weiter treiben und behaupten, dass sich dadurch auch unser Nachdenken über Inseln verändert. Müllinseln bilden einen globalen Archipel, der vom kleinen schwimmenden Klumpen irgendwo weit flussaufwärts bis zu den unvorstellbaren Ausmaßen des Pacific Trash Vortex, der riesigen Müllinsel im Pazifik, reicht.

Vor ein paar Jahren unternahm ich an einem brütend heißen Tag eine lange und holprige Taxifahrt in die «Müllstadt» von Kairo. Die koptischen Christen, die dort zu Hause sind, leben mehr schlecht als recht davon, einen Großteil von Kairos Müll so gut es geht zu recyceln; er wird auf Eselskarren und kleinen Transportern herangekarrt und in lärmenden Heimwerkstätten in verschiedene Arten von Metall, Plastik und Papier sortiert. Sechs Stunden später war ich dann wieder in der Kairoer Altstadt: von einem reichen Bewohner Kairos, dem Freund eines Freundes, eingeladen in eine piekfeine Bar hoch über dem Nil. Als wir auf die Dachterrasse hinaustraten und den großartigen Panoramablick bewunderten, während die Eiswürfel in unseren Gin Tonics klackerten, versuchte ich einen Scherz darüber zu machen, dass man hier ja Welten von der «Müllstadt» entfernt sei. Mein neuer Kumpan grinste diabolisch und deutete hinunter zum Fluss. Dort bahnten sich Fischer in kleinen Booten ihren Weg durch dichte Teppiche aus schwimmendem Müll. Elegante weiße Reiher staksten über die hässliche Oberfläche, während hinter jedem Boot das Wasser wieder unter einer Plastikdecke verschwand.

Plastik braucht zwischen fünfhundert und tausend Jahren, bis es sich abbaut, und wir produzieren jedes Jahr Abermillionen Tonnen davon. Die Plastikproduktion verdoppelt sich alle zehn Jahre. Kaum etwas davon wird bislang recycelt; das meiste wird verbrannt, vergraben oder einfach in die Flüsse gekippt, mit denen es schließlich ins Meer gespült wird. Die üppigsten und meisten Müllinseln findet man an den Küsten und in den Flüssen Afrikas, Asiens und eines Großteils des amerikanischen Kontinents. Nachrichtenseiten wie Newsflare, bei denen jeder mit Hilfe seines Smartphones lokale Geschichten hochladen kann, haben jüngst gezeigt, wie dringlich und allgegenwärtig das Problem der Müllinseln ist. Ein Film vom Oktober 2017 zeigt «schockierende Szenen von Unmengen an Plastikmüll, die in einem Fluss im südmexikanischen Bundesstaat Chiapas treiben». Auf Filmaufnahmen vom September 2018 sind «Flüsse voller Plastik in der [spanischen] Provinz Almería» zu sehen. Und ein Film aus

Andere neue Inseln

dem indonesischen Bukittinggi vom Januar 2018 belegt: «Das Wasser für Menschen und Bewässerung ist durch Plastik und Müll verseucht.» In einigen dieser Flüsse ist der Fischfang unmöglich geworden, und die noch verbliebenen Fischer haben den Beruf gewechselt, sie haben ihre Boote in «Müllbrecher» verwandelt und fahren durch das Treibgut auf der Suche nach verwertbarem Abfall.

Sobald sie vor der Küste angelangt sind, brechen Müllinseln üblicherweise auseinander, was es umso schwieriger macht, ihre giftige Fracht zu beseitigen. Erst wenn sie sich zusammenballen – wegen irgendeiner Laune oder Gesetzmäßigkeit der Strömung –, nehmen die Menschen Notiz davon. Die rund einen Kilometer lange und gut hundert Tonnen schwere «Müllinsel», die sich 2017 im Golf von Thailand bildete, wurde schon bald erspäht und von den örtlichen Medien als hässliche Schweinerei gebrandmarkt. Daraufhin handelte man rasch: Schnellboote mit Fischernetzen wurden hinausgeschickt, um sie abzuschöpfen. Solcherart schnelle Reaktion ist leider die Ausnahme. Und selbst wenn es dazu kommt, hat man einen Großteil des Mülls schon verpasst. Plastik, das sich zerstreut, zerteilt und auf den Meeresboden sinkt, ist aus den Augen und aus dem Sinn. Viele der gängigsten Kunststoffarten wie Polyethylenterephthalat (PET, aus dem Getränkeflaschen gemacht werden) und Polyester sind relativ schwer und sinken schnell.

Eine weitere dicke Plastikansammlung, die 2017 auftauchte, dieses Mal vor der Küste von Honduras, zeigt, dass sich das Problem nicht so einfach lösen lässt, selbst wenn es in unmittelbarer Nähe auftritt. Der Bürgermeister von Omoa, der nächstgelegenen Stadt, beschwerte sich, die Aufräumarbeiten würden seine Ressourcen übersteigen: «Am Freitag haben wir zwanzig Kipplaster mit jeweils 30 Kubikmetern weggebracht, und es hat fast nichts geändert.» Die Honduraner behaupten nicht zu Unrecht, der Müll

sei stromaufwärts angefallen und Guatemala sei dafür verantwortlich. Der örtliche Tourismusdirektor machte das unmissver-
ständlich klar, als er Journalisten auf eine Tour mitnahm und
ihnen die guatemaltekischen Etiketten auf den Flaschen zeigte,
die man aus dem Meer gefischt hatte.

Wer für die Wasserverschmutzung verantwortlich ist, lässt
sich unmöglich exakt bestimmen; verschiedene regionale und
nationale Behörden zeigen wechselseitig mit dem Finger aufei-
nander und behaupten, die eigentliche Ursache des Problems
liege weiter flussaufwärts. Die größten Flüsse sind die größten
Mülltransporteure und durchqueren oft mehrere Länder. Man ist
heute der Auffassung, ein Großteil des Plastikmülls in den Weltmeeren stamme aus gerade einmal zehn Flüssen, von denen acht
in Asien liegen. Einer von ihnen ist der Mekong, der durch China,
Myanmar, Thailand, Laos und Kambodscha fließt, bevor er seine
Ladung in Vietnam ins Meer spuckt – dort aber hat sich die
Schuldzuweisung fast schon so gründlich zerstreut wie der Plastikmüll selbst.

Der Plastikmüll, der die Müllstrudel speist, die sich in der Mitte
der großen Strömungsmuster oder Wirbel unserer Ozeane bilden,
ist zwar zum Teil von Schiffen ins Meer geworfen worden, er
stammt jedoch überwiegend von Stränden oder Flüssen. Man hat
schon Fußbälle, Kajaks und Legosteine gefunden, dazu die übliche Masse an Plastikflaschen und Fischernetzen. Ein Großteil des
Plastiks ist in Stücke zerbrochen. Die Müllteppiche sind keine
feste Größe, sondern eine Suppe oder Galaxie aus Müll, der zum
Großteil auf den Meeresboden abgesunken ist oder knapp unter
der Wasseroberfläche treibt und nur manchmal geballt auftaucht.
Der Ozeanograph Curtis Ebbesmeyer hat behauptet, diese Teppiche würden sich «wie ein großes Tier ohne Leine umherbewe-
gen», gelegentlich finden sie ein Ufer und speien das Plastik über
den ganzen Strand. Ebbesmeyer findet dafür angemessen gro-

teske Worte: «Der Müllteppich kotzt, und dann ist ein Strand voll mit diesem Plastikkonfetti.»

Alle Ozeane haben zirkulierende Strömungen, und weil überall auf der Welt Müll von solchen Strömungen erfasst wird, bilden sich in jedem der Weltmeere Müllstrudel. Im Pazifik gibt es sogar zwei: einen östlichen und einen westlichen Patch. Im Nordatlantik gab es erste Anzeichen eines Müllteppichs 1972, als Ozeanographen in der Sargassosee Plastikteile entdeckten. Die Abfallzone dort bewegt sich saisonal und treibt jedes Jahr 1600 Kilometer gen Norden und Süden. Fotos vom North Atlantic Patch, aufgenommen vom Forschungsschiff Sea Dragon, das seit 2010 überall auf der Welt Müllstrudel untersucht, zeigen massenhaft dahintreibenden Abfall in rauer See.

Die Schätzungen zur Größe der verschiedenen Müllstrudel auf den Weltmeeren variieren stark. Der Pacific Trash Vortex, der alle Aufmerksamkeit auf sich zieht, wurde mit 670 000 Quadratkilometern gemessen, aber auch schon auf eine Fläche von 1,5 Millionen Quadratkilometern geschätzt. Doch ganz gleich, wie groß er ist, eins steht fest: Er ist hochgradig kontaminiert. Man geht davon aus, dass in seiner Mitte jeder Quadratkilometer 480 000 Plas-

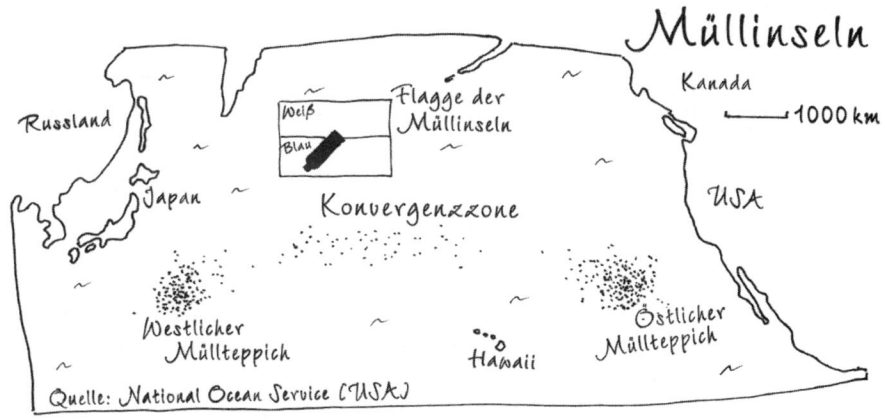

Müllinseln

tikteile enthält. Tiere schlucken diesen zerbröselnden Abfall und nehmen so giftige Substanzen auf. In einer Studie von 2018 fanden Meeresforscher der National University of Ireland in 73 Prozent der im Atlantik gefangenen Tiefseefische Plastik. Doch nicht nur Meeresfauna und -flora sind von der Ausbreitung des Plastiks betroffen; eine Untersuchung der Weltgesundheitsorganisation fand 2018 in 90 Prozent des in Flaschen abgefüllten Wassers Mikroplastikteilchen.

Entdeckt wurde der Pazifikstrudel 1997 von dem Segler Charles Moore auf dem Rückweg von Hawaii nach Los Angeles. Er beschloss damals, seine Jacht in einen Teil des Meeres zu steuern, der wegen seiner trägen Strömungen und fehlenden Winde von Seglern üblicherweise gemieden wird. Zu seinem Erstaunen segelte er plötzlich in einem Meer aus klebrigem Dreck: «Jedes Mal, wenn ich an Deck kam, trieb Müll vorbei.» Moore, der sich seither der Säuberung der Ozeane verschrieben hat, sagt vom Pacific Garbage Patch, er sei «einfach absolut ekelhaft – eine wirklich widerliche Plastikkloake» und es müsse sich «ins Bewusstsein der Menschheit einbrennen, dass der Ozean heute eine Plastikwüste ist».

Jüngst haben Forscher den Begriff der «Plastisphäre» geprägt für das neuartige Ökosystem, das all dieser Abfall erzeugt. Plastik wird recht schnell von einer bunten Vielfalt an Mikroben besiedelt. Eine der Meeresbiologinnen, die diesen Begriff in die Diskussion einführten, Linda Amaral-Zettler vom Königlich Niederländischen Institut für Meeresforschung, weist darauf hin, dass die Plastisphäre «in Wirklichkeit ein kleiner Zoo ist». Auch größere Organismen wissen Meeresplastik zu nutzen, etwa Meereswürmer, die – wie Forscher am Korea Institute of Ocean Science and Technology herausgefunden haben – Plastik fressen und Mikroplastik ausscheiden.

Einige Wissenschaftler haben in letzter Zeit mit Blick auf die

«Müllinseln» einen eher skeptischen Ton angeschlagen. In einem Text mit dem Titel «Lies You've Been Told About the Pacific Garbage Patch», der im Science-Blog io9 veröffentlicht wurde, schreibt die Technikjournalistin Annalee Newitz gegen den «Mythos» an, es gebe «eine riesige Insel aus festem Müll, die im Pazifik treibt». Ein weiterer Konter findet sich in «The Dirt on Ocean Garbage Patches», veröffentlicht in *Science*, wo Jocelyn Kaiser darauf hinweist, die biologischen Auswirkungen dieser Müllteppiche seien «ungewiss und ihr Aufbau unbekannt». Diese Nummer mit der Mythenzerstörung sorgt zwar für Schlagzeilen, geht aber an der Sache vorbei. Natürlich ist der Pacific Garbage Patch keine feste Insel, auf der man ein Haus bauen oder sein Auto parken kann. Kein ernstzunehmender Bericht hat je etwas Derartiges behauptet. Der Pazifische Müllteppich bildet das eine Ende des Spektrums, auf dem sich eine bunte Flottille von Müllinseln anordnen lässt – von den suppenähnlichen bis zu den unbeweglichen und meterdicken. Jede verändert ständig ihre Form: Selbst noch so festsitzender und kompakt wirkender Flussmüll wird irgendwann flussabwärts gespült, während die flüssigen Meeresstrudel dicker und klumpiger werden, je mehr Bestandteile sich in die Ozeane ergießen.

Die Vorstellung, der Pacific Garbage Patch sei eine neue Insel, geht vor allem auf Umweltschützer zurück, die versuchen, Menschen aufzurütteln. Sie wollen, dass wir unsere Vorstellungen verändern. Es geht ihnen um einen geographischen Neustart, um eine notwendige Neustrukturierung. Der Plan, bei den Vereinten Nationen darum zu bitten, sie mögen die Trash Isles als neues Land aufnehmen, stammt von Michael Hughes und Dalatando Almeida, zwei Umweltschützern und Kreativen aus der Werbebranche. Im Gespräch mit dem Branchenmagazin *Creative Review* erklären sie: «Wir wollten eine Möglichkeit finden, um sicherzustellen, dass die führenden Köpfe dieser Welt das Problem nicht mehr ignorieren können, wir wollten es ihnen im Wortsinne unter die Nase halten.» Auslöser war die Tatsache, dass der Pazifische Müllteppich ein Gebiet umfasst, das so groß ist wie ein Land, und weil «niemand dieser Katastrophe Beachtung schenkt», reichten sie bei den Vereinten Nationen eine «Unabhängigkeitserklärung» ein:

> Wenn wir ein Land und Mitglied der Vereinten Nationen werden, sind wir durch die Umweltcharta der UNO geschützt, in der es heißt: «Die Staaten werden in einem Geist der weltweiten Partnerschaft zusammenarbeiten, um die Gesundheit und die Unversehrtheit des Ökosystems der Erde zu erhalten, zu schützen und wiederherzustellen.» Mit anderen Worten: Wenn wir ein Land werden, sind andere Länder verpflichtet, bei uns aufzuräumen.

Die Müllinsel-Kampagne war clever, hatte aber auch etwas Verspieltes an sich: Es gab eine Flagge für das angehende Land, Pässe, offizielle Briefmarken und eine Währung mit 20er-, 50er- und 100er-Debris-Scheinen, allesamt kunstvoll mit Darstellungen des Mülls und seiner Opfer verziert. Auf der 20er-Banknote ist zum Beispiel eine Schildkröte zu sehen, um deren Körpermitte sich Plastikteile schlingen. Die Müllinseln etablierten sich als Monarchie und erklärten die Schauspielerin Judi Dench zur Königin. Nach letztem Stand (2018)[*] hat eine Viertelmillion Menschen um eine Staatsbürgerschaft angesucht, als Erster der ehemalige US-Vizepräsident Al Gore. Ein Sprecher des UN-Generalsekretärs erklärte, die Trash-Isles-Kampagne sei «kreativ und innovativ. Doch die Chancen, dass sie angenommen wird, gehen gegen null.»

Die Müllinsel-Bewerbung bei den Vereinten Nationen hatte ein paar Jahre zuvor schon die italienische Künstlerin Maria

---

[*] https://www.campaignlive.co.uk/article/trash-isles-creators-founded-country-rubbish-tackle-global-crisis/1486119.

Andere neue Inseln

Cristina Finucci vorweggenommen, deren Federal State of Garbage Patch am 11. April 2013 im UNESCO-Hauptquartier in Paris zur Nation erklärt wurde. Die Gebietsansprüche dieses konkurrierenden Staates umfassen fünf Müllteppiche als «föderalen Staat mit einer ‹Bevölkerung› von 36 939 Tonnen Müll» und einem Staatsgebiet von insgesamt 15 915 933 Quadratkilometern.

Diese beiden Projekte der «Nationenbildung» weisen Überschneidungen bei den Gebietsansprüchen auf, scheinen aber vom jeweils anderen nichts gewusst zu haben. Unsere verschmutzten Meere rufen also eine wachsende Zahl von Künstleraktivisten auf den Plan; die dabei entstehenden Werke spielen mit Bildern und Vorstellungen von Inseln oder gehen noch einen Schritt weiter und bauen tatsächlich Inseln aus Plastik. Die graue Eminenz dieser Kunstprojekte ist der in Großbritannien geborene Ökokünstler Richart Sowa, der seit 1997 vor der mexikanischen Küste winzige Inseln aus Plastikflaschen baut, auf denen er auch lebt. Die jüngste Version, Joysxee Island, ist 25 Meter breit, 30 Meter lang und schwimmt auf schätzungsweise hundertfünfzigtausend Plastikflaschen. Auf seiner Website sagt Sowa: «Ich lebe auf dem franchisefähigen Prototypen einer schwimmenden Öko-Insel, die die Probleme zunehmenden Mülls löst, indem sie ihn in Netzbehältnissen unter gebrauchten Holzpaletten konserviert; daraus entsteht eine schwimmende Form für Menschen, Tiere, Meereswesen, und dazu gedeiht darauf ein Garten.»

2018 eröffnete die in Rotterdam ansässige Recycled Island Foundation ihren schwimmenden Recycled Park. Plastikmüll, den man aus dem geschäftigen Hafen gefischt hatte, wurde zu einer Reihe achteckiger Plattformen zusammengefügt, die als Refugien für Pflanzen und kleine Tiere dienen. Das ist ein bescheidenes, aber wegweisendes Unterfangen. Das Plastik einzusammeln ist schließlich nur ein Teil des Problems; wir müssen uns auch überlegen, was man damit anstellen kann. Eine weitere niederländische Initiative verfolgt die Rotterdamer Idee im großen Maßstab. Die niederländische Firma WHIM Architecture hat Pläne für eine schwimmende Stadt entworfen, wo eine halbe Million Menschen auf einer Insel lebt, die aus recyceltem Müll des Pacific Garbage Patch besteht. «Der Vorschlag verfolgt vor allem drei Ziele», erklären die Macher dieses Projekts, «nämlich unsere Meere von einer gigantischen Menge an Plastikmüll zu säubern, neues Land zu gewinnen und einen nachhaltigen Lebensraum zu schaffen.»

Ein weiteres niederländisches Projekt namens Ocean Cleanup stellte 2018 den Prototyp eines «Meereskehrbesens» vor: einen langen Schwimmkörper, der Müll einsammelt, welcher dann von einem Schiff aufgenommen wird. Ocean Cleanup behauptet: «Ein voll ausgebautes Auffangsystem könnte innerhalb von nur fünf Jahren fünfzig Prozent des Great Pacific Garbage Patch einsammeln.» Andere waren weniger optimistisch und warnten, das System werde lediglich den sichtbarsten Teil der Plastikverschmutzung beseitigen, dabei aber Lebewesen wie Schildkröten und schwimmendes Plankton töten. Ein anderer Plan, der zunehmend Beachtung findet, ist der Einsatz plastikfressender Bakterien. Ein japanisches Forscherteam durchforstete Hunderte Proben von weggeworfenen PET-Flaschen, ehe es eine Kolonie von Organismen fand, denen Plastik als Nahrungsquelle dient. Doch die Forscher bleiben vorsichtig: Professor Kenji Miyamoto von der Keio University verwies darauf, dass viele Fragen noch nicht geklärt seien und das Projekt «noch lange Zeit in Anspruch nehmen werde». Da dieses Bakterium nur bei PET-Flaschen funktioniert, die ohnehin bereits zu 100 Prozent recycelbar sind, ist es eher unwahrscheinlich, dass es sich dabei um den sehnlichst erhofften Durchbruch handelt.

Es ist eine sehr moderne Vorstellung, dass irgendein schlauer Wissenschaftler, nachdem wir unsere Flüsse, unsere Meere und sogar unser Leben mit Plastikmüll versaut haben, ein Zaubermittel erfindet und alles wieder beseitigt. Damit könnten wir die Augen vor der Tatsache verschließen, dass Ausmaß und Ausbreitung des Plastiks, das in unsere Meere und Flüsse gelangt – und damit Ausmaß und Ausbreitung von Müllinseln –, in alarmierendem Tempo zunehmen. Um dieses Problem müssen wir uns kümmern.

In ferner Zukunft wird ein Geologe einen aufregenden Fund gemacht haben. Alles, was vom Plastikzeitalter noch übrig ist, ist jetzt auf Mikropartikel reduziert, ein beständiges geologisches Merkmal, da es sich durch Mikroorganismen nicht weiter zersetzen lässt. Doch ganz gelegentlich landet man so wie er einen Glückstreffer. Und hier haben wir, kaum zu glauben und zutage getreten aus tiefster Vergangenheit, ein fragiles, bläulich schimmerndes Stückchen Plastik, das zart von einer brösligen schwarzen Schicht herunterhängt. Was für ein Fund! Selbstverständlich ein Museumsstück – ein rares Relikt aus einer Zeit, in der (so die aktuelle gängige Theorie) Homo sapiens Lösungen aus giftigem Plastik trank und darin schwamm, weil er glaubte, das würde seine Gebrechen heilen und den Tod abhalten. So weit die Theorie; in Wahrheit weiß niemand wirklich so genau, was die Menschen damals dachten.

II.

VERSCHWINDEND

Warum Inseln untertauchen

Verschwindende Inseln sind *das* Beweisstück schlechthin für den Anstieg des Meeresspiegels. Das ist ein wenig pervers. Denn ein Großteil der Küsten auf dieser Welt ist von steigenden Meeresspiegeln bedroht. Die bei weitem größten Auswirkungen werden diese auf niedrig gelegene Küstenebenen voller Großstädte haben, wo derzeit Hunderte Millionen Menschen leben. An der Ostküste der USA oder an den dicht besiedelten Küsten Südostasiens wird das steigende Wasser mehr Inseln schaffen als zerstören, denn es wird Landschaften aus Tälern und Hügeln in Archipele verwandeln.

Doch das Bild der in den Fluten versinkenden Insel hat nach wie vor etwas Bezwingendes. Und etwas Dringliches: Die Inseln verschwinden gerade jetzt, insbesondere niedrig gelegene Inseln in den Tropen. Das, was da mit ihnen geschieht, ist eine Art Frühwarnung für den Rest des Planeten. Doch es gibt weit weniger rationale Gründe, warum uns verschwindende Inseln so berühren. Mitanzusehen, wie ein ganzer Ort – oftmals ein uralter, wo Menschen seit Jahrhunderten oder Jahrtausenden leben – von der Bildfläche verschwindet, ist auf eine Weise schmerzlich, wie das, zumindest momentan, Prognosen zur Überflutung und zum anschließenden «Zerfall» kontinentaler Küsten nicht sind.

Im nächsten Abschnitt meiner Inselabenteuer werde ich Inseln besuchen, die durch den Meeresspiegelanstieg bedroht sind. Die drei Inselgruppen, die ich erkunden will, könnten unterschiedlicher kaum sein. Jedenfalls sind sie weit voneinander entfernt:

Eine Gruppe liegt in der Karibik (die San-Blas-Inseln von Guna Yala), eine andere im Nordatlantik (die Scilly-Inseln) und die dritte im Südpazifik (Tongatapu und Fafa).

Wie einer Reihe anderer niedrig gelegener Tropeninseln droht auch den San-Blas-Inseln, die zu Panama gehören, die baldige Evakuierung. Für Fafa und Tongatapu, die in Tonga liegen, gilt das nicht. Zumindest noch nicht, auch wenn dieses Respekt einflößende Königreich vor vielen Problemen steht: Es hat mit einer ökologischen, einer sozialen und einer ökonomischen Krise zu kämpfen, und alle drei Krisen sind miteinander verwoben, verstärken sich gegenseitig. Die britischen Scilly-Inseln hingegen sind wohlhabend und wirken recht zufrieden. Doch das Meer ist ein großer Gleichmacher, und auch hier steigt es an. Die Scilly-Inseln – der westlichste Punkt Englands – faszinieren mich jedoch aus einem anderen Grund. Denn auf ihnen findet man jede Menge eindeutige Belege dafür, dass der Meeresspiegel dort schon seit sehr langer Zeit steigt.

Diese drei Inselgruppen bieten keinen erschöpfenden Überblick darüber, wie Inseln verschwinden. Inseln senken sich ab und erodieren, und vulkanische sowie tektonische Kräfte können Inseln genauso leicht zerstören, wie sie neue entstehen lassen. Die Geschichte vom Inseltod hat aber auch noch eine dunklere Seite. Intensive Formen menschlicher Ausbeutung etwa durch Rohstoffabbau oder Atomtests haben der Welt eine traurige Fülle zerstörter Inseln hinterlassen.

Steigende Meere

Kleine flache Inseln, insbesondere in wärmeren Breiten, sind durch den Meeresspiegelanstieg sehr gefährdet. Insofern ist es ein wenig seltsam, dass die Errichtung genau solcher Inseln in genau diesen Regionen so ein großes Geschäft ist. Eines Tages werden die Zusammenhänge deutlich werden. Ohne die Installation von Pumpvorrichtungen und Flutmauern werden viele der neuesten Kreationen im «Zeitalter der Inseln» kein besonders langes Leben haben.

Nachrichtenberichte über verschwindende Inseln können erschreckend kurzsichtig sein. Oft ist darin von «atemberaubenden Orten» die Rede, die man besuchen sollte, bevor sie verschwunden sind, wodurch der Eindruck entsteht, das Problem des Meeresspiegelanstiegs beschränke sich auf entlegene, schwer auszusprechende Pazifikatolle. Das Händeringen ob der «Not der Kiribatianer» übersetzt eine globale, universelle Krise in etwas, das scheinbar beruhigend weit entfernt ist und zum Glück nur eine winzige Gruppe von Menschen betrifft.

Der Pazifik freilich hat tatsächlich mehr zu verkraften als nur einen gerechten Anteil an den Verlusten. Seit 2007 sind die Inseln Laiap, Nahtik, Ros, Kepidau en Pehleng und Nahlapenlohd, die alle einmal Teil der Föderierten Staaten von Mikronesien waren, verschwunden. Auch fünf der Salomonen-Inseln sind verloren gegangen. Anders als bei den meisten Inselabgängen wurde über diese Verluste groß berichtet, oft verbunden mit Geschichten über andere Orte, denen das gleiche Schicksal beschieden ist. Die Malediven, Palau, Fidschi, Tuvalu, die Seychellen, Kiribati, die Cook-Inseln und Französisch-Polynesien finden sich regelmäßig auf der Liste der verschwindenden Länder.

Es ist bezeichnend, dass die Journalistin, von der ich diese Namensliste geklaut habe, ihren Artikel mit einer ungläubigen Nebenbemerkung schließt: «Sogar die USA sind vom Anstieg der Meeresspiegel betroffen.» Die Vorstellung, der Anstieg der Weltmeere betreffe *uns*, hat sich noch nicht wirklich durchgesetzt. Sie nennt das bekannteste amerikanische Beispiel: die Inseln in der Chesapeake Bay, einem Mündungsgebiet, das die Bundesstaaten Maryland und Virginia trennt. Aber wir müssen uns keine allzu großen Sorgen machen. US-Präsident Donald Trump hat den Bürgermeister einer dieser Inseln, Tangier, angerufen und ihm geraten, er solle sich darüber nicht groß den Kopf zerbrechen – der Anstieg des Meeresspiegels, das sei nichts weiter als Fake News. Wer nach einer nüchternen Darstellung sucht, der findet sie in William Cronins Insel-Biographie *The Disappearing Islands of the Chesapeake*.

Weltweit sind die Wasser- und Lufttemperaturen heute höher als jemals seit Beginn der Aufzeichnungen. Aber es wird nicht überall im gleichen Tempo heißer, und die Meeresspiegel steigen nicht gleichmäßig. Die Anstiegsrate wird bestimmt von einer komplexen Mischung aus Meeresströmungen, der Gravitationskraft der polaren Eisschilde (je dünner sie sind, desto weniger Wasser entziehen sie geringeren Breiten), der Tatsache, dass sich warmes Wasser ausdehnt, der postglazialen Landhebung und lokalen Faktoren wie der Landabsenkung. Selbst innerhalb eines Landes gibt es große Unterschiede. Auf den Philippinen steigt das Meer in der Hauptstadt Manila jedes Jahr um 14 Millimeter, während der Anstieg ein paar hundert Kilometer weiter südlich, auf der Insel Cebu, mit 0,9 Millimetern deutlich geringer ausfällt.

Die Spannbreite des prognostizierten Anstiegs – als Durchschnittswert für die ganze Welt – ist ebenfalls beträchtlich, sie reicht von gerade einmal 26 Zentimetern bis zu fast drei Metern bis Ende des Jahrhunderts. Die Schätzungen variieren, doch alle Prognosen deuten auf eine sich beschleunigende Entwicklung: Zuwächse, die jetzt «festgeschrieben» sind, werden weiter wachsen. Überdies berücksichtigen diese Prognosen keine kritischen Schwellen, also Kipppunkte, wo sich das, was wir bislang erlebt haben (eine sich langsam aufbauende Beschleunigung), einen Gang höher schaltet. Eine dieser Schwellen ist der Punkt, ab dem es in den Polarregionen zu warm wird, um die Eisdecke noch erhalten zu können. Die Eisschilde, die Grönland und die Antarktis bedecken, enthalten genug Wasser, um den Meeresspiegel um rund 65 Meter steigen zu lassen – das ist etwa die Höhe der Oper in Sydney. Der entscheidende Punkt dabei ist, dass das Abschmelzen der Eisschilde bislang noch nicht wesentlich zum Meeresspiegelanstieg beigetragen hat. Der Anstieg, den wir bisher erlebt haben, geht großteils auf die thermische Ausdehnung des Meeres zurück, nur ein kleiner Teil hat mit schmelzenden Gletschern zu tun. Steigen aber die Temperaturen weiter, werden die Eisdecken im großen Stil schmelzen, und das wird alles verändern. Anfang 2019 machte die düstere Nachricht die Runde, dass der grönländische Eisschild viermal schneller schmilzt als bislang gedacht. «Das wird zu einem zusätzlichen Anstieg des Meeresspiegels führen», sagt der federführende Verfasser des Berichts, Michael Bevis, Professor für Geodynamik an der Ohio State University, und fügt hinzu: «Wir sehen gerade, wie der Eisschild einen Kipppunkt erreicht.» Bevis' Fazit fällt nüchtern aus: «Wir können uns nur anpassen und die weitere Erwärmung abschwächen – es ist zu spät, um Auswirkungen zu verhindern.»

Wir sind unterwegs ins Unbekannte, aber Warnungen gab es genug. Einige – nicht alle – vom Verschwinden bedrohte Inseln lassen sich verteidigen. Wir sollten nicht davon ausgehen, dass «Anpassen und Abschwächen» immer nur Evakuierung bedeuten oder dass das, was wir in den kommenden Jahrhunderten erleben werden, ein stetig voranschreitendes universelles Absaufen sein wird. So wie sich Inseln künstlich bauen lassen, so lassen sie sich auch künstlich schützen – mitunter mit Hilfe der Natur selbst. In einer aktuellen Studie zu den Atollen und Riffinseln Tuvalus fand Professor Paul Kench von der Universität Auckland jede Menge Belege für den Anstieg des Meeresspiegels, aber auch dafür, dass Inseln wachsen, und zwar aufgrund von durch Stürme abgelagerten Sedimenten. Tatsächlich vergrößerte sich die gesamte Landfläche Tuvalus zwischen 1971 und 2014 um 2,9 Prozent. Das ist jedoch nicht wirklich eine Gegenentwicklung, und ausgedehntere Strände werden dem gnadenlosen Meeresspiegelanstieg nichts entgegenzusetzen haben. Doch Kench wendet sich zu Recht gegen die Vorstellung, dass das Verschwinden niedrig gelegener Inseln auf kurze Sicht unvermeidlich sei und man sie alle aufgeben sollte. Die Krise ist ganz real, und die langfristigen Aussichten sind nicht gut, doch die Komplexität der Prozesse, die zur Umgestaltung von Inseln führen, sowie menschlicher Erfindergeist legen nahe, dass massenhafte Umsiedlungen nicht die erste Wahl bei der Lösung sein sollten.

Erodierende und explodierende Inseln

Die Insel Esanbe Hanakita Kojima bekam ihren Namen erst 2014, und als die Menschen das nächste Mal nach ihr Ausschau hielten, draußen vor der nördlichsten Spitze Japans, war sie verschwunden. Die japanische Regierung hatte ihr, wie auch 158 anderen unbewohnten Inseln, einen Namen gegeben, um damit Gebietsansprüche in den Meeren nördlich des Landes zu untermauern. Doch der stürmische Wind und die eiskalten Strömungen, die an diesem unwirtlichen Küstenabschnitt herrschen, hatten andere Vorstellungen, und nachdem sie die Oberfläche der Insel angenagt und weggeblasen hatten, entfernten sie sie von der Landkarte. Durch solche natürlichen Prozesse verschwindet jedes Jahr eine Vielzahl an Inseln. Esanbe Hanakita Kojima ging 2018 unter, im selben Jahr, als East Island in Hawaii vermisst gemeldet wurde. Mit 800 Metern Länge und einer Breite von 120 Metern war East Island ein Paradies für Seehunde, Schildkröten und Albatrosse, doch ein vorbeiziehender Hurrikan machte der Insel den Garaus.

Das Natürliche fein säuberlich vom Unnatürlichen zu trennen wird immer schwieriger. Stürme werden infolge des Klimawandels häufiger und heftiger, und so werden vermutlich mehr Inseln weggespült werden. Auch die Eisschmelze im hohen Norden macht Inseln anfälliger. 2008 reichten die Bewohner der Insel Kivalina in Alaska, die schon bald ein neues Leben auf dem Festland beginnen müssen, Klage gegen ExxonMobil ein. Sie forderten die Übernahme ihrer Umsiedlungskosten durch den Ölkonzern, doch die Klage wurde abgewiesen mit der Begründung, Maßnahmen gegen den Ausstoß von Treibhausgasen fielen nicht in den Zuständigkeitsbereich von Ölkonzernen.

Das Zusammenspiel von Natürlichem und Unnatürlichem lässt sich auch bei der Landsenkung beobachten. An zahlreichen Küsten senkt sich das Land schneller, als das Meer steigt. Besonders davon betroffen sind Städte in Südostasien wie Jakarta, Ho-Chi-Minh-Stadt und Bangkok, wo ungeheure Wassermengen für den menschlichen Verbrauch und für die Landwirtschaft aus dem Boden gepumpt wurden. Für Inseln sind die Auswirkungen der Absenkung vor allem in Deltas alarmierend, weil dort so viele Menschen auf ihnen leben: heute insgesamt rund 500 Millionen. Doch sie versinken schnell. Drei Viertel des Ganges-Deltas – Heimat von 130 Millionen Menschen – sind von Überflutung bedroht. Das Mündungsgebiet des Gelben Flusses in China sinkt so schnell ab, dass der Meeresspiegel lokal um bis zu 25 Zentimeter pro Jahr steigt. Das Mekong-Delta senkt sich an einigen Stellen jährlich um 70 Zentimeter ab und soll binnen zweier Jahrzehnte weiter um 80 bis 150 Zentimeter absinken. Das sind enorme Zahlen, und manche Gründe dafür sind natürlicher Art, manche aber nicht. Verschärft wird die Landsenkung durch die Entnahme von Grundwasser, insbesondere für das Aquafarming von Fischen, Meeresfrüchten und dergleichen. Bedroht ist die Küste zudem durch die Abholzung von Mangrovenwäldern und den Bau von Staudämmen weiter flussaufwärts. Solche Dämme haben dafür gesorgt, dass so gut wie keine neuen Sedimente mehr in die Mündungsgebiete von Nil, Indus und Gelbem Fluss mehr gelangen. Das heißt, neue Inseln entstehen nicht, und alte werden von den Fluten weggespült. Zwar hilft an einigen Orten wie etwa Bangladesch der Bau von Poldern dabei, neue Inseln für die landwirtschaftliche Nutzung zu schaffen, doch insgesamt sind die Aussichten für Abermillionen von Deltabewohnern nicht wirklich rosig.

Vulkane und Erdbeben können Inseln ebenso zerstören wie hervorbringen. So wurden durch den Vulkanausbruch 1883 zwei Drittel der Insel Krakatau in Schutt und Asche gelegt. Die Explosion war noch in 4800 Kilometern Entfernung zu hören, 37 000 Menschen kamen ums Leben, und die freigesetzte Asche sorgte dafür, dass die Temperatur weltweit um 1,2 Grad sank. Der Tod von Inseln kann die ganze Welt verändern. Doch Inseln haben Rhythmen; sie kommen und gehen und kommen wieder. Ein gutes Beispiel dafür ist die Geschichte der Isola Ferdinandea (auf Englisch Graham Island), die in einer von Unterwasservulkanen geprägten Region zwischen Sizilien und Tunesien liegt. Nach einer ganzen Serie von Erdbeben wurde sie am 19. Juli 1831 von einem britischen Marineoffizier erspäht und beschrieben als «kleines Hügelchen von schwarzer Farbe ein paar Fuß über dem Meer». Binnen eines Monats war die Insel dann 65 Meter hoch und hatte einen Umfang von 3,5 Kilometern. Wie Wespen auf den Honig stürzten sich schon bald konkurrierende Gebietsansprüche auf dieses graue Häuflein. Am 2. August 1831 wurde ein Union Jack aufgepflanzt und die Insel nach Sir James Graham benannt, dem First Lord of the Admiralty. Dann wurde sie Ferdinandea getauft und von Ferdinand II. für das Königreich beider Sizilien beansprucht, das erst kurz zuvor durch die Vereinigung der beiden Königreiche Sizilien und Neapel entstanden war. Bald danach wurde die französische Trikolore auf der Insel gehisst. Ihr französischer Entdecker gab ihr den Namen Giulia, zu Ehren des Monats, in dem sie plötzlich aufgetaucht war. Doch wie die meisten neuen Vulkaninseln bestand Giulia aus Asche und leichtem Gestein, weshalb sie bald schon wieder zu verschwinden begann. Im Dezember war sie nur noch ein flaches Riff. Der italienische Vulkanologe und Priester Giuseppe Mercalli bemerkte trocken: «Alles, was von der Insel Giulia blieb, waren die vielen Namen, die ihr Reisende aus verschiedenen Nationen gegeben hatten, welche das Glück hatten, das Schauspiel ihrer Entstehung und ihres Verschwindens zu erleben.» Doch die Geschichte ist noch nicht zu Ende. Die Insel wurde wieder aktiv, und 2002 pflanzten italienische Taucher eine Flagge ihres Landes auf dem Unterwassergipfel der Insel auf, um schon mal rechtzeitig die Ansprüche Italiens anzumelden, bevor Graham/Ferdinandea/Giulia wieder auftaucht.

Inseln, die wir zerstört haben

Die vermutlich furchterregendste Insel auf dieser Welt ist Runit – eine winzige Insel im Pazifik, die von einem Ungeheuer bewohnt wird. Am einen Ende befindet sich eine riesige Betonkuppel, «das Grabmal» genannt, unter der jede Menge Atommüll begraben ist und die ein Viertel der Insel ausmacht. Viele der Marshallinseln sind unbewohnbar geworden, darunter auch Runit, nachdem die USA zwischen 1946 und 1958 siebenundsechzig Atomtests auf dem Archipel durchgeführt haben. Die Kuppel sollte Teil der Lösung sein; erbaut wurde sie 1979 als Lagerstätte für 73 000 Kubikmeter radioaktiven Abfall. Unglücklicherweise hat der Meeresspiegelanstieg dazu geführt, dass Wasser in die Kuppel gelangte. Ein Bericht des amerikanischen Energieministeriums über Runit aus dem Jahr 2013 enthält eine ganze Litanei alarmierender Schilderungen von Beschädigungen, Rissen und Lecks in der Betonhülle.

Auf den Marshallinseln ereignete sich auch das bekannteste Unglück im Rahmen des amerikanischen Atomwaffentestprogramms, nämlich auf dem Bikini-Atoll. Einige der dort getesteten Waffen waren kolossal: Eine 1954 gezündete Bombe hatte eine 1100 Mal größere Wirkung als die, die 1945 auf Hiroshima abgeworfen wurde. In diesen Jahren hatten Runit und Bikini die Hälfte des weltweiten nuklearen Fallouts zu verkraften.

Inseln, die für Atomwaffentests benutzt wurden, sollte man natürlich besser meiden: Das Wasser ist nicht trinkbar, Meerestiere dürfen nicht verzehrt werden, Pflanzen lassen sich nicht anbauen. Doch kleine Inseln waren auch Schauplatz biologischer Waffentests. So wurde Gruinard Island vor der Westküste Schottlands zur «Anthrax-Insel», als Großbritannien 1942 damit begann, an den dortigen Schafen Versuche mit Milzbranderregern durchzuführen. 1990 wurde Gruinard dekontaminiert. Die Sowjetunion errichtete 1954 auf der «Insel der Wiedergeburt» (Ostrow Wosroschdenija) und auf der Nachbarinsel Komsomolski im Aralsee ein Testgelände für biologische Waffen namens Aralsk-7. Die Inseln wurden zudem genutzt für die Entwicklung neuer Biowaffen, die angeblich an Häftlingen getestet wurden. Auf dieser «Insel des Todes», wie Aralsk-7 auch genannt wurde, kam es zu einer ganzen Reihe von Unfällen und Skandalen, so etwa 1971, als versehentlich Pockenerreger freigesetzt wurden und mindestens drei Menschen ums Leben kamen. Die Inseln wurden 1991 aufgegeben, beherbergen aber nach wie vor Behältnisse, in denen sich eine unbekannte Menge biologischer Waffen befindet. Um diese Behältnisse kümmert sich niemand, und angeblich sind sie leck. Da der Aralsee aufgrund der Wasserentnahme für Bewässerungszwecke ausgetrocknet ist, wodurch Ostrow Wosroschdenija zu einer Halbinsel wurde, besteht die Sorge, dass die dort entwickelten Biowaffen möglicherweise in die Umgebung entweichen.

Eine weitere Form der Zerstörung, die Inseln zugefügt wird, ist die Rohstoffgewinnung. Eines der markantesten Beispiele ist die japanische Insel Hashima («Kriegsschiff-Insel»), die man ab 1887 mit Gebäuden zupflasterte, aus denen schließlich riesige Wohnblocks für Tausende von Kohlekumpeln und ihre Familien wurden. 1974 waren die Kohleflöze unter Wasser dann erschöpft, und man gab Hashima wieder auf. Die Insel hat allerdings ein interessantes Nachleben. Sie schaut nämlich aus wie eine verfallene industrielle Festung und zieht aufgrund dieser dystopischen Anmutung heute Filmregisseure und Touristen an.

Diese unvermutete Kehrseite der Ausplünderung wird freilich Nauru nicht retten, ein 21 Quadratkilometer großes Land im Südpazifik, das einst jede Menge wertvoller Phosphatvorkommen aufzuweisen hatte. In den letzten hundert Jahren wurde die gesamte Insel im Tagebau ausgebeutet – zunächst von europäischen Mächten und dann, ab 1968, von der eigenen Regierung. Einst eine der reichsten Nationen der Welt, ist Nauru jetzt Ödland, wo kaum noch etwas wächst. Heute gehören zu ihren wenigen Einnahmequellen der Verkauf von Pässen an Ausländer und die Aufnahme von Flüchtlingen, die von anderen Ländern abgewiesen wurden.

Alle diese Inseln wurden durch menschliche Aktivitäten zerstört, aber auf der Landkarte existieren sie noch immer. Zahlreiche andere Inseln wurden in letzten beiden Jahrzehnten durch den Abbau von Rohstoffen völlig ausgelöscht. Hauptursache dafür ist die weltweite Nachfrage nach Sand, die vor allem durch den Bauboom in Asien befeuert wird. Der Journalist Vince Beiser, der den globalen Sandhandel seit Jahren intensiv beobachtet, berichtet, dass allein in Indonesien gut zwei Dutzend kleine Sandinseln abgebaggert wurden und jetzt unter dem Meeresspiegel liegen.

Inseln sind allerorten bedroht, vom Südpazifik bis zum Nordatlantik. Für Inselbewohner sind das Zeiten voller Angst und Sorge.

Warum Inseln untertauchen

Die San-Blas-Inseln
von Guna Yala, Panama

Justino klopft mit seiner ledrigen Hand gegen sein Knie: «Im Dezember geht das Wasser bis hier.» Er gehört zum Stamm der Kuna, einem indigenen Volk Panamas. Obwohl er grinst, zeichnen sich auf seiner Stirn Sorgenfalten ab, als er mir vom Meeresspiegelanstieg auf seiner Heimatinsel erzählt. Sie ist eine von rund fünfzig Inseln, die von den Kuna im San-Blas-Archipel von Guna Yala bewohnt werden («Kuna-Land»). Insgesamt besteht die Gruppe aus 365 Inseln und erstreckt sich über mehr als 200 Kilometer auf der Karibikseite Panamas.

Wir sind nur 70 Kilometer, aber doch eine ganze Welt entfernt von den Wolkenkratzern von Panama-Stadt. Die Kuna sind arm und ihre Inseln winzig – oft nur fußballfeldgroß und ein paar Zentimeter über dem Meeresspiegel gelegen. Von der Küste aus oder wenn man dran vorbeischippert, sieht man von vielen Inseln nur ein paar Palmen und ein paar Hütten aus Palmwedeln. Die Kuna siedelten sich vor rund zweihundert Jahren auf diesen verstreuten Sandinseln an. Dort gab es weder die Insekten noch die wilden Tiere, die das dicht bewaldete Festland plagten (und das bis heute tun). Sie boten zudem Schutz vor feindseligen anderen Stämmen. Die Inseln waren Zufluchtsorte: mit weniger Schädlingen, umgeben von Fischen, Krabben und Hummern, aber nah genug am Festland, um problemlos Zugang zu Ackerland, Brennholz und Süßwasser zu haben.

Justino erzählt mir seine Geschichte auf der alten, aber makellosen, zwölf Meter langen Jacht, auf der ich eine Koje gemietet habe. Der Kapitän ist ein Freund von ihm, sechzig Jahre alt und

mit leiser Stimme sprechend: ein auf Mallorca geborener See-
mann namens Toni. Dieser Archipel und dieses beengte Boot sind
Tonis Zuhause, und er will mir unbedingt die Inseln zeigen, die
verschwunden sind. «Da drüben, da war eine Insel». Oder: «Wir
fahren gerade direkt über eine andere Insel.» Oder: «Da, da, alle
weg.» Toni deutet in sämtliche Richtungen auf Inseln von gestern.
Geblieben sind seichte Stellen, die mitunter durch ein paar Stöcke
und einen Wellenkamm markiert sind.

Unter Deck liegt ein zerlesenes Exemplar des *Panama Cruising
Guide* von Eric Bauhaus. Seine detaillierten Karten machen den
Führer unentbehrlich für die kleine Jacht-Community, die in ge-
selligen Gruppen vor Anker geht. Tonis Exemplar ist so abgegrif-
fen, dass es nur noch einen Haufen loser vergilbter Seiten bildet.
Weil ich während meiner paar Tage in San Blas nicht viel anderes
tun konnte, sobald es dunkel geworden war, habe ich die Karten
und lokalen Informationen abgeschrieben. Bauhaus sagt ganz
klar: «Jedes Mal, wenn ich einige Zeit weg war und dann eine
neue Erkundung vornehme, muss ich wieder ein paar Inseln aus
den Karten streichen, weil sie jetzt nur noch Sandbänke sind.»

Justino deutet Richtung Festland: eine grüne Masse voller
Moskitos, Schlangen und gar nicht so weniger Krokodile, nur
gut einen Kilometer entfernt: «Wir müssen dorthin», sagt er und
fährt sich mit den Fingern durchs Haar. «Mir schwirrt schon der
Kopf vor lauter Problemen.» Er geht davon aus, dass jeder auf den
sieben Inseln der Robeson-Gruppe, wo er jetzt lebt, in nicht allzu
ferner Zukunft umsiedeln muss. Die Robeson-Inseln liegen am
äußersten nördlichen Rand von San Blas und sind so abgelegen,
dass sie nicht einmal bei Google Earth auftauchen. Es scheint so,
als würden verschiedene Inselgruppen verschiedene Richtungen
einschlagen und mal schauen, was passiert: «Die einen gehen dahin, wir gehen dorthin – alles unterschiedlich.» Justinos Lächeln
verschwindet wieder aus seinem Gesicht. Es ist ein chaotisches

Die San-Blas-Inseln von Guna Yala, Panama

171

Szenario, und er sowie seine ganze große Familie sehen einer ungewissen Zukunft entgegen. Doch in einem Punkt ist er ganz klar: «Wir gehen weg, alle.»

Es gab immer wieder Pläne für eine geordnete Evakuierung. Der Bericht einer Nichtregierungsorganisation namens Displacement Solutions hat sich, von der Zentralregierung finanziert, die Mühe gemacht, einen Plan zur Umsiedlung der relativ großen und dicht besiedelten Insel Kuna (die jeder hier nur Carti nennt) zu entwickeln. Die holprige Straße zur Küste von San Blas führt vorbei an den leeren, halb fertigen und zugewachsenen Wohnblocks, die den Bewohnern von Carti angeblich eines Tages ein neues Zuhause bieten sollen. Die Regierung hat die Finanzierung vor einiger Zeit zurückgezogen, und das «Umsiedlungsdorf» verschwindet im Dschungel. Im Moment sieht es so aus, als würden die «Umsiedlungslösungen» für Kuna eine eher spontane Sache ohne staatliche Unterstützung werden.

In Tourismusbroschüren präsentieren sich die San-Blas-Inseln noch immer als schimmernde Paradiesflecken. Oberflächlich gesehen ist unschwer zu erkennen, warum das so ist. Es sind tropische Inseln, palmengesäumt und über ein warmes, in der Regel ruhiges Meer verstreut. Die Tatsache, dass es hier reichlich Cannabis und Kokain gibt (ich habe mir sagen lassen, Kokain sei auf den Inseln billiger als Coca-Cola), trägt zusätzlich zur berauschenden Atmosphäre bei und zieht Partyvolk und Rucksacktouristen an.

Ein paar wenige Kuna betreiben den Drogenhandel für Touristen, während andere dieses Geschäft vehement ablehnen. Einzelne Inseln unterstehen der Kontrolle der Stammesältesten, der Sahilas, und sie entscheiden, was erlaubt ist. Die Robeson-Inseln sind eher konservativ, sogar Bier ist hier verboten. Justino lebt auf Tupsuit Dummat, der bevölkerungsreichsten der Islas Robeson. Sie ist ein verwirrendes Labyrinth aus Sandstraßen und herumrennenden, lachenden Kindern. Es sieht aus, als seien die Menschen hier glücklich und gut versorgt. Als ich mich zwischen den Hütten aus Palmblättern hindurchschlängle, komme ich an einer in hübschem Blau gehaltenen Schule vorbei sowie am dunklen Eingang zu einer etwas wuchtigen «Kongresshalle», wo die Sahilas ihre Erlasse verkünden, traditionellerweise indem sie lange heilige Gesänge anstimmen. Drüben auf Carti, das regelmäßig von Besuchern überrannt wird und an die moderne Welt angeschlossen ist, herrschen entsprechende Sitten: Die Einheimischen sind in der Regel etwas unwirsch, verkneifen sich jedes Lächeln und sind clevere Geschäftemacher. Auf Tupsuit Dummat hingegen lächeln die Menschen freundlich und wirken freudig erregt, weil Besucher gekommen sind. Wie fast alle Kuna-Frauen tragen auch die auf Tupsuit Dummat bunte, handgefertigte Tücher, die verziert sind mit «Molas» – komplexen gestickten Motivbildern, die zu den berühmtesten Handwerkskünsten Panamas gehören –, und jede Menge Fußreifen. Einige haben auch goldene Nasenstecker und hennafarbene Tätowierungen im Gesicht. Draußen auf dem Meer sieht man Männer und Frauen in eleganten Einbäumen (*ulus*) paddeln, mit denen sie Zuckerrohr und Obst, aber auch Brennholz und Frischwasser vom Festland bringen.

Die Szenerie wirkt idyllisch, doch in jedem Gespräch ist ein Gefühl der Unsicherheit zu spüren. Das Leben hier wird härter. Die amerikanische Fotojournalistin Greta Rybus hat auf Coetupo, einer Kuna-Insel rund 160 Kilometer südlich der Robesons, zahlreiche Interviews geführt, in denen all die Probleme sichtbar werden, vor denen die Menschen stehen. Mit dem Klimawandel kommt es zu höheren Fluten, aber auch das Wasser erwärmt sich, was den Fischfang deutlich reduziert. «Das Meer kann heute nicht mehr so heilen wie früher», erzählte ein Ältester von Coetupo. «Es ist zu heiß, weshalb es jetzt nicht mehr viele Fische gibt. Früher gab es auch jede Menge Kokosnüsse und Bananen. Heute

Die San-Blas-Inseln von Guna Yala, Panama

nicht mehr, weil sich die Sonne verändert hat.» Ein Lehrer schilderte, wie einige der Schutzmaßnahmen, die von den Inselbewohnern ergriffen wurden, die Sache nur noch schlimmer machten. «Als die Menschen merkten, dass der Meeresspiegel stieg, zerstörten sie die Korallen und errichteten daraus eine Art Mauer, was ausgesprochen schädlich ist.» Und er verwies auf eines der Hauptprobleme bei den unkoordinierten Umsiedlungsplänen: «Vor etwa fünf Jahren versuchten wir ein Projekt zur Umsiedlung auf das Festland zu starten, aber es gab Streit innerhalb der Gemeinschaft. Das Land auf dem Kontinent ist bereits verteilt; es hat Besitzer. Und diese Besitzer wollen es nicht an andere geben.»

Auf Tupsuit Dummat hat man mich derweil in Justinos Familienhütte eingeladen. Dünne Sonnenstrahlen werfen Streifen gelben Lichts auf den Lehmboden, der noch von der letzten Winterflut gezeichnet ist. An jedem Dachbalken sind Hängematten befestigt, in denen jemand liegt. Ganz hinten befindet sich Justinos Großmutter, die zu krank ist, um den Kopf zu heben. Sie vertraut auf traditionelle Heilmittel, aber die zeigen keine Wirkung. Ein Schüttelfieber hat die gesamte Insel erfasst. Es sind so viele Menschen krank, dass die üblichen Festivitäten zu Beginn des Novembers (in Panama traditionell ein Monat voller Festumzüge) abgesagt wurden. Später steckt Toni Justino zwei Ibuprofen-Tabletten zu: Das ist alles an moderner medizinischer Hilfe, was Justinos Großmutter bekommen wird.

Es ist kein Wunder, dass auf den Islas Robeson so viele Menschen krank sind. Die sanitären Verhältnisse sind, wie auf allen San-Blas-Inseln, recht bescheiden. Kommt man auf eine der größeren bewohnten Inseln, sieht man als Erstes Dutzende von Latrinen, dicht gedrängt am Ende wackliger Stege, die in alle Richtungen ins Meer ragen. Die Vorderseiten der Häuser befinden sich auf der dem Meer abgewandten Seite, denn die See ist nicht nur einzige Proteinquelle für die Kuna, sondern auch eine riesige Toilette. Gleich an meinem ersten Morgen merkte ich, dass das klare Wasser kein besonders guter Ort zum Schwimmen war, denn nach ein paar beherzten Zügen musste ich schon ein paar recht großen Kackwürsten ausweichen.

Eine Schar von Kindern stürmt in Justinos Behausung, darunter ein Mädchen mit blondem Haarschopf und sehr weißer Haut. Albinismus ist sehr verbreitet bei den Kuna, und solche Kinder gelten als vom Glück gesegnet. Toni fragt die Kinder, warum die Insel ihrer Ansicht nach immer stärker überflutet wird. Sie kichern und schubsen sich gegenseitig; sie wissen es nicht. Wie sich herausstellt, hat keines von ihnen – nicht einmal die älteren Teenager – je vom Meeresspiegelanstieg, vom Klimawandel oder von der globalen Erwärmung gehört.

Vielleicht sieht die ganze Sache in ihren Augen nicht ganz so geradlinig aus. Sie erleben, wie die Inseln untergehen, aber auch, wie sie aktiv verteidigt werden. Wie die auf Coetupo geführten Interviews zeigen, sind einige der Methoden, mit denen die Kuna ihre Inseln schützen wollen, von zweifelhaftem Wert. Ein paar Segelstunden südlich der Robesons, auf der Insel Chichime, stieß ich auf eine noch weniger plausible Praxis. Hier hatten die Ältesten empfohlen, den Anstieg des Meeres dadurch zu stoppen, dass eine ganz bestimmte Sandmischung – mit gleichen Anteilen aus verschiedenen Teilen der Insel – aufgehäuft wurde. Der Sand wurde schon bald weggespült, und später suchte ich mir einen Weg entlang der schnell erodierenden Küste Chichimes, über verstreuten Plastikmüll und die absterbenden schwarzen Wurzeln von Palmen, die einst im Landesinneren gestanden hatten.

Schlecht geplante Maßnahmen wie diese mögen eher die Ausnahme als die Regel sein. Andere Methoden der Kuna funktionieren besser, zumindest eine Weile. Auf Tupsuit Dummat lausche ich den Ausführungen von Armando, der Sand vom Festland auslädt, den er in seinem *ulu* herbeigeschafft hat, und gerade eine

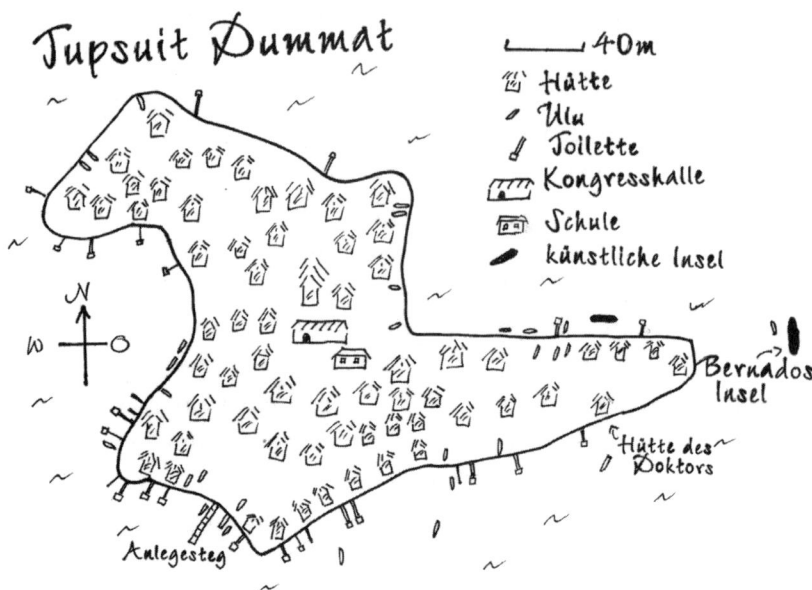

Jupsuit Dummat

⌐——⌐ 40m
Hütte
Ulu
Toilette
Kongresshalle
Schule
künstliche Insel

Bernados Insel

Hütte des Doktors

Anlegesteg

Pause macht. Mit dem Sand will er Land zurückgewinnen. Selbst mit einem mechanischen Bagger wäre das eine Riesenarbeit, aber alles, was er hat, sind sein Einbaum, ein Eimer und ein Spaten. Armando sieht müde aus und ist erschreckend dünn, aber die Arbeit, sagt er, muss weitergehen, denn das Land wird gebraucht für eine neue Hütte für Ärzte auf Visite, damit diese länger auf der Insel bleiben können, vielleicht sogar über Nacht.

Als ich mich umdrehe, bemerke ich einen weiteren Mann ein Stück weit draußen im Meer, der Land anhäuft. Er holt Schotter, Korallen und Steine aus seinem *ulu*, um eine neue Insel zu schaffen, und er ist seit Monaten jeden Tag damit beschäftigt. Das ist Bernado, und als er zurückgepaddelt ist, erzählt er mir von seinem großen Plan. Die Insel, an der er gerade baut, ist für Mietunterkünfte gedacht und Teil seines Vorhabens, seine Kinder wieder zurückzulocken, die, wie so viele Kuna, nach Panama-Stadt gezogen sind. Bernado ist nicht der Einzige: Die Islas Robeson haben noch weitere winzige, selbstgebaute Inseln. Die Kuna leben nicht einfach nur auf Inseln – sie machen sie.

Angesichts der düsteren Szenarien für San Blas könnten solche Bemühungen vergeblich anmuten. Sie könnten aber auch dazu führen, dass wir das Gerede in Frage stellen, wonach die «Umsiedlung» der Inselbewohner unvermeidlich, ja fast naturgegeben sei. Hätten die Kuna Zugang zu den Ressourcen, mit denen die Holländer Ocean Reef in Panama-Stadt bauen, müssten sie ihre Heimat nicht verlassen. Es wäre im Grunde ganz einfach: Die Gewässer hier sind in der Regel ruhig, und die Spitze sowie die Seiten dieser Inseln mit Felsen zu erweitern und abzusichern wäre kein Hexenwerk. Es wird aber nicht passieren, weil die Kuna arm sind. Und nicht nur das: Auch ihr Verhältnis zum Rest des Landes ist nicht frei von Spannungen.

Wer die Isolation der Kuna verstehen will, muss ein wenig tiefer in der Geschichte graben. In vielerlei Hinsicht sind die Kuna ein Beispiel für das Überleben indigener Völker. Nicht nur sind sie immer noch hier, auch ihre Sprache und Kultur gedeihen prächtig. Manche Aspekte ihrer Kultur sind überraschend liberal. Wenn Männer heiraten, ziehen sie aufs Anwesen der Frau, und in Kuna-Haushalten sind es die Frauen, die in Gelddingen das Sagen haben. Auf den Inseln sieht man zudem häufig Transgender-Männer, die sich wie Frauen kleiden und als solche leben. Wenn es keine Töchter gibt, fällt offenbar dem jüngsten Sohn einer Familie eine weibliche Rolle zu.

Die umfassendste Geschichte der modernen Kuna, die der Anthropologe James Howe verfasst hat, trägt den bezeichnenden Titel *A People Who Would Not Kneel*, ein Volk, das sich nicht beugte. Einen Hinweis darauf, wogegen die Kuna anzukämpfen hatten, gibt Panamas Gesetz über «indigene Kultur» von 1912. Es beginnt mit der Proklamation: «Die Exekutivmacht wird mit allen friedlichen Mitteln danach streben, die barbarischen, halb barbarischen und wilden Stämme, die es im Land gibt, zum zivilisierten Leben zurückzuführen.» Kleidung, Perlenschmuck und Nasenringe der Kuna wurden verboten, ihre Sprache unterdrückt. In den 1920er Jahren kam es zu Aufständen und gewaltsamen Auseinandersetzungen zwischen der Polizei und mit Macheten bewaffneten Kuna. Es war eine verwirrende Zeit, und die Forderung nach Unabhängigkeit für die Kuna war auch dem Tun von Außenstehenden geschuldet, allen voran von Richard Marsh, einem amerikanischen Abenteurer, der große Sympathien für die Kuna hegte. 1925 verfasste und verbreitete er eine «Unabhängigkeitserklärung» der Kuna, was zur kurzlebigen Republik Tule führte. Dieser Beinahe-Staat wurde jedoch schon bald, unter Vermittlung der USA, wieder mit Panama vereint.

Doch ganz gleich, welche Rolle Marsh dabei spielte: Der damaligen Geschehnisse wird alljährlich überall in Guna Yala gedacht, man nennt sie hier die Kuna-Revolution, ein stolzer Moment des Trotzes und ein lebendiges Vermächtnis des Widerstands. Die Fahne der «Revolution» war irritierenderweise ein helles Hakenkreuz, das man auf den Inseln noch heute vielfach sieht. Dieses Symbol steht in keinerlei Beziehung zum Hakenkreuz der Nazis, und umso empörter war ich, als ich las, dass Eric Bauhaus davon spricht, die Revolution sei begleitet gewesen von einem «Holocausto de las Razas», bei dem Mischlingskinder umgebracht worden seien. Zwar bestätigt auch James Howe «grässliche Morde an Nicht-Indianern», doch schätzt er die Zahl der Toten auf höchstens dreißig, weshalb der Begriff «Holocaust» nun wirklich völlig fehl am Platze ist. Trotzdem herrscht hier noch immer ein tiefsitzendes Unbehagen gegenüber «Vermischung». Kuna und Nicht-Kuna erklärten mir mehrfach, den Kuna seien Beziehungen zu Nicht-Kuna verboten.

Panama gewann die Kuna nach ihrer Revolution – und auch seither noch mehrfach – mit Autonomieversprechen zurück.

«Autonomie» klingt nach einer feinen Sache, und heute verwalten sich die Kuna in vielerlei Hinsicht selbst. Doch im Zeitalter einer globalen Krise hat diese Art der Freiheit einen Pferdefuß. Anders als bei «versinkenden» und voll souveränen Inseln wie den Salomonen oder Malediven ist die Notlage der Kuna unsichtbar. Sie haben an keinem internationalen Verhandlungstisch eine Stimme. Kleine Inseln wie diese, ohne Unabhängigkeit, haben ein Problem: Kaum jemand hat je von ihnen gehört, und ihre Sorgen bedeuten der Außenwelt nicht wirklich viel. Das Problem verschlimmert sich noch, wenn sie von einer armen Minderheit bewohnt werden in einem Land, in dem Umweltschutz keine besonders große Rolle spielt. Meiner Erfahrung nach tut man Umweltschäden in Panama – wie in vielen anderen Ländern – mit einem Achselzucken ab. Die politische Autonomie der Kuna macht dieses Achselzucken noch stärker und abschätziger. Die panamaische Haltung gegenüber den Kuna ist bestenfalls eine Form wohlwollender Nichtbeachtung, wird jedoch häufig überschattet vom Befremden – und sogar der Wut – ob der hartnäckigen Weigerung der Kuna, sich der modernen Welt anzuschließen.

Die hart erkämpfte Autonomie der Kuna hat Auswirkungen auf diejenigen, die San Blas besuchen wollen. Die touristische Infrastruktur ist rudimentär und man kommt gar nicht so leicht hin. An der Grenze zum Kuna-Gebiet müssen Reisende lustlosen bewaffneten Polizisten den Pass zeigen; und dann ist oft unklar, wer – wenn überhaupt – verantwortlich ist. Mein Besuch fiel in eine Phase extrem schlechter Beziehungen zwischen Panama und den Kuna. Die Kuna ärgern sich schon lange darüber, dass Auswärtige – vor allem die Jachtbesitzer – das Geld der Touristen abgreifen. Weil es keine Hotels gibt, bleiben viele Leute auf Booten, und die sind alle im Besitz von Nicht-Kuna. In Panama-Stadt bekam ich panische WhatsApp-Nachrichten von Toni und seinen

Die San-Blas-Inseln von Guna Yala, Panama

179

Kumpanen, in denen sie mir erklärten, der Kuna-Kongress habe meinen Schlafplatz auf seiner Jacht für illegal erklärt. Ich war verunsichert. Bis in die frühen Morgenstunden tippte ich auf meinem Smartphone herum und erklärte mich schließlich mit einer Nacht-und-Nebel-Aktion einverstanden: Ich sollte um vier Uhr morgens ein Taxi von meinem Hotel nehmen, dem Fahrer aber nicht verraten, wo ich hinwollte: «Wenn dich jemand fragt, sag, dass du zu David willst, ja?» Es war die bisher seltsamste Taxifahrt meines Lebens. Ich hatte keine Ahnung, wohin ich fuhr, wusste nur, dass ich einen Mann namens Toni treffen sollte, durfte jedoch mein Ziel nicht kundtun. Die Fahrt dauerte vier Stunden, kostete mich 70 US-Dollar in bar («Geben Sie mir das Geld jetzt gleich, bitte») und fand in einem alten Jeep statt, der auf immer schmaler werdenden Straßen mit immer mehr Schlaglöchern ächzte und rumpelte. Schließlich fand ich mich an einem Ort wieder, der angeblich ein Hafen, tatsächlich aber eine Lichtung an der Biegung eines schmutzigen Flusses war. Nachdem ich lange in der glühenden Sonne ausharren musste, wurde ich auf ein kleines Boot mit zwei fetten Außenbordmotoren gelotst. Es fuhr zunächst flussaufwärts und dann hinaus aufs offene Meer. Es regnete in Strömen, als wir an unserem Zielort ankamen, das war die Insel Chichime, wie ich später erfuhr. Dort stapfte mir Toni in einer hellen Regenjacke durch den Sand entgegen. Es folgte eine rätselhafte Konfliktsituation zwischen ihm und ein paar einheimischen Kuna, die dadurch gelöst wurde, dass ich im Gegenzug für ein Hummeressen 75 US-Dollar löhnte. Erfreulicherweise legte sich mein Selbstmitleid wieder, als der Regen aufhörte, und schon bald machte ich es mir auf Tonis Boot unter Deck gemütlich.

Nach allem, was ich in der internationalen Presse über die Kuna gelesen hatte, erwartete ich die Bestätigung eines heute gängigen Narrativs: dass die Kuna furchtlose, beherzte Einheimische sind, die beschlossen haben, ihre Inseln selbstbestimmt zu verlassen. Das ist eine hübsche Vorstellung, allerdings auch Wunschdenken. Ich jedenfalls bekam einen ganz anderen Eindruck, weniger hoffnungsvoll und deutlich chaotischer. Was sich hier abspielt, ist Panik in Zeitlupe. Die Kuna sind sich selbst überlassen und müssen mit einer Katastrophe zurechtkommen, für die sie nichts können, die aber ihr Leben völlig auf den Kopf stellt.

Die moderne, industrielle Welt ist gerade dabei, diese Inseln zu zerstören. Gleichzeitig sind die Bewohner dieser industriellen Welt, rastlos und ausgehungert nach Schönheit, von diesen Inseln fasziniert. Jede von ihnen ist einzigartig, bezaubernd. Kein Wunder, dass die San-Blas-Inseln Touristen und Fremde wie mich anziehen, die auf der Suche nach dem Paradies sind. Wir sind ständig unterwegs, immer auf der Suche nach einer weiteren schönen Sache, nach einem weiteren Fotomotiv, dahin, dorthin, winkend und lächelnd, während zur gleichen Zeit alles aus dem Blickfeld verschwindet.

Tongatapu und Fafa, Tonga

Inseln kommen und gehen. Manche Teile werden größer, andere verschwinden. Aber dafür sorgen nicht die Menschen.» Wir sind die einzigen Gäste in der einzigen Bar der Insel. Tom bestellt noch ein großes Glas Rotwein, nimmt einen kräftigen Schluck und bleibt hartnäckig dabei: «Es gibt keinerlei Hinweise auf einen menschengemachten Meeresspiegelanstieg, aber das ist das Einzige, was die Leute hören wollen.» Ich zucke zusammen. Er blickt mich forschend an. Dieser schlanke und müde wirkende junge Deutsche provoziert mich, irritiert mich aber auch: Er ist Meeresbiologe, also vom Fach, und lehnt doch ganz selbstverständlich die gängige Meinung ab.

Tom lebt auf Fafa, das ist eine *sehr* kleine, quadratische Insel – rund vier Hektar groß – und ein unauffindbares Ökoresort fern von der Außenwelt. Er untersucht die dortigen Korallen und hat mir erzählt, dass er auch als Inselarzt fungiert, was mich etwas verwirrt. Auf Fafa stehen gerade einmal dreizehn neu errichtete, traditionell aussehende Hütten mit Wänden aus Palmenblättern für die betuchten Besucher. Jede steht auf einer Lichtung, umgeben von Palmen und blühenden tropischen Pflanzen, und bis zur Hauptstadt Tongas sind es gerade einmal sechs Kilometer. Was soll ein Arzt hier? Vielleicht habe ich etwas falsch verstanden oder mich verhört. Im Moment bin ich mir bei gar nichts mehr sicher. Ein paar Stunden später taste ich mich durch die Dunkelheit, barfuß über warme sandige Pfade, zu meiner eigenen «Einheimischenhütte».

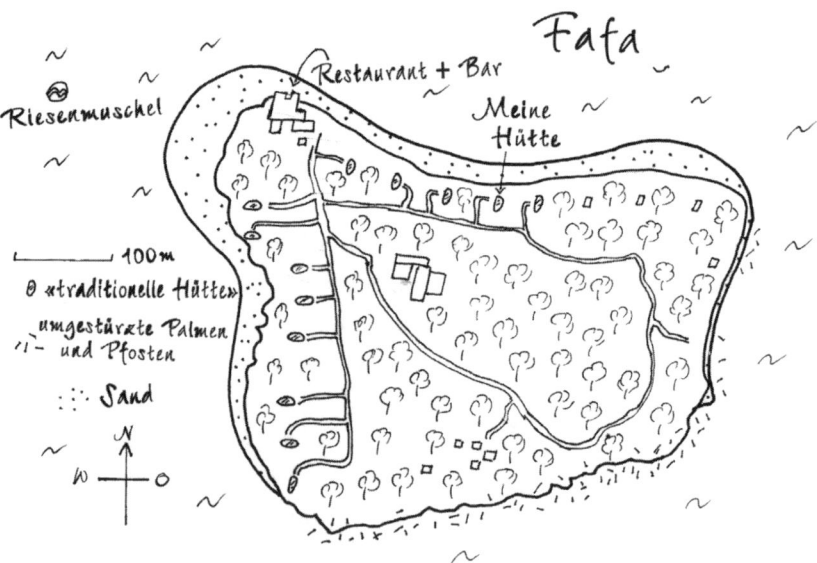

Warum Inseln untertauchen

182

Ich versuche, mich vom sanften Geräusch der Wellen in den Schlaf wiegen zu lassen. Heute Abend stört kaum ein Windhauch die tropische Luft, und das einzige andere Geräusch ist das gelegentliche Krächzen von Moorhühnern, aufgeregten Vögeln mit langen Beinen, die mit Argusaugen über die Insel patrouillieren.

Eine winzige Insel kann sich wie ein sehr beruhigender Ort anfühlen – wohlbehütet wie im Mutterleib und unendlich weit weg von allen Gefahren. Ich bin trotzdem ruhelos und habe an diesem schwer verdaulichen Gespräch zu knabbern. Ich hätte Tom entgegenhalten müssen: Welcher natürliche Prozess könnte denn einen so rasanten Anstieg des Meeresspiegels verursachen? Ich hätte sagen sollen: «Schauen Sie, Tom, Satellitendaten zeigen, dass der Meeresspiegel rings um Tonga Jahr für Jahr steigt. Das ist ungewöhnlich und gefährlich, insbesondere weil es mit heftigeren Stürmen und Zyklonen einhergeht.» Irgendwas in der Art.

Auf meinem Nachttisch tickt meine Armbanduhr ziemlich laut. Ich stehe auf und stopfe sie unter irgendwelche Kleidungsstücke. Während die Minuten sich hinziehen, fallen mir noch mehr Erwiderungen ein. Alle achtzehn Mitgliedstaaten des Pacific Islands Forum von 2018, darunter auch Tonga, haben übereinstimmend erklärt, der Klimawandel sei die «größte Bedrohung» für die Pazifikregion. Der Appell der tongaischen Regierung auf der UN-Klimakonferenz in Paris war deutlich: «Viele Länder und Regierungen verhandeln hier in Paris über ihre Volkswirtschaften – wir bitten nur darum, überleben zu dürfen.» Genauso vielsagend war die Antwort des obersten Klimafinanzanalysten der Regierung, Sione Fulivai, auf die Frage von Journalisten, ob denn eine Massenevakuierung geplant sei. «Wo sollten wir hin? Wir sind an unser Land, unsere Kultur gebunden. Wer sind wir ohne unsere Gebiete?»

Ich erinnere mich, wie ich zum ersten Mal von diesem Ort erfuhr: In einer Fernsehreportage der BBC von 2015 wurde der

Tongatapu und Fafa, Tonga

ehemalige Manager von Fafa interviewt und gezeigt, dass der Strand zwischen fünf und zehn Meter kleiner geworden war. «Wir mussten bereits den Restaurant- und Barbereich nach hinten verlagern», sagte er und fügte hinzu: «Wir kämpfen gegen das Unausweichliche.» Der Journalist fragte, ob die Insel denn in hundert Jahren noch existieren werde. Die Antwort lautete schlicht: «Auf keinen Fall.»

Zuvor, im hellen Sonnenlicht, hatte ich versucht, die Insel zu umrunden, und schon bald war offensichtlich, dass dieser Ort angegriffen wird. Das Südufer von Fafa ist größtenteils ein Hindernisparcours aus Palmen, die vom steigenden Wasser gefällt wurden. Versuche, die Fluten abzuhalten, liegen jetzt ebenfalls in Trümmern: Holzpfosten, die vor ein paar Jahren zum Schutz des Ufers in den Sand gerammt wurden, sind jetzt ganz schief oder völlig kaputt, ein paar stehen mitten im Wasser. Auf verschwindenden Inseln in den Tropen ist man oft nur einen Meter oder so von Bäumen und Häusern, die Stürmen oder dem Meer zum Opfer fielen, und von einer rasant erodierenden Uferlinie entfernt – vom schlagenden Beweis für den Meeresspiegelanstieg und zunehmende Wetterturbulenzen.

Bevor ich damit begann, bedrohte Inseln zu besuchen, rechnete ich damit, dort auf wütende Menschen zu treffen. Bisher ist mir das allerdings noch nie passiert. Ich dachte, wenn ich mit Politikern oder Aktivisten reden würde, wäre das anders. Aber ich suche mir meine Gesprächspartner nicht aus, ich rede mit jedem. Was ich zu hören bekomme, sind Seufzer und achselzuckende Gleichgültigkeit – und nur ganz gelegentlich die Behauptung, alles sei in bester Ordnung –, begleitet vom steten Rauschen der Wellen am Strand. Auf der Hauptinsel Tongatapu erzählte mir ein Typ in den Sechzigern, der am Hafen wartete, von den Veränderungen, die er erlebt hat: «Ich kann das hohe Wasser im Hafen sehen; es ist heute viel höher, und bei Flut fließt es über.» Dann fügte er mit einem Seufzer hinzu: «Ich weiß nicht, ob das Meer steigt oder das Land sich senkt. Es ist auch egal. Ich kann nichts machen. Ich kann nichts machen.»

«Ich kann nichts machen.» Wir starrten beide hinaus auf den blauen Pazifik, einen Ozean, der größer ist als die Landmasse aller Kontinente und Inseln zusammengenommen. «Ich kann nichts machen.»

«Ich kann nichts machen» klingt inzwischen wie die übereinstimmende Haltung der Menschheit und wie eine Art Trost. Ich bin nicht in der Position, darüber zu schimpfen oder mich darüber zu erheben. Daheim in England trenne ich fleißig meinen Müll, fahre mit dem Rad, kaufe gelegentlich regionales Gemüse und derlei Dinge. Das versetzt mich in die Lage, mich als Teil des fortwährenden Geredes vom «öko sein» zu fühlen und zu glauben, ich würde irgendwie «meinen Beitrag» leisten. Hier draußen ist all das schlicht und einfach *nichts*. Bei Menschen, die mit dem drohenden Verschwinden ihrer Häuser – von allem – leben, ändert sich die Psychologie. Es ist echt überwältigend. Und wenn irgendeine Geste diese Stimmung zum Ausdruck bringt, dann ist es das seufzende Achselzucken, die Körpersprache des Fatalismus.

Vielleicht sollte ich auf meinem Handy nachsehen, wie spät es ist: drei Uhr morgens. Noch immer kein Schlaf, dabei bin ich hundemüde, quäle mich mit stetig wiederholten Halbsätzen, mit Fragen, die nie gestellt oder beantwortet wurden. Schon bald tauchen andere Fragen auf, etwa die, warum diese so offensichtliche Krise nicht dazu führt, dass die Menschen wild herumspringen und aktiv werden, wie sie das bei anderen Krisen tun. Hat es damit zu tun, dass andere Herausforderungen wie wirtschaftliche Katastrophen oder auch ein Krieg im Vergleich dazu klein und rasch zu bewältigen sind? Diese Krise ist anders, sie hat andere Dimensionen. Die globale Umweltkatastrophe ist in der Tat überwältigend. Sie läuft dem angeborenen menschlichen Empfinden

Tongatapu und Fafa, Tonga

zuwider, die Natur sei für uns da – und am Ende werde schon alles gut gehen.

Irgendwann muss ich eingeschlafen sein, denn am nächsten Morgen bin ich früh wieder wach. Keine Spur von Tom, meiner Nemesis; ich vermute, er wird erst Stunden später aufstehen. Die Morgensonne hat den Sand bereits gewärmt, ich habe mir im Resort eine Schnorchelausrüstung geschnappt und plantsche kurz darauf im Wasser. Die Korallen sind bunt und weich, auch wenn man sie nicht berühren soll, und ohnehin bin ich auf der Jagd nach einer besonderen hiesigen Attraktion: der Riesenmuschel. Letztmals gesehen habe ich eine in einem Comic – ein Monster aus der Tiefe, das nach den Beinen des Helden schnappte. Ich war nicht wirklich überzeugt: *Das* konnte nun wahrlich nicht real sein.

Im klaren seichten Wasser erkenne ich einen Felsbrocken, an dessen Flanken Sand schimmert. Ich befinde mich fast genau darüber und bin nicht erschrocken, sondern erstaunt: Innerhalb der langen, gewellten Linien seines weit geöffneten Mundes befindet sich ein enormer muskulärer Siphon, der unablässig saugt und pumpt, wobei das schwarze Loch so groß wie meine Faust ist. Die Muschel ist über einen Meter lang und kann wahrscheinlich hundert Jahre alt werden. Die Welt ist noch immer voller Wunderdinge.

Vergnügt stakse ich zurück an den Strand. Ich habe einen Riesen entdeckt! Eigentlich hat mich aber einer der heutigen Leiter des Resorts darauf aufmerksam gemacht. Es ist «die Muschel»: eine Überlebende in Gewässern, in denen ihresgleichen einst reichlich zu finden war. Tonga hat noch immer genügend Riesenmuscheln, um Aquarien überall auf der Welt beliefern zu können, aber vermutlich nicht mehr lange. Wenn die Wassertemperatur steigt, werden die Schalen der Muscheln dünner, was sie zur leichten Beute für andere Tiere macht. Überall in Asien und im Pazifik befindet sich ihre Zahl im freien Fall.

Bevor ich Fafa verlasse, unterhalte ich mich noch einmal mit den Betreibern des Resorts, einem Ehepaar, das mit Blick auf die Zukunft der Insel etwas vorsichtiger ist als ihr Vorgänger. Dieses superfreundliche und rührige australische Paar, das über jahrzehntelange Erfahrung in der Leitung solcher Inselresorts verfügt, verweist (wie Tom) darauf, dass sich die Insel verschiebt, dass an einigen Stellen neues Land entsteht, während andere Teile erodieren. Beruhigung – genau das wollen wir: Alles wird gut.

Fafa ist ein bezaubernder Ort. Eine völlig andere Stimmung hingegen herrscht auf der Insel Tongatapu, die von den Menschen in Tonga gern als «Festland» bezeichnet wird. Hier leben 70 Prozent der insgesamt 108 000 Bewohner Tongas. Die restlichen 30 Prozent sind auf 35 der insgesamt 169 Inseln des Archipels verstreut. Anders als multiethnische Pazifikstaaten wie Hawaii, Fidschi oder Tahiti sind die Tongaer fast alle Polynesier und ziemlich stolz darauf, niemals kolonialisiert worden zu sein. Tongatapu ist 40 Kilometer lang und 20 Kilometer breit; der höchste Punkt in der Nähe des Flughafens im Südosten liegt bei 65 Metern. Überwiegend aber ist die Insel viel flacher, insbesondere im Norden, wo sich die Hauptstadt Nuku'alofa entlang der Küste erstreckt.

Dort nehme ich mir einen Leihwagen und starte zu einem Tagesausflug rings um die Insel. Die Straße, auf der ich unterwegs bin, ist oft gegenüber den umliegenden Feldern erhöht und führt fast ganz um Tongatapu herum. Sporadisch stößt man auf Schutzvorrichtungen gegen das Meer: An Teilen der Nordküste gibt es Schutzwälle oder Reihen großer weißer Felsblöcke. Doch die Aufwertung dieser Straße – von einer Sandpiste zu einem asphaltierten und voluminösen Erdwall – hat (wenngleich unbeabsichtigt) den wichtigsten Damm der Insel geschaffen. Er ist nicht uneingeschränkt ein Segen: Die Straße verschlimmert Sturmfluten, weil sie verhindert, dass der Regen ins Meer abfließt.

Die Straße wird immer leerer, je weiter ich nach Osten komme.

Tongatapu und Fafa, Tonga

187

Sie zieht eine Schleife um die Fanga'uta Lagune, ein sumpfiges Gewässer, das die Mitte von Tongatapu aushöhlt und so dem steigenden, stürmischen Ozean einen Zugang verschafft, weit ins Landesinnere vorzudringen. Mein erster Stopp gilt den fischenden Schweinen von Talafo'ou. An der Küste halte ich in der Nähe einer Informationstafel für Touristen an, auf der beschrieben ist, dass es die Schweine hier lieben, zu schwimmen und nach Meeresfrüchten zu schnüffeln. Doch die Schweine sind nirgends zu sehen. Da sie nicht nur schwimmen, sondern auch «Fische fangen» können, haben sie ihre Berühmtheit wohl eher verdient als die bekannteren, aber träger schwimmenden Schweine auf den Bahamas und den Bermudas.

Eine Familie in einem Pick-up – dem Lieblingsauto vieler Tongaer – fährt langsam an mir vorbei und starrt mich an. Ich habe das Gefühl, Touristen sind hier in der Gegend ein seltenerer Anblick als schwimmende Schweine. Dass es hier keinen Tourismus gibt, war mir gleich nach meiner Ankunft aufgefallen. Der Taxifahrer, der mich am Flughafen aufgabelte – ein in jeder Hinsicht riesiger Mann –, fragte mich als Erstes: «Du Entwicklungshelfer, ja?»

Mein Flug kam um Mitternacht an, und die Fahrt in die Hauptstadt erwies sich als recht triste Einführung in dieses Land. Wir mussten mehrfach einen Umweg fahren, weil polizeiliche Ausgangssperren galten und viele Straßen blockiert waren. Nach dem letzten Zyklon glaubte man, ein Ausgehverbot rings um das Stadtzentrum sei nötig, um Plünderungen durch «schlimme Jungs», wie der Taxifahrer sie nannte, zu verhindern.

Tongas Probleme hängen miteinander zusammen. Steigende Meeresspiegel, häufigere und verheerendere Wirbelstürme, wachsende Kriminalität und soziale Unzufriedenheit, ein hohes Maß an Emigration, eine kollabierende Tourismusbranche … all das verknäult sich zu einem ganzen Problembündel. Hinzu kommen noch andere Sorgen, nämlich eine Krise der Landwirtschaft, die zunehmende Notwendigkeit, Lebensmittel zu importieren, und eine fast schon epidemische Fettleibigkeit. Immer schlimmere und häufigere Stürme zerstören Farmen, die Ernte und, durch das Salzwasser, auch die Böden. Das hat zur Folge, dass in Tonga kaum frisches Obst und Gemüse angebaut wird. Zusammen mit anderen Pazifiknationen, die vor ähnlichen Herausforderungen stehen, wie den Cook-Inseln und Nauru gelten die Tongaer heute als eines der dicksten Völker auf der Welt. Schaut man sich in den Lebensmittelläden um, in denen sich tüten- und dosenweise importierte Nahrung, aber keinerlei Frischware findet, ahnt man, warum das so ist.

Ich fahre die Ostküste entlang, durch stille Kokospalmenwäldchen, vorbei an ungewöhnlich alten Friedhöfen, einem «Stonehenge» namens Ha'amonga 'a Maui und langen, leeren Stränden. Tonga ist ein sehr alter und ganz besonderer Ort, dessen Geschichte gut dreitausend Jahre zurückreicht. Bald darauf befinde ich mich an der Südküste, die felsiger und besser vor Wirbelstürmen und dem steigenden Meer geschützt ist. Würden mehr Menschen hier statt an der flachen Nordseite siedeln, ließen sich Menschenleben und Lebensunterhalt retten. Die Felsen an der Südküste sind von Hunderten Blaslöchern perforiert. Ich entdecke einen Aussichtspunkt, von dem aus man einen weiten Blick nach Osten und Westen, die Küste hinauf und hinunter hat und wo man sieht, hört und spürt, wie Meerwasser in mächtigen weißen Fontänen hoch in die Luft schießt.

Anderswo hat der felsige Charakter der Strände einen anderen Grund: Der gesamte Sand wurde abgetragen, weil man ihn für die Baubranche benötigte. Ebenfalls ein Opfer der Entwicklung waren die Mangrovensümpfe, die einst Tongas Küsten vor Stürmen und Tsunamis schützten. Die vielen Probleme, vor denen Tonga heute steht, sind vor allem auch deshalb schwer zu bewältigen, weil das gesamte Land der Krone gehört. Seit 2010 ist Tonga

Tongatapu und Fafa, Tonga

keine absolute Monarchie mehr, sondern firmiert jetzt als konstitutionelle Monarchie. Doch der Staat gehört im Wortsinne nach wie vor König Tupou VI. und den Adelsfamilien, die seinen Hof bilden, und das erschwert es, Farmen und Menschen von der anfälligen, niedrig gelegenen Nordküste umzusiedeln. Im Zuge einer Diskussion über die Notwendigkeit von Umsiedlungen warnten die beiden Klimaforscher Patrick Nunn und Nobuo Mimura schon vor über zwanzig Jahren: «Wenn der König und sein Gefolge nicht bereit sind, Gemeinen mehr Land zur Besiedlung zu überlassen, könnte es zu Unruhen kommen.»

Zu Unruhen kam es, aber die Unzufriedenheit richtete sich nicht gegen die Monarchie, sondern gegen den großen Buhmann im Tonga des 21. Jahrhunderts: die Chinesen. Die wütende Menge, die 2006 rund 70 Prozent des zentralen Geschäftsviertels in der Hauptstadt verwüstete, hatte vor allem chinesische Firmen im Visier. Und die Ressentiments gegen chinesische Kredite und Chinesen als Unternehmensbesitzer schwelen weiter. Geht man in Tonga in irgendeinen Laden, findet man mit einiger Wahrscheinlichkeit eine junge Chinesin an der Kasse, während mürrische Angestellte aus Tonga und deren Freunde ein wenig entfernt herumstehen. Man kann die Feindseligkeit in der Ladenluft förmlich spüren.

Erst im Oktober 2018 bekam Tonga eine Überwachungsstation für den Meeresspiegelanstieg, und detaillierte Informationen über das Problem sind nach wie vor ein rares Gut. Die meisten Menschen scheinen der Ansicht zu sein, dass eine Überflutung durch das ansteigende Meer ein weit weniger drängendes Problem ist als Zyklone und die Bedrohung durch Erdbeben und Tsunamis. An jeder Ecke stoße ich auf neue Beweise für die Zerstörungskraft des jüngsten Tropensturms. Viele Tongaer leben in Häusern aus Lochziegeln und Wellblech, die immer wieder umgeweht werden. Einige Hausbesitzer haben Plastikplanen darübergespannt, um den Regen abzuhalten, andere hingegen sind ausgezogen. Die Gefahr

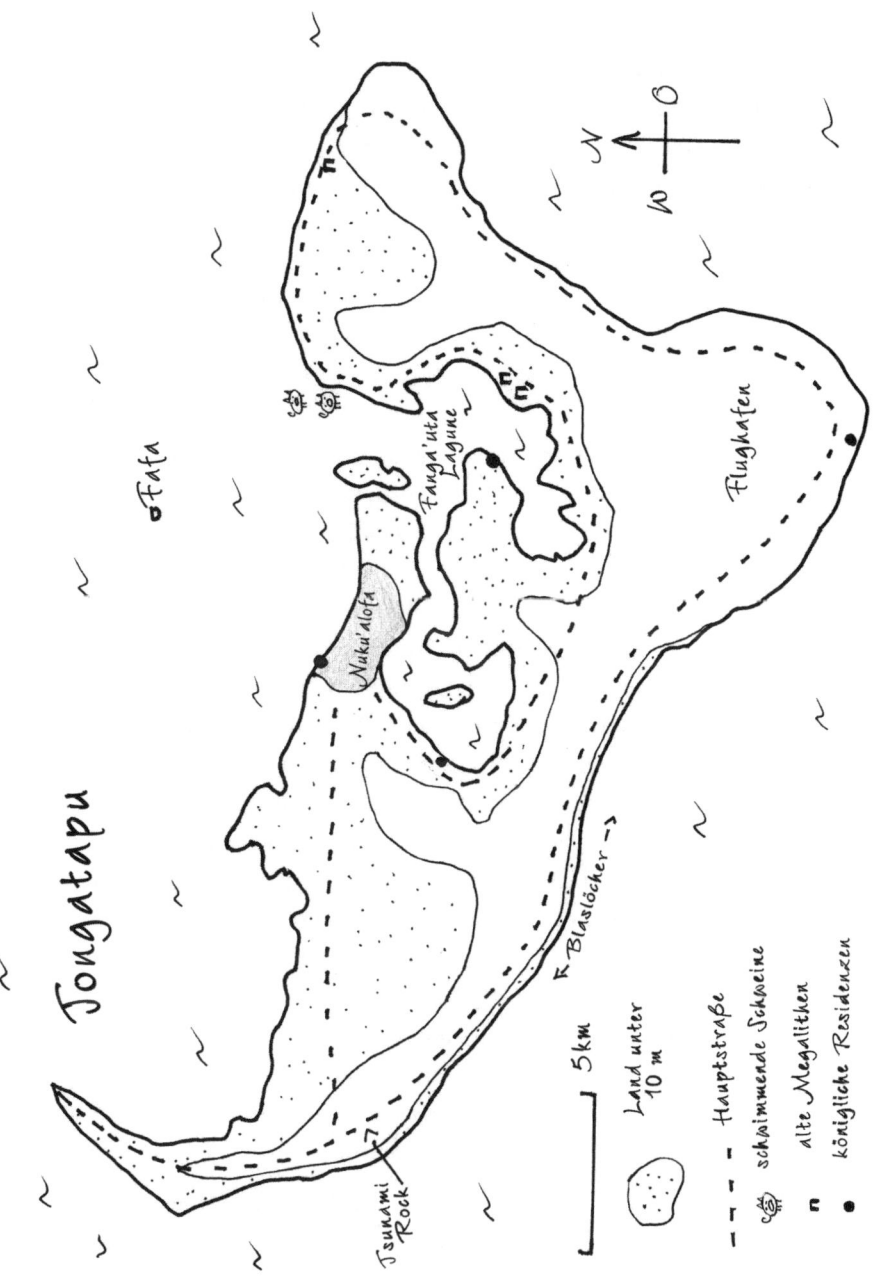

Tongatapu und Fafa, Tonga

191

von Überflutungen, Tsunamis und Erdbeben ist in Tonga extrem. Es liegt nicht nur in einem der wirbelsturmgefährdetsten Gebiete des Ozeans, sondern auch mitten im «Tongagraben», der tektonisch aktivsten Zone der Welt. Diese Gegend ist Katastrophen gewöhnt. Die Insel Tongatapu wird regelmäßig von Erdbeben heimgesucht und verunstaltet, etwa an Heiligabend 1853, als sich die gesamte Nordküste senkte und überflutet wurde. Wer sehen will, was Tsunamis auf der Insel anrichten können, dem sei ein Besuch am Tsunami Rock empfohlen. Das ist ein riesiger Felsbrocken, so groß wie ein Haus. Versteckt unter kleinen Bäumen liegt er inmitten eines Feldes. Er wurde vor tausend Jahren weit von der Küste entfernt von einer heftigen Welle mitgerissen, die über die gesamte Insel hinwegfegte und ihn hier zurückließ.

Übungen und Planungen für Erdbeben und Tsunamis gehören auf Tongatapu zum Alltag. Für die Schulkinder in ihren schnieken Uniformen gibt es regelmäßig Nachmittage, an denen sie üben, auf höhergelegenes Terrain zu rennen. Der Wetterdienst von Tonga verfügt zwar über ein eigenes Netzwerk seismischer Messstationen, verlässt sich für rechtzeitige Frühwarnungen aber auf das Pacific Tsunami Warning Center auf Hawaii. Die Tongaer bereiten sich täglich auf Klima- und Naturkatastrophen vor, und das müssen sie auch. Das Problem ist, dass sie sich mit einem ganzen Berg eng miteinander verbundener Fragen konfrontiert sehen – vom Eindringen von Salzwasser bis zu Erdbeben, von der Kriminalität bis zum Meeresspiegelanstieg, von der Fettleibigkeit bis zu ethnischen Konflikten. Und all das in einem sehr entlegenen und sehr armen Land mit knapp hunderttausend Einwohnern. Angesichts dessen ist es durchaus bemerkenswert, wie gut sich Tonga geschlagen hat. Es ist nicht auseinandergebrochen – zumindest nicht ganz; es ist immer noch da. Doch die Herausforderungen sind immens. Die dreitausendjährige Geschichte der Zivilisation in Tonga neigt sich langsam ihrem Ende zu.

Die Scilly-Inseln, Großbritannien

Es ist ein ungewöhnlich warmer, wolkenloser Tag Ende Februar, und ich versuche, all die Felseninseln zu erfassen, die die schmale Bucht und den fernen Horizont sprenkeln. Meine Tochter und ich sind die einzigen Gäste in einer Pension direkt am Meer mit einem kleinen Balkon. Steve, der Besitzer, hilft mir ein wenig und erklärt: «Was Sie da sehen, sind die Spitzen von Bergen.» Die Scilly-Inseln gehen seit Jahrtausenden unter. Eine überflutete Landschaft, eine Vision aus der Vergangenheit, die Fingerzeige auf die Zukunft liefert. Wir verlassen den Balkon und begeben uns in die Küche der Ferienwohnung, von der aus man einen guten Ausblick über die Lower Moors hat: auf karge Felder und Röhricht, die ein großes Feuchtgebiet auf der Hauptinsel St. Mary's einnehmen. Die Stimme unseres Gastgebers bekommt einen dringlichen Unterton: «Ich hoffe, sie werden noch eine ganze Weile da sein; das ist die Hoffnung.» Doch später zeigt er uns eine zerfledderte Kopie der «Klimawandelstrategie» der örtlichen Kommune; zu ihr gehört auch eine Karte, auf der die gesamten Lower Moors – und noch viele weitere Gebiete – blau eingefärbt sind – man hat sie aufgegeben und dem Atlantik überlassen, wobei das Dokument von einem «managed retreat» spricht, einer Art geordnetem Rückzug.

Seit dieser Plan 2011 veröffentlicht wurde, ist deutlich geworden, dass es wohl keine so gute Idee ist, die einzigen gebohrten Süßwasserbrunnen der Insel, die sich in den Lower und Higher Moors von St. Mary's befinden, vom Meer verschlingen zu lassen. Man könnte den Lower Moors noch einmal eine Frist von fünfzig Jahren erkaufen durch einen «Felspanzer» an der Küste, der die Überschwemmung bei Sturmfluten reduziert. Einstweilen zumindest ist man entschlossen zu bleiben. In dieser Landschaft lebt man schließlich schon seit langem mit Verlusten.

Die Isles of Scilly sind ein Archipel aus gut zweihundert Inselchen und Inseln, 43 Kilometer westlich der westlichsten Spitze Englands, und wenn das Wetter es zulässt – so wie heute –, begreift man, warum manche die Scillies als die «glückseligen Inseln» bezeichnen. Ihre Landmasse ist winzig, gerade einmal 16 Quadratkilometer, aber sie fühlen sich weniger bevölkert an als das Festland. Die Zahl von 2204 Einwohnern ist klein und stabil. Tatsächlich leben heute weniger Menschen hier als im frühen 19. Jahrhundert, als die Bevölkerung bei 2500 Insulanern lag. Es gibt fünf bewohnte Inseln: St. Mary's, St. Martin's, Tresco, St. Agnes und Bryher. Selbst die größte davon, St. Mary's, lässt sich zu Fuß bequem an einem Tag umrunden. Wobei einen hier rein gar nichts zur Eile drängt: Die gesamte Inselgruppe wurde zu einer «Area of Outstanding Natural Beauty» erklärt. Viele der ruhigen Straßenränder sind von Sukkulenten und scheuen hübschen Blumen bewachsen, und die Scillies weisen die größte Dichte an historischen Stätten in Großbritannien auf: Es gibt 239 frühzeitliche Monumente und archäologische Stätten an Land sowie ungezählte weitere unter den Wellen.

Vor den Scillies gab es Ennor, was Kornisch ist und so viel wie «das Land» bedeutet. Ennor war eine große Insel, deren höchste Erhebungen heute die Hauptinseln von Scilly sind. Ennor schrumpfte stetig. St. Agnes war um 3000 v. Chr. eine eigene Insel, und man schätzt, dass Ennor in den fünfhundert Jahren zwischen 2500 und 2000 v. Chr. mehr als die Hälfte seiner Fläche verlor. Noch im 16. Jahrhundert war der Name Ennor in Gebrauch, und wohin man auf den Scillies auch schaut, überall findet man seine Phantomspuren. Alte Steinmauern laufen ins Meer hinein; zahlreiche Grabstätten drängen sich auf Felseninselchen, die einmal Bergkuppen waren; die Ruinen des Dorfes Halangy aus der Eisenzeit stehen auf einer niedrigen Klippe und blicken hinaus auf eine Meeresfläche, die einst vermutlich landwirtschaftlich genutzt wurde. Seit 1500 v. Chr. hat sich ein Großteil dieses niedrig gelegenen Agrarlands in Sumpfgebiet verwandelt. Charles Johns von der Council Archaeological Unit in Cornwall erklärt, es sei trotzdem «nutzbares Land geblieben, insbesondere für Weidevieh, und die meiste Zeit problemlos begehbar gewesen».

Es dauerte lange, bis Ennor völlig von der Bildfläche verschwunden war. Charles Thomas, dessen Buch *Exploration of a Drowned Landscape* der beste Führer in die tiefe Vergangenheit der Insel ist, schreibt, der endgültige Übergang von Ennor zu den Scillies vollzog sich «zwischen dem 7. und dem 13. Jahrhundert und ‹aus Sicht der Menschen in kleinen Booten› waren die Gewässer zwischen den heutigen Inseln bis in die Tudorzeit nicht befahrbar».

Der Meeresspiegelanstieg auf den Scillies beruht auf zwei langfristigen Prozessen und einer jüngeren Entwicklung. Die beiden Langzeitentwicklungen sind eine interglaziale Wärmeperiode und eine postglaziale Landhebung weiter nördlich, wodurch sich die Südhälfte Großbritanniens nach unten neigt (diese «isostatische Anpassung» verstärkt den aktuellen Meeresspiegelanstieg noch einmal zusätzlich um 10 bis 33 Prozent). Der kürzere Prozess ist der moderne, menschengemachte Klimawandel, der ein ohnehin schon schwieriges Problem nicht nur verschlimmert, sondern völlig unvorhersehbar werden lässt.

Die Inselbewohner freilich fürchten weniger den steten Anstieg als vielmehr Stürme und Sturmfluten, die regelmäßig die Inselhauptstadt (und überhaupt einzige Stadt) Hugh Town heimsuchen, die auf einem Dünenstreifen auf St. Mary's liegt. Die Stürme werfen Salzwasser und Geröll an Land und nagen an der Küste, wodurch die winzigen Narzissenfelder der Insel und damit auch der Tourismus in Mitleidenschaft gezogen werden. Die Lita-

Die Scilly-Inseln, Großbritannien

nei an dokumentierten Stürmen – vom Großen Sturm 1744 bis zu den Stürmen der Jahre 1962, 1989, 1994, 1995, 2004 und 2014 – deutet darauf hin, dass sie immer häufiger auftreten. Beim letzten großen im Februar 2014 war es am Ende so, dass die Hauptstraße von Hugh Town unter einer dicken Sandschicht lag.

Ich bin ins Rathaus gekommen, um mit Julian Pearce zu sprechen, dem für «Physical Assets and Natural Resources» zuständigen Beamten in der Verwaltung. Das Rathaus befindet sich im Zentrum von Hugh Town und ist so etwas wie der Nabel des Insellebens. Aushänge im Innern und davor fordern die Inselbewohner dazu auf, mit Wasser sparsam umzugehen. Die Botschaft könnte deutlicher nicht formuliert sein: «Der Wasserverbrauch auf St. Mary's hat ein untragbares Ausmaß erreicht.» Ich hingegen habe etwas deutlich weniger Gewichtiges auszurichten: Steve hat mich gebeten, Julian an das Badmintontraining zu erinnern. Beide sind agile Männer mittleren Alters, weshalb ich mir vorstellen kann, dass sie sich dabei ordentlich verausgaben. Erst später wird mir klar, dass mein Botendienst ein Hinweis auf etwas Wichtiges sein könnte. Es ist nicht übertrieben zu sagen, dass hier jeder jeden kennt. «Gemeinschaft» ist ein überstrapazierter Begriff, aber auf kleinen Inseln hat er noch eine echte Bedeutung. Die Tatsache, dass es hier eine eng miteinander verbundene Gemeinschaft gibt, erklärt, warum die Scillies – und andere kleine Inseln – weiterkämpfen. Julian erzählt mir, dass sich die «Gemeinschaft nach wie vor sehr engagiert», was in praktischer Hinsicht bedeutet, dass die Menschen schon Stunden vor einer Sturmflut aktiv werden und Sandsäcke aufhäufen.

Um das zu veranschaulichen, erzählt er mir die Geschichte vom Gründungstreffen einer «Flutvorbereitungsgruppe», das in Newquay in Cornwall, also auf dem Festland, stattfand. Die versammelten Bürger wurden darüber informiert, dass Grundstücke direkt am Meer ganz real davon bedroht waren, weggespült zu werden. «Damit wollte man die Menschen in der Gegend zusammenschweißen», sagt Julian, doch «die Leute, die weiter weg wohnten, meinten: ‹Diese Häuser werden also verschwinden? Fantastisch, dann kriegen wir Grundstücke am Meer!›» Julian hat sichtlich Freude an dieser Geschichte. Die Inselbewohner wissen, dass sie anders sind und dass sie sich vom Egoismus des «Festlands» abheben. Möglicherweise erklärt das auch, warum Menschen trotz der Gefahren durch den Meeresspiegelanstieg auf Inseln ziehen und Inseln bauen wollen: Inseln stehen für echte Gemeinschaft und für die Werte, die sich in der ätzenden Anomie des Festlandlebens so leicht auflösen.

Die Scillies stehen vor einigen großen Entscheidungen, und die werden das Gemeinschaftsgefühl auf die Probe stellen. Julian hält sich bedeckt, was die Lebensdauer von Hugh Town angeht, aber er glaubt fest, dass die Stadt «in x-hundert Jahren» durch den Anstieg des Meeresspiegels untergegangen sein wird. Doch von «managed retreat» wird nicht mehr gern geredet. Julian verweist auf die Karte mit den großen blauen Bereichen des «Rückzugs», die Steve mir zuvor gezeigt hat, und meint, «dieser Ansatz» habe «auf der Verteidigung von Grundstücken» beruht, doch heute brauche man eine bessere und ausgewogenere Sichtweise, die auch wichtige Infrastruktur berücksichtigt. So habe der Plan von 2011 «die Wasserversorgung, den Zugang zum Flughafen oder die Kommunikation zwischen Stadt und Landesinnerem nicht beachtet». (Als «Landesinneres» bezeichnen die Menschen auf St. Mary's den Teil ihrer Insel, der nicht «Stadt» – also Hugh Town – ist.)

Probleme auf einen «managed retreat» zu reduzieren ist das eine; viel schwieriger ist es, eine Alternative zu finden. Die Scillies mit einer Schutzmauer zu umgeben ist keine Option, und angesichts des stark abfallenden Meeresgrunds rings um den Archipel hält Julian auch von Barriere-Inseln nicht viel. Falls es mit der Finanzierung klappt, setzt er seine Hoffnungen auf eine Felsen-

Die Scilly-Inseln, Großbritannien

panzerung in Teilen des Nordwestens von St. Mary's: «Damit würden wir wohl noch einmal fünfzig Jahre gewinnen.»

Ich denke zurück an die Schlagzeile im *Daily Telegraph*, die mich erstmals auf die Scillies aufmerksam werden ließ: «Scilly-Inseln müssen wegen des Klimawandels möglicherweise aufgegeben werden». Ich denke auch zurück an das Skype-Gespräch, das ich mit Jan Petzold führte, Science Officer beim Intergovernmental Panel on Climate Change (IPCC) in Bremen und Experte für die Scillies. Weil sich die ganze Aufmerksamkeit auf die Pazifikstaaten richtet, hat Petzold Sorge, dass die Menschen eine falsche Vorstellung vom Klimawandel bekommen. «Wir wissen nicht viel über Inseln im Norden», sagt er, obwohl «wir in Europa und entlang der amerikanischen Küsten jede Menge Inseln haben und die Menschen dort ebenfalls gefährdet sind.»

Tags darauf ist es immer noch frühsommerlich warm (später wird bestätigt werden, dass es sich um den wärmsten Februar seit Beginn der Wetteraufzeichnungen handelte), und ich mache mich zu Fuß auf nach Old Town, ein Dorf, über dem das alte Ennor Castle thront. Dort bin ich mit Nikki und Darren vom Wildlife Trust der Scilly-Inseln verabredet. Der Trust kümmert sich um 60 Prozent der Scillies. Er hat einen auf neunundneunzig Jahre angelegten Pachtvertrag mit dem eigentlichen Herrschenden und Grundbesitzer dieser Inselteile geschlossen, dem Herzogtum Cornwall. Die Pacht wird jährlich in Form einer Narzisse bezahlt. Der Obhut des Trusts unterstehen sämtliche unbewohnten Inseln, die Küsten der bewohnten Inseln (ausgenommen Tresco, das an die Familie Dorrien-Smith verpachtet ist) sowie das Lower und das Higher Moore von St. Mary's. Nikki und Darren wollen unbedingt wissen, was Julian mir erzählt hat und wie sein Plan aussieht. Es macht mich ein wenig nervös, hier potenziell wichtige Informationen übermitteln zu sollen – Botschaften zum Badmintontraining sind eher meine Sache –, und so stammle ich etwas von den

Irrtümern des «managed retreat», was sie nur zu gern bestätigen. Es scheint, als sei ich zu einem entscheidenden Zeitpunkt gekommen: Alte Pläne werden zusammengefaltet und weggepackt, doch neue müssen erst noch entworfen werden. Noch komplizierter wird die Sache dadurch, dass der Council der Scilly-Inseln dabei ist, die Verantwortung für Trinkwasser und Abwasserbeseitigung einem großen Versorgungsunternehmen zu übertragen, nämlich South West Water. Es verspricht, bis 2030 rund 40 Millionen britische Pfund zu investieren, doch ich habe meine Zweifel, ob der Schutz der Inseln vor dem Meeresspiegelanstieg wirklich zum Aufgabenbereich eines solchen Konzerns gehört.

Wir gehen einen Wassergraben entlang, der die Lower Moors teilt. Auf der einen Seite findet man Brackwasser und eine endemische Art der Strandbinse; auf der anderen Süßwasser und gewöhnliches Schilf. Darren, Head Ranger des Trusts, trägt seine Watstiefel; er hat gerade noch ein paar Weiden gefällt, die den Graben zu blockieren drohten. Von Touristen, die unbedingt auf andere Inseln weiterwollen, wird das Moor nur selten bemerkt, doch für Darren und Nikki ist es die wichtigste Landschaft hier. Wir kommen an einem Betonbunker vorbei, wo eine Süßwasserpumpe ihre wertvolle Ressource nach oben befördert. Das Moor als Feuchtgebiet zu erhalten, indem man den Grundwasserspiegel kontrolliert und sich um die Vegetation kümmert, ist nicht nur für die Menschen hier von entscheidender Bedeutung, sondern auch für viele andere Spezies. Wir spazieren über einen Bohlenweg aus recyceltem Plastik, und Darren zeigt mir Sumpffarten, die man sonst in Großbritannien kaum irgendwo findet. Über uns deutet er auf die schwarzen, durch die Luft gleitenden Umrisse eines glänzenden Ibis, das ist ein Besucher aus dem Mittelmeerraum, den man im Zuge des Klimawandels hier jetzt öfter zu sehen kriegt. Mir kommt es vor, als sei das hier ein ganz besonderer Wildlife Trust. Er arbeitet für die menschliche genauso wie für die

Die Scilly-Inseln, Großbritannien

nicht-menschliche Bevölkerung, und beide sind für ihn eng miteinander verbunden.

Während der Urlaubssaison sind die Gewässer rings um St. Mary's voller tuckernder Boote, die Besucher hierhin und dorthin bringen. Sobald die Menschen auf einer Insel landen, denken sie schon an die nächste. Im Februar hingegen sind kaum Boote unterwegs, und ich will ohnehin nach Halangy und Bar Point, ganz im Norden von St. Mary's, wo auf alten Karten ein Kreuzungspunkt verzeichnet ist, eine versunkene Straße.

Julian erzählt mir, seine Töchter hätten als Kinder in Halangy gespielt und es immer nur ihr Feendorf genannt. Ich bin hier mit meiner Tochter Aphra, die für meine Idee der Inselabenteuer ursprünglich nur Spott übrighatte. Ich glaube, sie hoffte darauf, mich an einen etwas exotischeren Ort begleiten zu dürfen, aber auch die Scillies wirken Welten entfernt, insbesondere in diesem verrückt warmen Februar. Aphra ist zu alt für irgendwelche Feenspiele – und eigentlich hatte sie wohl für Feen noch nie etwas übrig –, aber es macht ihr großen Spaß, zwischen den Steinen der eisenzeitlichen Siedlung Halangy herumzuspringen. Wir laufen hinunter zum Strand, wo man in der Klippenwand Hinweise auf weitere alte Siedlungen gefunden hat, die über Jahrhunderte vom steigenden Meer zerstört und weggespült wurden. Als wir nach Bar Point kommen, stoßen wir auf jede Menge weiterer Belege für eine frühzeitliche Besiedlung, darunter eine Reihe von Grabhügeln aus der Bronzezeit. Aphra klettert auf einen davon, der direkt an der Küste liegt. Als man ihn anlegte, dürfte er sich ganz oben auf einem Hügel befunden haben, umgeben von einem weiten Tal voller ummauerter Felder. Auf den Scillies gibt es so viele alte Grabstätten, dass man vermutete, ob nicht hochrangige Tote vom Festland herübergerudert und hier bestattet wurden. Diese Landschaft weist so viele Schichten an Verlust auf, dass es in stillen Momenten am Meeresufer ein wenig seltsam wirkt, wie sich hier inzwischen eine Tourismusökonomie ausbreiten konnte, die «glückliche Erinnerungen» verspricht und alle anderen Spuren der Vergangenheit erstickt.

Zurück auf dem Balkon unserer Ferienwohnung wandert mein Blick hinüber zur leeren Insel Samson. Sie hat zwei niedrige Hügel, keine Einwohner und bekommt nur selten Besuch. Doch jahrtausendelang war sie Heimat unzähliger Generationen, wie die vielen alten Stätten und Feldmauern bezeugen, die hier und ringsum im Meer verstreut sind. Ab dem 16. Jahrhundert wurde die Insel von zwei Großfamilien bewohnt und bewirtschaftet, den Webbers und den Woodcocks. Ende des 18. Jahrhunderts lag die Bevölkerungszahl zwischen dreißig und vierzig, obwohl es häufig extrem trocken war, was bedeutete, dass der kleine Grundwasserbrunnen der Insel nicht ausreichte und man zusätzliches Wasser von den Nachbarinseln benötigte. Ein Baptistenpfarrer namens Bo'sun Smith (auch bekannt als «Apostel der Seefahrer») kam im Juni 1818 zu Besuch und fand eine traurige Situation vor. «Zwei oder drei Familien sind sehr arm und leiden große Not», berichtete er und fügte hinzu: «Sie ernähren sich hauptsächlich von Napfschnecken, wie die riesigen Haufen an leeren Schalen vor ihren Behausungen zur Genüge beweisen.» Die Bevölkerung wurde beschrieben als «ärmlich, aber fleißig und fromm». So fromm, dass die Menschen hier vermutlich als letzte in Großbritannien am Julianischen Kalender festhielten – dem zufolge Weihnachten am 6. Januar gefeiert wird –, ehe die Insel schließlich 1855 endgültig aufgegeben wurde. Die Bewohner hatten keine andere Wahl als wegzugehen, sie wurden von Augustus Smith, dem Lord Proprietor der Scilly-Inseln, dazu gezwungen. Als Letzte verließ Mrs. Webber die Insel, eine Frau, die angeblich über Zauberkräfte verfügte. Wie Charles Thomas zu berichten weiß, belegte sie Augustus Smith mit einem Fluch: «Er konnte seine Beine nicht mehr bewegen und kam nicht mehr zurück in

Die Scilly-Inseln, Großbritannien

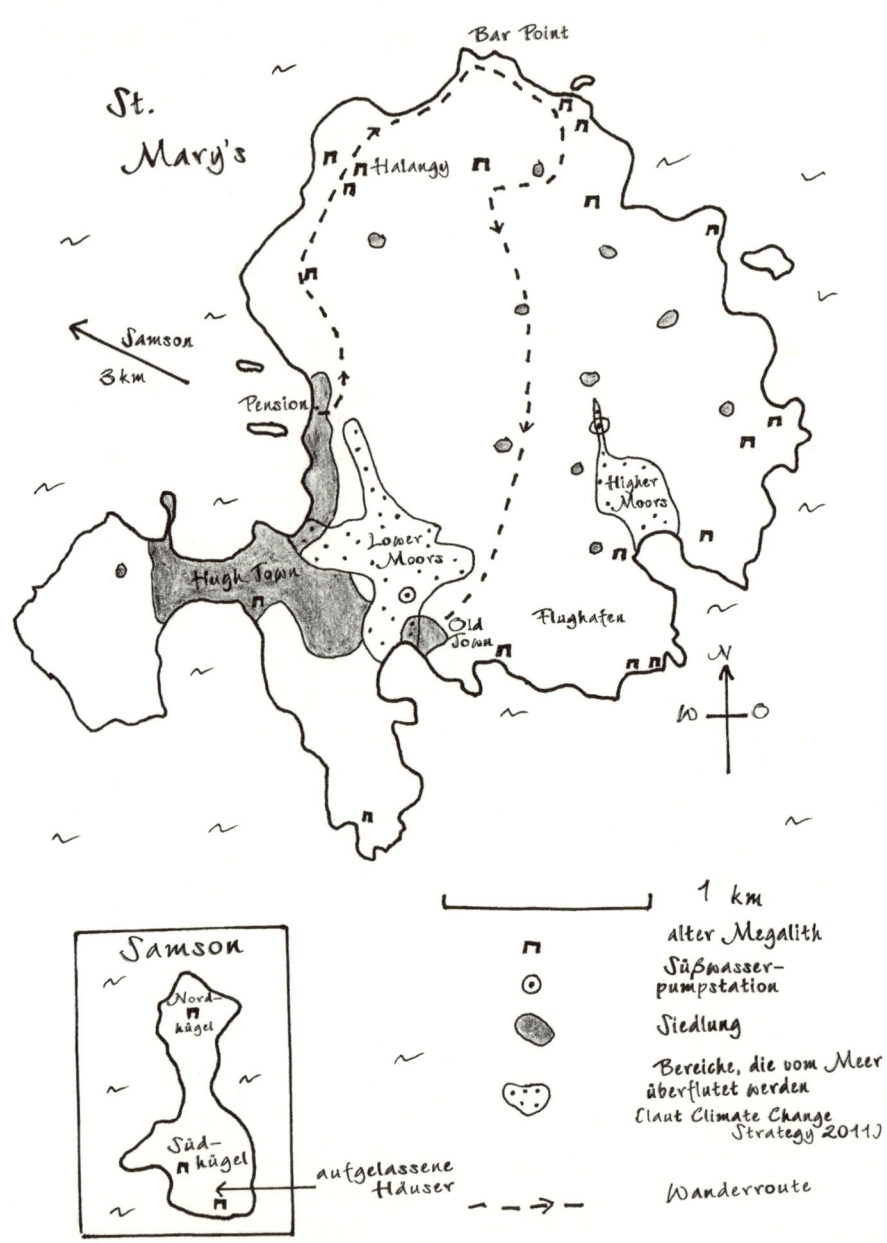

St. Mary's

Bar Point

Halangy

Samson
3 km

Pension

Higher
Moors

Lower
Moors

Hugh Town

Old Town

Flughafen

N

W ─○─ O

1 km

Samson

Nord-
hügel

Süd-
hügel

aufgelassene
Häuser

⌐¬ alter Megalith

⊙ Süßwasser-
pumpstation

Siedlung

Bereiche, die vom Meer
überflutet werden
(laut Climate Change
Strategy 2011)

‑ ‑ → ‑ Wanderroute

Warum Inseln untertauchen

sein Boot, und die Bootsmänner aus Tresco mussten die Dame dazu überreden, den Zauberbann doch aufzuheben.» Für Thomas steht fest: «Von all den seltsamen Stimmungen, die Samson noch immer ausstrahlt, ist eine vielleicht am deutlichsten zu spüren – Trauer.»

Im Verlauf ihrer langen Geschichte müssen es die Scilly-Inseln oft erlebt haben, dass die Menschen ihre Heimat aufgaben und weggingen. Wenn das nicht so weitergehen soll, wird es nicht um «managed retreat», sondern um Resilienz und Schutz gehen müssen. Das ist leicht gesagt, vor allem für Schönwetterfreunde. In ein paar Tagen werde ich wegfliegen, eine Viertelstunde zurück zum Flughafen von Land's End. Ich verlasse einen hübschen Ort, aber nicht das Paradies. Wie bei so vielen Inseln ist auch die Schönheit der Scilly-Inseln durchzogen von Zerbrechlichkeit und Melancholie.

III.
ZUKÜNFTIG

Inseln in Planung

Welche künstlichen Inseln werden in den nächsten fünfzig Jahren gebaut werden? Um zu verstehen, wohin unser Zeitalter der Inseln unterwegs ist, will ich mir die Pläne für drei ganz unterschiedliche künstliche Inseln anschauen: ein Utopia für den Freihandel (Seasteading); einen sechs Quadratkilometer großen Knotenpunkt der Energieversorgung (Dogger Bank Power Link Island); und eine Insel, die mehr als einer Million Menschen ein Zuhause bieten soll (East Lantau Metropolis).

Wird der Hunger nach neuen Inseln je gestillt sein? Es scheint, als würden wir nicht so bald damit aufhören, sie zu bauen. Ein Ende der Fließbandfertigung, die Inseln vor den Küsten der Golfstaaten und Chinas ins Meer setzt, ist nicht in Sicht, und viele andere Länder – insbesondere aufstrebende Staaten, die Reichtum in die Nähe ihrer Küsten locken und dort halten wollen – sind darauf erpicht mitzumachen. Vorbilder in Sachen Entwicklung sind für sie nicht mehr Großbritannien oder die USA, sondern Dubai und China, und neue Inseln sind Teil des Pakets. Eines der ambitioniertesten Projekte ist Eko Atlantic vor Lagos, eine zehn Quadratkilometer große Insel mit Luxuswohnungen und Luxusgeschäften. Sie ist für 250 000 Bewohner geplant, soll einen Boulevard nach Art der Champs-Élysées bekommen und den Reichen Nigerias einen sicheren Hafen bieten. Sie sind geschützt vor dem Meer (durch die 8,5 Kilometer langen Flutschutzanlagen der «Großen Mauer von Lagos»), aber auch vor den neidischen Blicken des übrigen Lagos. Das sind Inseln des Reichtums, oder genauer: Sie sind Beispiele für das, was Geographen als «secessionary affluence», als sich abgrenzenden Reichtum bezeichnen – man lässt die Probleme und die Menschen der gewöhnlichen Stadt weit hinter sich.

Geht man auf dem Globus weiter nach Osten zu den «neureichen» Volkswirtschaften, so findet man jede Menge weiterer Inseln in Planung. Eine der spektakulärsten wird Forest City sein, in der Straße von Johor zwischen Malaysia und Singapur. Mit diesem Projekt wurde 2014 begonnen, geplant sind vier künstliche Inseln für insgesamt siebenhunderttausend Menschen. Da ich dies schreibe, ist die erste Insel, Country Garden Island, schon bei Google Earth zu sehen, als noch recht kahle Baustelle mit einem auffälligen grünen Flecken, wo rings um ein Hotel Rasen und von Bäumen gesäumte Fußwege angelegt wurden. Die Verkaufsangebote für Forest City sind auf eine ganz bestimmte Ethnie ausgerichtet. In einem der Werbevideos verrät uns ein chinesisches Paar: «Hier leben viele Chinesen. Für uns ist es eher so, als würden wir in unserer Heimatstadt wohnen und nicht in einem fremden Land.» Dahinter steht offenbar die Idee, dass betuchte Chinesen, welche die Umweltverschmutzung und die Bevölkerungsmassen in den chinesischen Städten satthaben, in diese sauberere, grünere Alternative investieren wollen. Schon fast selbstverständlich erscheint ein weiteres auffallendes Merkmal von Forest City, nämlich dass dafür jede Menge Wald und andere natürliche Lebensräume zerstört wurden. Statt Mangrovenwäldern gibt es hier jetzt Golfplätze; statt Seegraswiesen findet man begrünte Straßenränder und Gärten.

Das «offshoring» von Reichtum und Freizeit erfordert, dass Natur vorhanden ist und Natur zerstört wird. Diese hochpreisigen Inseln sind Außenposten einer räuberischen und kontrollwütigen Verblendung: Wir lieben die Natur so sehr, dass wir sie besitzen müssen, dass wir sie töten und anschließend in so kleinen, so reduzierten Formen reproduzieren, dass sie greifbar wird. Auf den Plänen und Bildern, mit denen diese künstlichen Inseln beworben werden, sehen sie aus wie grüne Fantasiewelten. Die malerischen Bilder, die für die neue Villiers Island in Toronto produziert wurden und auf denen sich der Fluss Don, zu beiden Seiten flankiert von befahrbaren Kanälen, hindurchschlängelt, zeigen weitläufige blühende Wiesen und Jogger, die auf grünen Alleen freudig ihrem Hobby frönen. Immobilienmakler schwärmen, Villiers Island werde «rund 88 Hektar groß und ein ökologisches Meisterwerk sein». Dieses Erschließungsprojekt wird der Stadt immerhin einen Hochwasserschutz sowie Neuland für Häuser und Parks verschaffen. Im jetzigen Stadium hat es den Anschein, als versuche man sich tatsächlich an einem Ausgleich von Umwelt, Infrastruktur und Wohnen. Die Insel wird um einen Stadtfluss herum und auf brachliegenden städtischen Grundstücken errichtet. Anders als bei vielen anderen Inseln haben wir es hier nicht mit einem ursprünglichen Lebensraum zu tun, der zerstört werden soll, sondern mit dem eher seltenen Fall, dass eine neue Insel echten ökologischen Wert haben und der Stadt dienen kann.

Heute ist die Umweltzerstörung einer der Hauptgründe, warum Pläne für neue Inseln vielfach scheitern. Solche Inselbauprojekte sind großangelegte, komplexe Unternehmungen, und die verschiedenen Beteiligten haben jede Menge Möglichkeiten und Zeit, die Sache hinauszuzögern oder einen Rückzieher zu machen. Ende der 2010er Jahre wurde der Markt für Inselbau allmählich nervös. Pläne wurden ad acta gelegt, dann wieder entstaubt, nur um anschließend erneut zurückgestellt zu werden. Ein Plan, der mir ins Auge stach, stammt aus Slowenien. Das Land hat keine Küsteninseln – ein Aspekt, der umso mehr schmerzt, als der südliche Nachbar Kroatien seine Tourismusbranche weitgehend auf seine mehr als tausendzweihundert Inseln gründen konnte. Wenn es um Tourismus geht, gelten Länder mit reichlich Inseln als gesegnet. Was zur Folge hat, dass Länder ohne Inseln gerne welche bauen würden. Der slowenische Plan war dabei recht bescheiden: eine Insel etwa in der Größe eines großen Einkaufszentrums mit Stränden, Bars, Restaurants, einem Wellnesszentrum und einem Jachthafen. Doch die Finanzierung der neuen Insel steht auf wackligen Füßen, und die Politiker sind unsicher. Das Projekt droht von einer großen Hoffnung zu einer nationalen Peinlichkeit zu werden. Gleiches gilt in deutlich größerem Maßstab für die Insel Federazija, einen 330 Hektar großen Archipel in den Konturen der Russischen Föderation, der im Schwarzen Meer entstehen soll. Nach großem Trara wurde dieses höchst patriotische Projekt 2012 eingestellt und scheint offiziell in Vergessenheit geraten zu sein. Das gleiche Schicksal ereilte Great Garuda in Jakarta, einen aus siebzehn Inseln bestehenden Flutschutz in Form eines riesigen Vogelwesens, der dreihunderttausend Menschen eine Heimat bieten sollte. Dieses einstige Herzstück nationalen Stolzes und großer Hoffnungen sollte der rasant versinkenden Millionenmetropole mit seinem Meereswall – 40 Kilometer lang und 24 Meter hoch – langfristige Sicherheit und neue Wohngebiete verschaffen. Doch die Politik betrachtete das Projekt allmählich nicht mehr als mächtiges Vogelwesen, sondern als weißen Elefanten, und so wurde 2018 die Finanzierung zurückgezogen.

Es gibt jede Menge Gründe, kalte Füße zu bekommen. Oft geschieht das, sobald jemand zu fragen wagt, wie denn diese schöne neue Insel in fünfzig oder hundert Jahren aussehen soll. Die Blaupause, über die sich Entwickler und Politiker gerade eben noch mit großer Begeisterung beugten, wirkt plötzlich gar nicht mehr so attraktiv. So könnte ein Schlaumeier als Lösung für den Meeresspiegelanstieg schwimmende Plattformen ins Gespräch bringen: Sie sind kostengünstig zu bauen und hochgradig anpassungsfähig. Doch schwimmende Inseln sind von Verbindungen zum Festland abhängig. Sie sind überdies sehr anfällig gegenüber Stürmen und nur begrenzt haltbar. Der führende Experte in Sachen schwimmende Plattformen, Professor Wang Chien Ming, weist darauf hin, dass solche Plattformen nur fünfzig bis hundert Jahre Bestand haben können und «niemand nach hundert Jahren dort würde leben wollen».

In demokratischen Gesellschaften sind Pläne für neue Inseln stets Gegenstand intensiver Debatten. So brachte die öffentliche Kontroverse die Pläne für Belgiens erste künstliche Insel 2018 zu Fall. Die Befürworter meinten, sie werde die Küste schützen; die Gegner waren der Ansicht, sie werde die örtlichen Strände in völlig vermüllte Todeszonen verwandeln. Der Bürgermeister der Stadt, die der Insel am nächsten gewesen wäre, sagte: «Ich war in Dubai, um zu sehen, wie sie das dort handhaben. Ich kam an einer Kloake voller Plastik und Öl vorbei. Meine Ferien würde ich dort garantiert nicht verbringen wollen.»

Weil die Vorbilder aus den Golfstaaten und aus China stammen, sind künstliche Inseln mit bestimmten Vorstellungen und Vorurteilen behaftet: von hemmungslosem Konsumismus, von autoritärer Regierung und ökologischer Verantwortungslosigkeit. Im Westen ist der Ruf, in dem diese luxuriösen Beispiele stehen, der Entwicklung solcher Inseln eher hinderlich. Da Inseln Küsten schützen und nicht nur Menschen, sondern auch Bäumen und wilden Tieren neues Land bieten können, ist ihre pauschale Ablehnung jedoch kurzsichtig. Die Verfechter der belgischen Insel haben die Gegner deshalb zu Recht gefragt: Wenn nicht das, was dann?

Wie wir gesehen haben, sind die meisten künstlichen Inseln auf kurzfristige und kurzsichtige menschliche Bestrebungen ausgerichtet. Solange Meerblick bei Immobilien Premiumpreise aufruft, wird der seltsame, paradoxe Charakter unseres Zeitalters der Inseln fortbestehen. Der Bedarf an Infrastrukturinseln für schmutzige und lärmintensive Industrien wird vermutlich nicht geringer

Inseln in Planung

werden, ebenso wenig wie der militärische und territoriale Wert künstlicher Inseln, der in den letzten Jahren im Südchinesischen Meer eine so große Rolle gespielt hat. Unser Zeitalter der Inseln vibriert nur so vor Aktivität: Viele neue werden gerade gebaut und viele weitere sind in Planung. Doch ganz gleich, wofür sie verwendet werden, Inseln im 21. Jahrhundert benötigen reichlich Instandhaltung: Pumpstationen müssen geölt und rund um die Uhr einsatzbereit sein, die Ufermauern müssen hoch sein.

Seasteading

Die Pläne für die schwimmende, libertäre Stadt Seasteading sind weit gediehen. Dank finanzstarker Unterstützer ist das Projekt startklar – wenn es denn eine Heimat fände. Eine Zeitlang sah es so aus, als würde Seasteading vor der Küste von Honduras landen, dann war eine Lagune in Französisch-Polynesien im Gespräch, wo hochrangig bestückte Konferenzen und eine «Absichtserklärung» die Angelegenheit scheinbar besiegelt hatten, mit Baubeginn 2020. Doch Gegner protestierten angesichts der ökologischen Auswirkungen ihres angehenden neuen Nachbarn und warfen Seasteading vor, es sei ein Spielzeug der Eliten. Im Februar 2018 jedenfalls erklärte die Regierung von Französisch-Polynesien, der Deal sei geplatzt.

Seasteading ist ein hartnäckiges Projekt, getrieben von der Überzeugung, eine freie, mobile und unternehmerische (oder, wie Seasteader in einer Neuschöpfung aus «aqua» und «entrepreneur» sagen, «aquapreneurial») Utopie sei mit Händen zu greifen. Gestartet 2008 mit Hilfe einer 500 000-Dollar-Spende des PayPal-

Mitbegründers Peter Thiel, sieht es ein neues Staatsbürgerschaftsmodell vor, das auf «dynamischer Geographie» beruht. Leitprinzipien sind Flexibilität und Entscheidungsfreiheit. Der Seastead ist nach Möglichkeit so konzipiert, dass er in individuelle Einheiten unterteilt werden kann, die sich niederlassen, wo sie wollen. Die ersten Pläne sahen «Quadrate mit fünfzig Metern Seitenlänge und fünfeckige Plattformen mit dreistöckigen Gebäuden» vor. Diese Plattformen sollten aus Beton sein und sich «für rund 500 US-Dollar je Quadratfuß Nutzfläche bauen lassen».

Schwimmende Betonplattformen, die in der Regel durch Ankerschnüre in Position gehalten werden, sind seit dreißig Jahren in Gebrauch und stellen eine bewährte Technologie dar. Das Neue bestand nicht in der Konstruktion, sondern in der Ambition. Seasteading ist eine Lebensform, eine Bewegung, die möchte, dass wir unser Verhältnis zu Regierung und Staatsgebiet grundsätzlich überdenken. Bevorzugter Bestimmungsort ist das offene Meer, denn in internationalen Gewässern wären Seasteader keiner Regierung unterworfen. Jenseits der Territorialgewässer ist ein Neuanfang möglich. Gegründet wurde Seasteading von Patri Friedman, dem Enkel des berühmten, mit dem Nobelpreis geehrten Verfechters freier Märkte, des Ökonomen Milton Friedman. Patri erklärt: «Wenn Seasteading zu einer funktionsfähigen Alternative wird, kann man, ja möchte man von einer Regierung zur anderen wechseln, einfach dorthin schippern, ohne das eigene Haus verlassen zu müssen.» Im wichtigsten Forschungsbericht zu diesem Projekt heißt es: «Wenn modulare Meereshäuser und -büros mobil sind und sich nach individuellen Vorlieben zusammensetzen lassen, können kleine Gruppen von Unternehmern und Investoren auf der letzten noch nicht beanspruchten Frontier dieser Welt problemlos ‹Start-up-Gesellschaften› errichten.»

Zwar ist das Ideal die «Beweglichkeit bis hinunter zur Größenordnung eines einzigen eigenständigen Hauses», doch die Verfasser des Projektberichts sind sich sehr wohl der Probleme bewusst, die vielfältige Verbindungen zwischen Unmengen an individuellen Einheiten mit sich brächten, und deshalb schlagen sie eine Reihe von Konfigurationen vor. Die Seasteader sind nicht an ein bestimmtes Design gebunden: «Seasteading» ist ein Verb und keine Sache, es ist eine Praxis, die man übernehmen und anpassen kann und die auf diese Weise «die Entwicklung neuer Gesellschaften und Regierungsformen» ermöglicht.

Seasteading: How Floating Nations Will Restore the Environment, Enrich the Poor, Cure the Sick, and Liberate Humanity from Politicians – so lautet der ambitionierte Titel des ausführlichen Manifests von Seasteading-Sprecher Joe Quirk. Es lohnt, diesen langen Untertitel noch etwas genauer in Augenschein zu nehmen. «Die Kranken heilen?» In einer Reihe von Kurzfilmen im Internet erklärt Quirk, die Regeln «unserer Eltern» würden heute Innovationen verhindern, und «in den USA dauert es heute zehn Jahre und bedarf Milliardensummen, um ein neues Medikament auf den Markt zu bringen». Seasteads werden frei von all diesen Beschränkungen sein, es werden Orte sein, an denen neue Arzneimittel entwickelt werden. «Die Armen reich machen?» Seasteading ist inspiriert von kleinen Inselnationen, die sich rasch von armen zu reichen Ländern entwickelten. Unterlegt mit Hochglanzfotos von Singapur und Hongkong lautet Quirks Botschaft: «Jedes Mal, wenn ein neue Inselnation mit neuen Regeln, die auf modernem Wissen beruhen, einen Neustart wagt, schaffen die Armen ihren eigenen Reichtum.» «Die Umwelt retten?» Diese Behauptung gründet auf einer Vielzahl von Greentech-Lösungen, insbesondere auf der Nutzung des Temperaturunterschieds zwischen dem Tiefenwasser der Ozeane und dem warmen Oberflächenwasser in den Tropen zur Stromgewinnung (man spricht in diesem Zusammenhang von «Ocean thermal energy conversion», also Meereswärmekraftwerken) und auf der Erzeugung von Biotreibstoffen auf Algenbasis.

«Umzugsszenarien»

In eine andere Bucht ziehen

Auf hohe See ziehen

Nach einer Grafik in: The Seasteading Institute, The Floating City Project:
Research Conducted between March 2013 and March 2014

Die Seasteading-Bewegung sprüht nur so vor Energie. Ihr ultramobiles, «aquaunternehmerisches», politisches Programm sagt mir nicht besonders zu. Aber ich bin auch kein Libertärer: Was herauskommt, wenn wir uns von der Regierung abwenden, ist, soweit ich erkennen konnte, eine noch schlimmere Form von Tyrannei. Doch irgendwie muss ich Seasteading auch bewundern: Wie alle großen Utopien vereint sie große Ideen mit einer Obsession für Details.

Die Bereitschaft, den Masterplan anzupassen, um den Ball ins Rollen zu bringen, führte zur «Absichtserklärung» mit Französisch-Polynesien und der Einigung auf einen Standort, nämlich eine geschützte Lagune in den dortigen Gewässern. Die Regierung Französisch-Polynesiens war daran interessiert, eine innovative «Smart City» zu beherbergen, die Arbeitsplätze und Geld ins Land bringen konnte. Die Seasteaders ihrerseits haben inzwischen akzeptiert, dass internationale Gewässer ein rauer Ort für ihre Träume sind. Hohe Wellen und tiefe Gewässer bedeuten, dass kleine schwimmende Gebilde wie Korken umhergetrieben wür-

Seasteading

den. Einer größeren Stadt würde es besser ergehen, aber nur als erster Schritt, was wenig wahrscheinlich ist, und ohnehin weiß man noch nicht allzu viel darüber, wie irgendein Gebilde dieser Art in rauer See zurechtkommen würde. In einer Machbarkeitsstudie zu Seasteading heißt es, dass «Halbtaucher und Wellenbrecher die Optionen sind, die für das offene Meer am ehesten in Frage kommen», allerdings «sind die Kosten für einen Wellenbrecher prohibitiv hoch». Die Idee, individuelle Einheiten sollten abtrennbar sein und jederzeit eigene Wege gehen können, macht die Sache noch kostspieliger. Der für den Standort in Polynesien favorisierte Plan sah ein fest verankert wirkendes Hufeisen aus einzelnen schwimmenden Häusern vor, die über kurze Pontons mit einer großen mehrstöckigen Plattform mit Geschäften und Büros verbunden sein sollten. In dem Promotion-Film für dieses Projekt ist nirgends davon die Rede, dass Einheiten abtrennbar sein sollen. Es geht in erster Linie darum, die Außenwelt davon zu überzeugen, dass es sich hier um einen ökologisch sensiblen Vorschlag handelt, der sich zudem ganz aus eigenen Mitteln finanziert.

Wie also geht es weiter mit Seasteading? Die enge Beziehung zum Pazifik wird lebendig gehalten durch Marc Collins, einen auf Tahiti ansässigen Unternehmer, der maßgeblichen Anteil daran hatte, dass die Seasteaders ihre Aktivitäten nach Französisch-Polynesien verlagerten. Sein Unternehmen Blue Frontiers erregte großes mediales Interesse, als dessen Pläne für eine nachhaltige schwimmende Stadt 2019 bei den Vereinten Nationen in New York vorgestellt wurden. Blue Frontiers arbeitet schwerpunktmäßig daran, autarke, umweltfreundliche Städte zu schaffen, die in einem Zeitalter des Klimachaos überleben können. Die libertären Ziele stehen nicht mehr so stark im Vordergrund. Doch Collins ist Seasteader durch und durch: Das Ganze ist eine Idee, eine Identität, die sich als anpassungsfähig und hartnäckig erweist. Eine

Seastead-Stadt liegt wahrscheinlich noch in ferner Zukunft. In einer Hinsicht aber war diese Bewegung zumindest teilweise bereits erfolgreich: Ihre Idee ist jetzt in der Welt.

Dogger Bank Power Link Island, Nordsee

Die Nordsee ist rau und kalt, doch sie rühmt sich der größten Ansammlung von Windparks weltweit. All diese Windräder brauchen regelmäßige Wartung und lange Verbindungskabel, weshalb es kein Wunder ist, dass im Herzen der Nordsee, rund 100 Kilometer vor der englischen Ostküste, eine neue «Power-Link»-Insel geplant ist. Sie soll vollkommen rund werden, mit einem schlüsselförmigen Hafen in der Mitte, der geschütztes Ankern erlaubt. Es soll zudem Werkstätten, Wohnblocks und eine Landebahn geben. Dogger Bank Power Link Island soll ein Ort werden, an dem die Besatzung richtig leben kann und nicht nur ausharrt; deshalb gibt es einen künstlichen See, Bäume und Grünflächen. Die geplante Insel ist sechs Quadratkilometer groß, also nur ein bisschen kleiner als Gibraltar. Dieses Großprojekt wird, wenn es fertig ist, unser Denken über die Nordsee verändern. Da ich dies schreibe, hat die Arbeit an der Insel noch nicht begonnen, doch die Pläne sind weit gediehen und solide finanziert. Man rechnet mit sieben Jahren Bauzeit, die Fertigstellung ist zwischen 2030 und 2050 geplant.

Mehr als 70 Prozent der europäischen Offshore-Windanlagen befinden sich in der Nordsee. Rob van der Hage, der für eines der an diesem Projekt beteiligten Energieunternehmen arbeitet, erklärte gegenüber dem *Guardian*: «Die große Herausforderung, vor der wir in der Zeit zwischen 2030 und 2050 stehen werden, ist, dass Windparks an Land durch den Widerstand vor Ort verhindert werden und die Möglichkeiten für Windkraftanlagen in Küstennähe fast ausgereizt sind. Insofern ist es nur logisch, dass wir den Blick auf Gebiete weiter draußen im Meer richten.» So weit ins Meer hinauszugehen bedeutet auch: Die Turbinen können davon profitieren, dass der Wind über offenem Meer im Allgemeinen stärker und konstanter weht. Je weiter man sich von der Küste entfernt, desto tiefer wird das Wasser in der Regel, doch da gibt es in der Nordsee ein ungewöhnliches topographisches Phänomen: eine ganze Reihe von Unterwassersandhügeln namens Dogger Bank. In dieser seichten Zone ist das Wasser nur fünfzehn bis zwanzig Meter tief, was es viel billiger und sicherer macht, dort etwas zu bauen.

Die Dogger Bank Power Link Island soll den Mittelpunkt von zehntausend Windrädern bilden. Die Idee stammt von North Sea Wind Power Hub, einem Konsortium europäischer Energieversorger (TenneT und Gasunie aus den Niederlanden und aus Deutschland sowie Energinet aus Dänemark), unter Beteiligung des Hafens von Rotterdam. Torben Glar Nielsen, technischer Direktor von Energinet, erklärte gegenüber dem *Independent*: «Mag sein, dass es ein wenig verrückt und wie Science-Fiction klingt, aber eine Insel auf Dogger Bank könnte die Windenergie der Zukunft deutlich billiger und effektiver machen.» Das Wort «verrückt» erschien natürlich in der Schlagzeile, doch das ist eine zunehmend altmodische Sichtweise. Künstliche Inseln haben schon lange nichts Absonderliches mehr an sich. Die Holländer sind erfahrene Inselbauer, und angesichts der wachsenden Zahl an Windkraftanlagen in der Nordsee war ein Vorschlag wie dieser im Grunde überfällig.

Die Insel wird am äußersten Rand niederländischer Hoheitsgewässer errichtet werden und sich damit in der Ausschließlichen

Wirtschaftszone Hollands befinden. Ein kleines Stück weiter westlich wäre sie bereits in britischen Gewässern, aber es handelt sich nun einmal um eine holländisch-deutsch-dänische Gemeinschaftsinitiative, die nach Kontinentaleuropa ausgerichtet ist. Mit ihr soll ein integriertes grenzüberschreitendes Netzwerk nachhaltiger Energieversorgung geschaffen werden. Interessanterweise würde die Insel den Holländern die Möglichkeit eröffnen, ihre Territorialgewässer gen Westen in britische Gewässer auszudehnen (denn sobald die Insel fertig ist, bemessen sich die holländischen Hoheitsgewässer von ihr aus). Dieser Aspekt wurde bislang nicht thematisiert, zumindest nicht öffentlich, aber er zeigt, wie wichtig es ist, bei großangelegten Plänen vor der eigenen

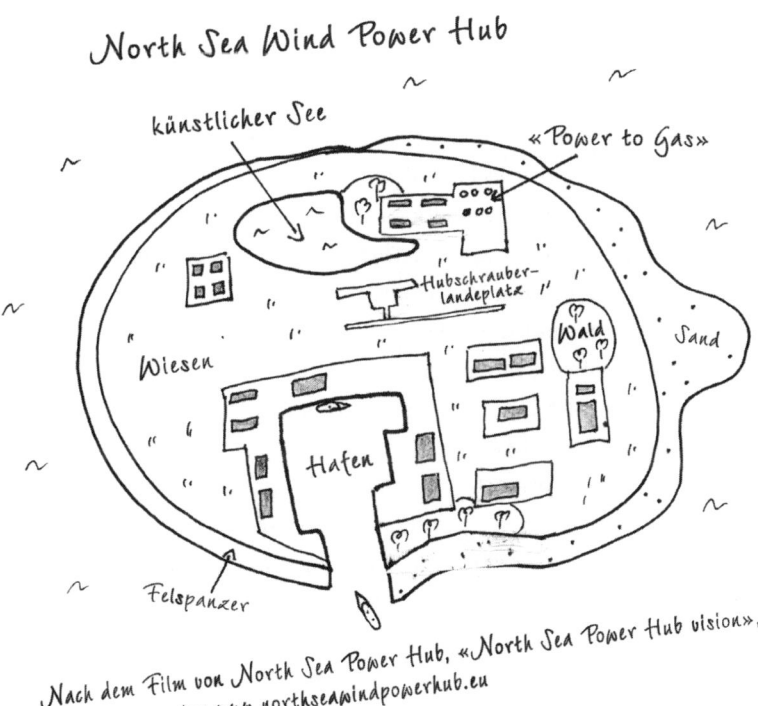

Nach dem Film von North Sea Power Hub, «North Sea Power Hub vision», verfügbar unter www.northseawindpowerhub.eu

Dogger Bank Power Link Island, Nordsee

Haustür früh mit einbezogen zu werden. Sollten die Beziehungen zwischen Großbritannien und dem Rest Europas noch schlechter werden, als sie es gegenwärtig sind, und die «Grundstücksgrenzen» in der Nordsee zum Streitfall werden, würde man in der Dogger Bank Power Link Island rasch mehr sehen als nur ein Verteilkreuz für Windenergie.

Schaut man sich die Pläne des Unternehmens an, das die meiste Zuarbeit geleistet hat, nämlich des niederländischen Staatskonzerns TenneT, so wird deutlich, dass die Dogger Bank Power Link Island ein langfristiges Ziel ist und dass zuvor noch andere, kleinere Verteilerinseln gebaut werden. Diese werden ebenfalls in niederländischen Gewässern liegen, aber näher am Heimatland, und Energie wieder in europäische «load pockets» einspeisen, wie das Unternehmen sie nennt. Das sind Zonen mit hohem Energiebedarf, und die am Dogger-Bank-Projekt beteiligten Firmen haben deren sechs ausgemacht: dicht bevölkerte Gebiete in England, den Niederlanden, Deutschland und Belgien, in deren Zentrum sich der North Sea Hub befindet.

Der entscheidende Punkt bei der Dogger-Bank-Insel und ihren kleinen Vorläufern ist die Kostenreduzierung. Offshore-Windparks vom Festland aus zu betreiben ist teuer: Personal und Ausrüstung ständig über bewegte See nach draußen zu bringen ist eine kostspielige Sache, genauso wie die Verlegung von Unterwasserkabeln über so große Entfernungen. Mit der Insel auf Dogger Bank werden alle Arten von Verbindungen kürzer und es wird möglich sein, Energie in verschiedene Richtungen zu schicken; das ermöglicht es dem Besitzer der Insel, Energie auf verschiedenen Märkten zu handeln. Die Beteiligung des Gaskonzerns Gasunie, der ebenfalls dem niederländischen Staat gehört, zeigt, dass die Insel nicht nur für Strom gedacht ist; sie soll auch die Umwandlung von elektrischer Energie in Gas («Power to Gas») ermöglichen. Das heißt, dass ein Teil des Stroms, der von den Windkraftanlagen erzeugt wird, mittels Elektrolyse in Brenngas umgewandelt wird. Dabei wird Wasser in Wasserstoff und Sauerstoff zerlegt, und der so gewonnene Wasserstoff kann unterirdisch in leeren Öl- und Gasfeldern gespeichert werden. Der entscheidende Punkt dabei sind wie immer die Kosten: Gas lässt sich viel billiger transportieren und speichern als Strom.

Abermillionen Menschen durchlaufen Infrastrukturinseln wie etwa Flughäfen, doch die meisten solcher Inseln sind nicht sichtbar und nicht in unserem Bewusstsein. Wir sind immer weniger bereit, die Folgen unseres industrialisierten Lebens zu sehen, zu riechen und zu hören – die Müllhalden und die Chemiewerke, von denen wir alle abhängig sind –, und im 21. Jahrhundert werden wir erleben, dass immer mehr Planer auf die elegante, aber teure Lösung des Offshoring setzen. Viele Menschen in den dicht besiedelten Ländern Nordwesteuropas wollen nicht, dass Windräder ihre wertvolle Landschaft verschandeln. Aber das ist nicht das Einzige, worum es hier geht. Es ändert sich auch die Vorstellung von der Nordsee: Aus einem leeren Zwischenraum wird ein Kernland. Dieses Meer liegt im Zentrum einer der bevölkerungsreichsten und wohlhabendsten Regionen dieser Welt. In jedem dieser Länder zerbrechen sich die Menschen den Kopf über neue, saubere Energiequellen. Die Nordsee neu zu denken, nicht als Zone, die man eilends überquert, sondern als Knotenpunkt – als Ort von Verbindungen und Netzwerken, von dem aus Energie in alle Richtungen geschickt wird –, ist eine ambitionierte, ja, visionäre Sache, aber es ist durchaus vernünftig.

East Lantau Metropolis, Hongkong

Die Wohnungsmieten in Hongkong sind astronomisch. Viele
Leute müssen feststellen, dass ihnen nach Abzug der Mietkosten nicht mehr viel zum Leben bleibt, und selbst wer einen
ordentlichen Job hat, muss oft mit einer Wohnung vorliebnehmen,
die nicht viel größer als ein Autostellplatz ist. Insofern ist es kein
Wunder, dass sich die «Lantau Tomorrow Vision» der Regierung
in Hongkong – der Plan, Wohnraum für 1,1 Millionen Menschen
zu schaffen, wobei 70 Prozent davon Sozialwohnungen sein sollen – großer Popularität erfreut. East Lantau Metropolis soll in
den nächsten dreißig Jahren auf 1700 Hektar neuer Inseln entstehen.

Lantau ist die größte Insel Hongkongs. Sie ist eine Oase des
Grünen mit vielen Erhebungen, Heimat der «fünf buddhistischen
Zenwälder», und nur auf der Nordseite ragt die planierte Fläche
des Chek Lap Kok International Airport ins Meer. Die «neue
Vision» betrifft drei Inseln auf der Ostseite. Wie der offizielle Plan
zeigt, soll die erste, die gebaut wird, die kleine unbewohnte Insel
Kau Yi Chau vollständig einschließen; Kau Yi Chau wäre dann
nur noch ein Park im Zentrum der neuen Stadtlandschaft. Die
zweite Phase bilden die künstlichen Inseln namens Hei Ling Chau,
die man zwischen eine Reihe natürlicher Inseln quetschen will,
wodurch sich die Landschaft in ein Wechselspiel aus urbanen und
grünen Inseln verwandeln wird.

Alle sind übereinstimmend der Meinung, dass die gegenwärtige Wohnraumknappheit inakzeptabel ist. Die Regierung
in Hongkong meint, wenn auf offener See keine neuen Häuser
gebaut würden, müsse man einen Teil der geliebten Natur opfern.
Amy Cheung Yi-mei, Direktorin im Planungsministerium in

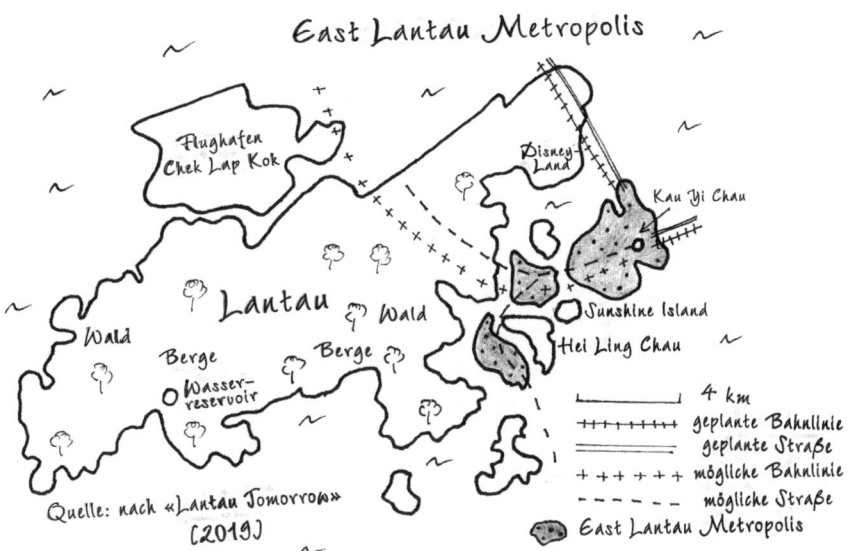

East Lantau Metropolis

Flughafen
Chek Lap Kok

Disney-
Land

Kau Yi Chau

Lantau   Wald

Sunshine Island

Wald

Hei Ling Chau

Berge   Berge

Wasser-
reservoir

4 km
++++++++ geplante Bahnlinie
══════ geplante Straße
+ + + + + mögliche Bahnlinie
‒ ‒ ‒ ‒ ‒ mögliche Straße
East Lantau Metropolis

Quelle: nach «Lantau Tomorrow»
(2019)

Hongkong, erklärt: «Wenn wir in der Lage sind, East Lantau Metropolis zu entwickeln, müssen wir die Parks nicht antasten.» Mit den neuen Inseln, so die Argumentation der Regierung, ließe sich ein Ausgleich zwischen Natur und Entwicklung finden. Die Inseln werden an Straßen-, Eisenbahn- und Luftfahrtverbindungen angeschlossen sein, wodurch Lantau zu einem großen internationalen Wirtschaftsdrehkreuz würde. Die Idee ist, das Neuland, wo möglich, mit örtlichem Bauschutt (in Hongkong fallen jedes Jahr rund 1500 Tonnen davon an) und nicht mit importiertem Sand aufzuschütten. Und es gibt noch weitere grüne Versprechen. So sollen die neuen Inseln über «Ökoküsten» verfügen, um die Artenvielfalt zu fördern, und Teil eines umfassenderen Naturschutzprogramms überall auf Lantau sein.

Die Pläne für East Lantau Metropolis sind allerdings auf ernstzunehmenden Widerstand gestoßen. Vor ein oder zwei Jahrzehnten wäre ein solches Megaprojekt noch problemlos durchgewun-

East Lantau Metropolis, Hongkong

ken worden – bloß eine weitere unglaubliche Meisterleistung nach dem neuen Flughafen und der Brücke zwischen Hongkong und Macau. Doch die Stimmung hat sich geändert. Wenn Kritiker darauf hinweisen, die neuen Inseln könnten bis Ende des Jahrhunderts unter Wasser stehen, dann hört man ihnen zu. Häuser für eine derart große Zahl von Menschen an einer «Küstenfront» zu schaffen, die von Taifunen heimgesucht und von Sturmfluten überschwemmt werden wird, erscheint als seltsame Art, 64 Milliarden US-Dollar auszugeben (so die geschätzten Kosten, wobei manche glauben, dass sie sich auf das Doppelte belaufen werden). Das Projekt lässt auch Hongkongs gespaltenes Verhältnis zu Festlandchina sichtbar werden. Seine Befürworter glauben, es werde die Autonomie stärken, doch für viele Hongkonger ist es nur eine weitere Zumutung, die ihnen vom Festland aufgezwungen wird. In den Kommentarspalten der Hongkonger Zeitungen findet man kaum jemanden, der für die «Lantau Tomorrow Vision» plädiert: «Wie alle Großprojekte der jüngsten Zeit in Hongkong wird es auch bei dieser Idee neunundzwanzig Jahre dauern, bis sie Gestalt annimmt. Bis dahin wird Hongkong Teil von Shenzhen sein, mit deutlich mehr Landfläche, auch im Hinterland.» Oder: «Wenn das Ganze schließlich fertig ist, wird es lachhaft erscheinen, so viel Zeit und so viel Geld aufgewendet zu haben, um ein kleines Stück Land im Meer zu bauen.»

Für andere ist das Hauptproblem die Zerstörung der grünen Insel Lantau. So hat sich eine «Save Lantau Alliance» gebildet, die der Meinung ist, der Schutz dieser Insel bedeute nicht nur, «Hongkongs Garten im Hinterhof und das letzte Stück unberührter Landschaft zu verteidigen, sondern auch Nein zu sagen zur gewaltsamen Missachtung der Öffentlichkeit durch die Regierung, die blind dem Festland gehorcht». Auf den Straßen wird demonstriert, und die öffentliche Meinung, von der man glaubte, sie sehne sich nach nichts mehr als neuen Häusern, scheint sich gedreht zu haben. Das hat nicht zuletzt damit zu tun, dass die Behauptung, man könne nirgendwo sonst bauen, bestritten wurde von Leuten, die auf große Gebiete unerschlossenen «Brachlands» in der Stadt, insbesondere im Bereich der New Territories, verweisen. Tom Yam vom Bündnis zur Rettung Lantaus meint: «Die Regierung will den Weg des geringsten Widerstands gehen: mitten im Meer, während Brachflächen unangetastet bleiben.»

In den Golfstaaten und jetzt in China ist der Inselbau zur gängigen Option für wachsende Küstenstädte geworden, die mehr Land brauchen. Der Bau von Inseln ist bewährt, erprobt und kostensparend. Die Regierung in Hongkong behauptet, Land auf neuen Inseln zu schaffen sei 30 Prozent billiger, als auf Brachflächen zu bauen, und es sei sinnvoller, Wohnraum in Zentrumsnähe statt relativ weit draußen in den New Territories zu haben. Richtig ist aber auch, dass sich Immobilien mit Meerblick nach wie vor teurer verkaufen lassen als solche, von denen aus man auf Neubaugebiete starrt, und so können sich die Bauherren – allen Versprechungen von sozialem Wohnungsbau zum Trotz – auf schöne Profite freuen.

Etwas jedoch fehlt hier: eine angemessene Berücksichtigung der drohenden Gefahren durch Klimawandel und verschwindende Küstenlinien. Der Masterplan, der den Titel «Preliminary Concepts for the East Landau Metropolis» trägt, widmet dem Klimawandel gerade einmal einen beiläufigen Satz: «Höhe und Infrastruktur des neu gewonnenen Lands in den Küstengebieten sollten extremen Wetterverhältnissen standhalten.» Das ist eine nichtssagende Zeile, ein billiger Nachklapp. East Lantau Metropolis mag durchaus zur Heimat für 1,1 Millionen Menschen werden, doch seiner Zukunft schenkt man erstaunlich wenig Beachtung.

East Lantau Metropolis, Hongkong

Kein Ende

Inseln entstehen und vergehen. Wir bauen weiter Inseln, während natürliche Inseln verschwinden. Die neuen sind nicht besonders hoch und sehr stark gefährdet durch Stürme und Sturmfluten. Sind wir verrückt?

Das ist eine schwierige Frage. Wirft man in der Firmenzentrale eines Entwicklers in Dubai einen Blick auf Karten von The World oder The Universe oder schaut man sich den Werbefilm zu Chinas Ocean Flower an, auf dessen blätterförmigen Inseln sich die Hochhäuser drängen und eine lotusförmige Insel mit mittelalterlichen Burgen und Achterbahnen umschließen, oder betritt man in Panama eine düstere Hütte aus Palmwedeln, wo jeden Winter das Wasser über den sandigen Fußboden läuft, so scheint es eine unvermeidliche Frage zu sein. Das Fieberhafte, Abnormale vieler künstlicher Inseln wird schamlos zelebriert, und einer Spezies, die absichtlich den eigenen Lebensraum zerstört, kann man völlig zu Recht vorwerfen, sie habe den Verstand verloren.

Sind wir also verrückt? Ich vermute, wir müssen es sein. Es handelt sich jedoch um eine ansteckende Form von Wahnsinn. Auf Inseln – diese kleinen Räume der Flucht, der Freude und der Angst – konzentrieren sich so viele Sehnsüchte. Und solange Menschen bereit sind, für das Privileg, aufs Wasser blicken zu dürfen, viel Geld hinzublättern, so lange wird der Inselbau eine Gelddruckmaschine bleiben. Und auch die Geschichte der Umsiedlungen wird weitergehen – solange Menschen an Orten, die verschwinden, nicht willens oder in der Lage sind, sich zu schützen. Umsiedlung ist ein Kapitel in dieser Geschichte, das gerade erst begonnen hat. Wir sind noch auf der ersten Seite, vielleicht sogar bei den ersten Zeilen. Der Meeresspiegelanstieg, den wir bislang erlebt haben, ist nichts im Vergleich zu dem, was prognostiziert wird. Hunderte Millionen Menschen leben an bedrohten Küsten, und jedes Jahr lassen sich noch mehr dort nieder.

Wir können uns vom Meer nicht fernhalten, obwohl wir wissen, dass es gefährlich ist. Das ist eine riskante Liebesaffäre, ein tiefsitzendes Bedürfnis, das über das Streben nach Reichtum, Exklusivität oder Glamour hinausgeht. In *The Drowned World*, J. G. Ballards 1962 erschienenem Science-Fiction-Roman über einen überfluteten, überhitzten Planeten, ist die zentrale Frage, warum die Menschen nichts dagegen tun. Ballards kurios spekulative Theorie lautet, dass dadurch ein «atavistischer» Teil des menschlichen Gehirns angesprochen wird – ein ursprünglicher Drang, an den Ort zurückzukehren, an dem wir entstanden sind, und in das Fruchtwasser des Ozeans zu gleiten, zu schlittern und zu stürzen.

Befreit von der Vorstellung, im Grunde wollten wir eigentlich nur unsere Kiemen wiederhaben, und formuliert als evolutionäre Prädisposition, Wasser aufzuspüren und ihm nahe zu sein, kann das Konzept der «Aquaphilie» unser gegenwärtiges Dilemma ein wenig erklären, also die Tatsache, dass wir gleichzeitig zum gefährlichen Ufer hin- und davon wegrennen. Zu Beginn dieses Buches stand eine Erinnerung: daran, wie mein Bruder, meine Schwester und ich als Kinder in einem Waldstück namens Wintry Wood auf eine winzige Insel kletterten, dann dort standen und uns fragten, was wir jetzt tun sollten. Diese Erfahrung habe ich auf meinen Inselreisen viele Male gemacht. Bei jeder Insel, auf die ich wollte, musste ich meine Reise sehr sorgfältig planen, weil ich weder das Geld noch die Zeit für einen zweiten Versuch hatte. Die Vorbereitung war lang und kostspielig, doch wenn ich dann dort war – wenn ich sicher an Land gegangen war –, ja, was dann? Auf

Kein Ende

kleinen Inseln kann man nicht viel machen. Es war genauso wie damals in Wintry Wood. Euphorie und Ruhelosigkeit. Es war die Reise, um die es ging. Das Herzstück jeder Insel ist das Wasser, das man auf dem Weg zu ihr überquert hat.

Künstliche Inseln sind älter als die dokumentierte Menschheitsgeschichte, doch die ältesten von ihnen sind bescheiden und niedrig gelegen, auch wenn ungezählte Generationen nötig waren, sie zu bauen. Viele Inseln des 21. Jahrhunderts hingegen sind ein Hingucker, schreiend unnatürlich. Sie sind verrückt. Doch mit diesem grenzenlosen Ehrgeiz verbindet sich Hoffnung, denn alles scheint möglich. Immer wieder aufs Neue – von Phoenix Island bis Chek Lap Kok, von Ocean Reef bis Fiery Cross Reef – war ich irritiert und – trotz allem, wider besseres Wissen – begeistert ob der Kühnheit und Kreativität unseres Inselzeitalters.

Die große Frage ist: Ist es möglich, all diesen Wagemut und Erfindungsreichtum für Pläne zu nutzen, die nachhaltig und für einen bedrohten Planeten von Wert sind? Wir wissen, dass Inseln von zentraler Bedeutung für den Küstenschutz sein können, dass sie als Flutbarrieren dienen können. Klug konzipiert, könnten sie für Schutz, Agrarland und Lebensraum sorgen, zugleich aber auch die terrestrische Artenvielfalt und den Waldbewuchs fördern. Flevopolder, die älteste unnatürliche Insel unserer Epoche, ist noch immer die größte und – trotz ihrer flachen, geometrischen Landschaft – in vielerlei Hinsicht eindrucksvollste. Sie hat nicht nur Ackerfrüchte, Flutschutz für einen großen Teil der Niederlande und Häuser für alle Einkommensschichten zu bieten, sondern zeugt auch von dem entschlossenen Bemühen, dort und auf kleinen Naturschutzinseln vor seiner Küste Lebensräume für andere Arten als die unsere zu schaffen.

Der Bau einer Insel ist immer mit Kosten verbunden, aber wenn wir welche bauen, sollten wir darauf pochen, dass sie der Umwelt mehr geben als wegnehmen. Es gibt bereits verschiedene

Kein Ende

internationale Vereinbarungen, die Entwickler in diese Richtung drängen, aber sie funktionieren eindeutig nicht. Eine aussagekräftige Evaluierung müsste sich den gesamten Vorgang ansehen – von der Energie, die für die ersten Erdbewegungen verbraucht wird, bis zu den Ressourcen, die dauerhaft für die Beleuchtung oder die Toilettenspülungen in «Ultra-Star»-Hotels nötig sind – und darauf bestehen, dass unter dem Strich Klima und Artenvielfalt profitieren. Das lässt vielleicht ein paar Entwicklungsplaner erblassen, aber die Losungen modernen Inselbaus lauten, wie gesehen, Mut und Ehrgeiz; das Unmögliche wird an solchen Orten jeden Tag gebaut. Diese nicht zu bändigende Energie ist genau das, was wir brauchen, aber wir müssen sie in Richtung einer grüneren, nachhaltigeren Zukunft lenken.

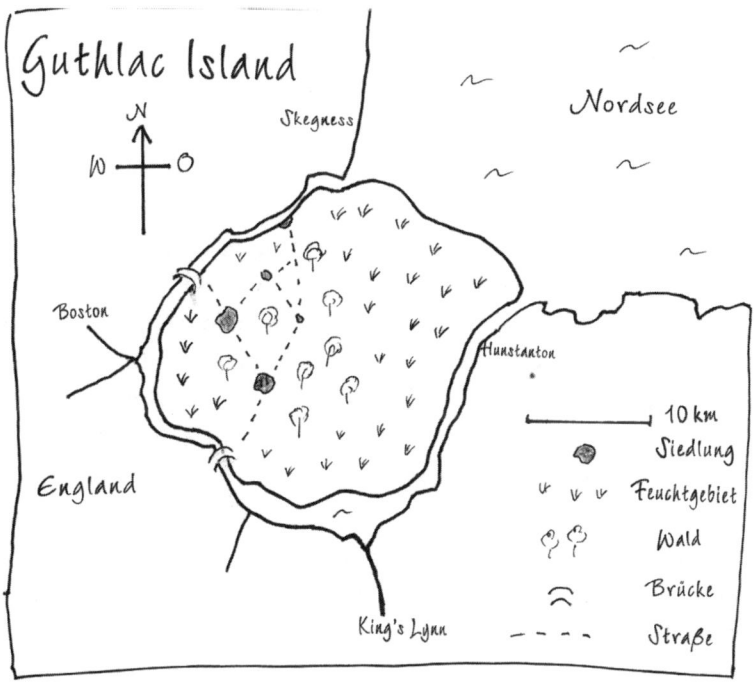

Kein Ende

Sich neue Inseln auszudenken ist ein Riesenspaß. Ich könnte diese Reise nicht beenden, ohne eine eigene Idee zu präsentieren. Hier ist sie, und sie liegt in der weiten Bucht im Osten Englands namens The Wash. Ich habe mir oft gedacht, wie seltsam es ist, dass diese große, quadratische und seichte Einbuchtung in Nebelhorndistanz zu den emsigen Holländern brachliegt. Es gibt dort ein paar kleine Infrastrukturinseln, die man in den 1970er Jahren gebaut hat, um die Machbarkeit einer Gezeitensperrmauer zu testen, dann aber wieder aufgegeben hat; ein Großteil des umliegenden Landes wurde dem Meer vor Jahrhunderten abgerungen. Heute ist ein beträchtlicher Teil Ostenglands von Überflutung bedroht. Eine neue Insel in The Wash würde dieses Problem nicht lösen, aber sie könnte dafür sorgen, dass Überschwemmungen besser zu regulieren und weniger verheerend sind. Guthlac Island ist benannt nach dem heiligen Guthlac, der als Eremit auf einer Insel lebte und in der Region einst sehr verehrt wurde. Es wäre ein 1521 Quadratkilometer großes Feuchtgebiet, das Sumpf- und Flussarten vorbehalten wäre, die anderswo in Großbritannien ausgestorben oder weitgehend verschwunden sind. Die Insel wäre gesprenkelt mit kleinen Siedlungen und, damit das Ganze finanziell machbar ist, ein paar Städten. Sie wäre spektakulär, aber kein Vergleich zu Dubai; Guthlac würde für eine andere Art des Staunens sorgen. Es wäre eine Insel für Gänse, Reiher, Otter und Aale genauso wie für Menschen – eine, die für heute und für morgen konzipiert ist.

Ich habe dieses Buch mit einem Ruderzug begonnen, der mich ans Ufer eines namenlosen Crannog brachte, einer dieser vielen uralten künstlichen Inseln, welche die Seen in Irland und Schottland zieren. Wir bauen schon sehr, sehr lange Inseln. Und sie verschwinden auch schon seit langem. Beides hat sich heute beschleunigt, und in beiden Fällen haben sich Dimensionen und Bedeutung verändert. Inselbau geschieht nicht mehr in Zusammenarbeit mit dem

Planeten; er ist heute durch Hybris und Gier deformiert. Die Über-reste viel älterer Inseln von Menschenhand sind noch immer da und zeugen davon, wie kurz unser Leben ist und auch unser Zeit-alter. Diese Inseln sind unbesucht und namenlos wie der Crannog, kaum mehr als ein schwarzer Klumpen lebloser Steine in einem kalten schottischen See. Doch trotz alledem springen sie ins Auge und der Bug fährt näher heran.

Dank

Viele Menschen haben mir in den vergangenen Jahren bei diesem Buch geholfen, mit ihre Zeit geschenkt, sich als gastfreundlich erwiesen oder mir schlicht den Weg gezeigt. Meine Lektoren – James Nightingale, Charlotte Atyeo und Mary Laur – haben ebenfalls unendlich wertvolle Unterstützung geleistet. Mein besonderer Dank gilt Rachel, Louis und Aphra sowie meiner Mutter Shirley Bonnett, die das Manuskript sorgfältig gelesen und versucht hat, meine Zeichensetzung in Ordnung zu bringen.

Literatur

Appleton, Jay, *The Experience of Landscape*, London, 1975

Baldacchino, Godfrey, *A World of Islands: An Island Studies Reader*, Institute of Island Studies, University of Prince Edward Island, 2007

Ballard, J. G., *Karneval der Alligatoren*, übersetzt von Ingeborg Wiskott, München, 1972

Bauhaus, Eric, *The Panama Cruising Guide*, Panama, 2014

Cronin, William, *The Disappearing Islands of the Chesapeake*, Baltimore, 2005

Díaz del Castillo, Bernal, *Die Eroberung von Mexiko*, herausgegeben und bearbeitet von Georg A. Narciß, Frankfurt am Main, 1988

Displacement Solutions, One Step at a Time: The Relocation Process of the Gardi Sugdub Community in Gunayala, Panama: Mission Report, Displacement Solutions, 2015, online verfügbar unter: http://displacementsolutions.org/new-report-on-the-planned-relocation-of-the-gardi-sugdub-community-in-gunayala-panama/

Gutiérrez, Gerardo, «Mexico-Tenochtitlan: origin and transformations of the last Mesoamerican imperial city», in: Norman Yoffee (Hg.), *The Cambridge World History*, Bd. 3: *Early Cities in Comparative Perspective, 4000 BCE–12 000 CE*, Cambridge, 2015

Herodot, *Historien*, herausgegeben und übersetzt von Kai Brodersen und Christine Ley-Hutton, Stuttgart, 2019

Hong Kong Government, Hong Kong 2030: Preliminary Concepts

for the East Lantau Metropolis, Development Bureau and Planning Department: Hong Kong, 2016

Howe, James, *A People who Would not Kneel: Panama, the United States and the San Blas Kuna*, Washington, D. C., 1998

Lawrence, D. H., Der Mann, der Inseln liebte, übersetzt von Ursula Müller, in: *Inseln in der Weltliteratur*, München, 1993, S. 14–58

Morus, Thomas, *Utopia*, lat./dt., übersetzt von Gerhard Ritter, mit einem Nachwort von Eberhard Jäckel, Stuttgart, 2012

Quirk, Joe, *Seasteading: How Floating Nations Will Restore the Environment, Enrich the Poor, Cure the Sick, and Liberate Humanity from Politicians*, New York, 2017

Records of the Grand Historian of China: The Age of Emperor Wu, 140 to circa 100 B. C., New York, 1961

The Rough Guide to Dubai, London, 2016

The Seasteading Institute, *The Floating City Project: Research Conducted between March 2013 and March 2014, The Seasteading Institute*, online verfügbar unter: http://www.seasteading.org/wp-content/uploads/2015/12/Floating-City-Project-Report-4_25_2014.pdf

Thomas, Charles, *Exploration of a Drowned Landscape: Archaeology and History of the Isles of Scilly*, London, 1985

Tuan, Yi-Fu, *Topophilia: A Study of Environmental Perception, Attitudes, and Values*, Englewood Cliffs, NJ, 1974

Register

Register

Register

Register

Register

Register